O. 1766
H. 5.

(L)

NOUVEAU VOYAGE

DANS

LES ÉTATS-UNIS

DE

L'AMÈRIQUE SEPTENTRIONALE

TOME PREMIER.

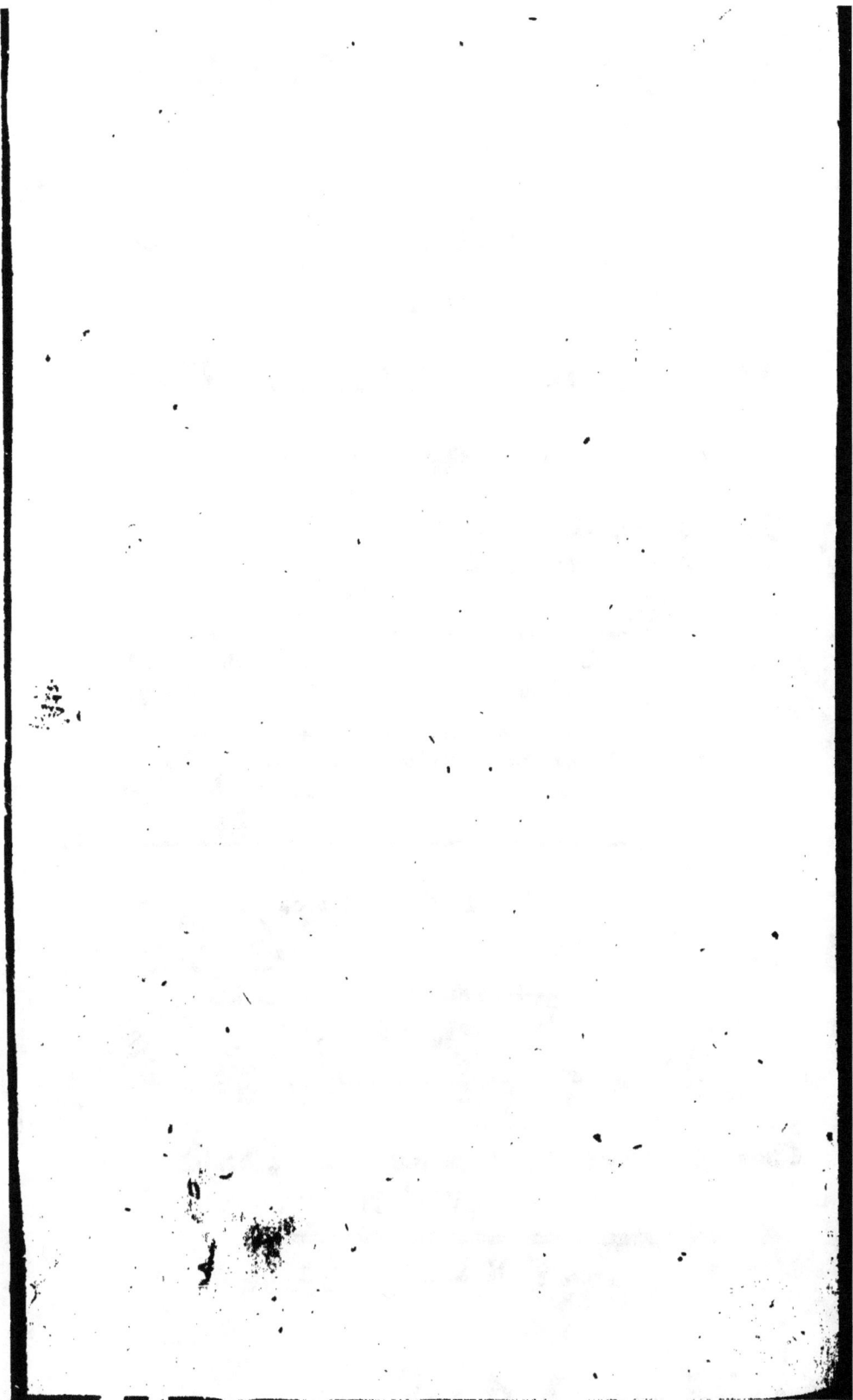

NOUVEAU VOYAGE

DANS

LES ÉTATS-UNIS

DE

L'AMÉRIQUE SEPTENTRIONALE;

FAIT EN 1788;

Par J. P. BRISSOT (WARVILLE);
Citoyen François.

On peut conquérir la liberté, sans mœurs;
on ne peut la conserver, sans mœurs.

*Nemo illic vitia ridet, nec corrumpere, nec
corrumpi sæculum vocatur........ Plusquam
ibi boni mores valent quam alibi bonæ leges.*

TACITE.

TOME PREMIER

A PARIS,

Chez BUISSON, Imprimeur et Libraire, rue
Haute-Feuille, N°. 20.

AVRIL 1791.

PRÉFACE.

PUBLIER un voyage, paroîtra sans doute, au premier coup d'œil, une occupation bien étrangère aux circonstances où se trouve la France. Je me reprocherois moi-même le temps que j'ai consacré à le mettre en ordre, si je ne le croyois pas utile et nécessaire au maintien de notre révolution. L'objet de ce voyage n'a pas été d'étudier des antiques, ou de rechercher des plantes inconnues, mais d'observer des hommes qui venoient de conquérir leur liberté : or, un peuple libre ne peut plus être étranger à des François.

Nous avons aussi conquis notre liberté. Il ne s'agit donc pas d'apprendre des Américains la manière de la conquérir ; mais il faut apprendre d'eux le secret de la conserver. Ce secret est sur-tout dans les mœurs ; les Américains l'ont, et je vois avec douleur, non-seulement que nous ne le possédons pas encore, mais que nous ne sommes pas même très-persuadés de leur nécessité absolue, pour le maintien de la liberté. Ce point est important, le salut de la révolution en dépend ; il faut donc l'approfondir.

Qu'est-ce que la liberté ? C'est l'état le plus parfait de la société ; c'est l'état où l'homme ne dépend que des lois qu'il fait ; où, pour les faire bonnes, il doit perfectionner sa raison ; où, pour les exécuter, il doit encore employer toute sa raison. Car des moyens coercitifs déshonorent des hommes libres ; ils sont presque nuls dans un état libre, ou, lorsqu'on est forcé de les emprunter, la liberté touche à son déclin.

Or, les mœurs ne sont que la raison appliquée à tous les actes de la vie ; c'est dans leur force seule que consiste l'exécution des lois. La raison ou les mœurs sont à l'exécution des lois, chez un peuple libre, ce que les fers, les fouets, les gibets sont chez un peuple esclave. Détruisez les mœurs, ou la raison-pratique, et il faut les remplacer par les fers, les fouets ; ou bien la société ne seroit plus qu'un état de guerre, n'offriroit plus qu'une anarchie déplorable, qui se termineroit par sa dissolution.

Des mœurs ! des mœurs ! sans elles point de liberté. Si vous n'avez pas de mœurs, vous n'aimez pas la liberté, vous l'enlevez bientôt aux autres. Car, si vous vous abandonnez au luxe, à l'ostentation, à un jeu excessif, à des dépenses immenses, vous ouvrez nécessairement votre ame à la corruption; vous trafiquez de votre popularité, de vos talens; vous vendez le peuple au despotisme, qui cherche toujours le moyen de le replonger dans les fers.

Mais on peut, me crie-t-on, aimer la liberté et n'avoir point de mœurs. — Non. — Ce n'est pas la liberté qu'on aime, c'est la part à la tyrannie nouvelle. L'homme immoral ne renverse le despotisme que pour l'exercer lui-même, que pour s'asseoir à la place de ceux qui en profitoient, que pour satisfaire son orgueil ou ses autres passions.

Ils font, ces hommes immoraux, la distinction des mœurs publiques et des mœurs privées. Fausse et chimérique distinction, imaginée par le vice, pour atténuer son danger! Sans doute ou peut avoir des mœurs privées, sans avoir des mœurs publiques; on peut être un bon père, sans être un énergique ami de la liberté. Mais qui n'a pas de mœurs privées, n'a jamais sincèrement des mœurs publiques. A cet égard, elles sont inséparables; leur base est la même, LA RAISON. N'avoir pas de mœurs privées, c'est être débauché, dissipateur, joueur, mari infidèle , père dénaturé. Or , quelles mœurs publiques peut-on allier avec de pareils vices ? Quoi ! dans l'intérieur de votre maison , vous foulez aux pieds la raison , et vous la respecteriez au dehors , dans vos raports avec vos concitoyens ! La raison , qui ne peut réprimer vos excès dans vos foyers , la réprimeroit au dehors ! Qui ne respecte pas la raison , sous la vue seule de ses pénates , ne la respecte jamais sincèrement. Le respect au dehors , pour elle et pour la loi , n'est , dans un homme immoral , que l'effet de la crainte , ou la grimace du charlatanisme. Or , la crainte s'évanouit , là où la force publique ne peut atteindre , et le vice reparoît. D'un autre côté , le charlatanisme des mœurs publiques n'est , chez l'homme immoral , qu'un scandale de plus , qu'un piége dangereux. Car le scandale entraîne la ruine des mœurs publiques , comme le piége couvre l'abîme où la liberté doit s'ensevelir.

Quelle confiance peut-on avoir , en effet , dans ces hommes qui , ne voyant dans les révolutions que des degrés à la fortune , n'encensent les mœurs que pour tromper le peuple , ne trompent ce peuple que pour le piller ou l'enchaîner ; qui , dans des discours artificieux , dont l'or a payé la rhétorique séduisante , prêchent le dépouillement de l'intérêt privé , lors qu'eux-mêmes lui sacrifient secrètement tout ce qu'il y a de plus saint? Quelle confiance avoir dans ces hommes, dont la conduite secrète est un attentat perpétuel à la morale , l'opprobre de la liberté, qui ne doit être que l'exercice de la raison ou qui n'est qu'un vain son; dont la conduite est un démenti scandaleux à la doctrine qu'ils prêchent; et , pour me servir des paroles de Juvénal ,

Qui Curios simulant et bacchanalia vivunt.

Heureux le peuple que cette hypocrisie révolte , qui a le courage de dégrader, de flétrir, d'excommunier ces hommes doubles, dont le langage faux appartient au régime pur de la liberté, dont l'ame infecte n'aspire que la fange du despotisme des Tibère ! Heureux le peuple qui, bien convaincu que la liberté se maintient, non par l'éloquence, mais par l'exercice constant des vertus, n'estime point , et redoute même la première , lorsqu'elle est séparée des autres. Ce peuple force, par son opinion sévère, les hommes à talens d'acquérir des mœurs ; il éloigne de son sein la corruption, il affermit le fondement de la liberté, il se prépare des jours longs et prospères.

Mais, si ce peuple imprévoyant, irréfléchi, entraîné par l'enthousiasme qu'excite en lui l'éloquence d'un orateur qui flatte ses passions, pardonne à ses vices en faveur de ses talens ; s'il ne s'indigne point de voir Alcibiade (1) traîner les manteaux de pourpre

---

(1) La somptuosité des jeux et des spectacles que donnoit Alcibiade, dit Plutarque ; la magnificence des présens qu'il faisoit à sa ville, la gloire de ses ancêtres, la grace de toute sa personne, son éloquence, sa force de corps, jointe à son courage, faisoient que les Athéniens lui pardonnoient ses fautes, les supportoient patiemment, tâchant toujours de les diminuer, et de les couvrir sous des noms doux et favorables ; car ils les apelloient des jeux, des gentillesses, des marques de bon naturel. ..... Le peintre Aristophane, ayant peint la courtisane Néméa, qui tenoit Alcibiade couché dans son sein, tout le peuple courut en foule à ce tableau, et le vit avec un fort grand plaisir. Mais toutes ces choses déplaisoient extrêmement aux plus âgés et aux plus sages du peuple, et elles leur paroissoient des marques sûres d'une ambition tyrannique, qui fouloit aux pieds toutes les lois et toutes les coutumes de son pays. — Un jour, comme il sortoit d'une assemblée, très-content d'avoir obtenu tout ce qu'il avoit demandé, et de voir les honneurs que le peu-

et de soie, prodiguer les repas somptueux, s'endormir dans le sein de la courtisane Néméa, ou enlever à son époux celle qui faisoit son bonheur; si la vue de ses richesses, de ses graces extérieures, si les doux sons de ses discours où les traits de son courage, le reconcilient avec ses crimes; s'il lui rend les hommages qu'il ne doit qu'*au talent uni à la vertu*; s'il lui prodigue l'encens, les places, les honneurs; ce peuple alors donne, dans son engouement insensé, la mesure de sa foiblesse, de son irréflexion, de son imbécillité et de sa propre corruption; il s'égorge de ses propres mains; l'instant n'est pas loin, où il sera vendu par les Alcibiade, par ses propres favoris, *au grand roi, à ses Satrapes.....*

Est-ce un tableau idéal, que je trace ici? Ou, ne seroit-ce pas le nôtre? Je frémis de la ressemblance!... Grand dieu! n'aurions-nous fait la révolution la plus inconcevable,

---

ple lui rendoit en le reconduisant, Timon le misantrope l'ayant rencontré, alla au-devant de lui, et lui tendant amicalement la main: *Courage, mon fils*, lui dit-il, *tu t'aggrandis henreusement pour la ruine de ce peuple.* La prédiction de Timon se vérifia.

a 4

la plus inattendue , que pour tirer du néant quelques intrigans , quelques hommes mé-diocres , quelques ambitieux , pour qui rien n'est sacré , qui n'ont pas même une bouche d'or , et qui ont une ame de boue ? Les in-fâmes ! Ils cherchent à excuser leurs foibles-ses , leur vénalité , leurs capitulations éter-nelles avec le despotisme , en disant : Ce peuple est trop corrompu, pour lui laisser une liberté entière. Et ils lui donnent eux-mêmes l'exemple de la corruption ! et ils lui donnent de nouveaux fers ! comme si des fers pouvoient éclairer ou améliorer l'homme !

O providence ! à quel sort destines-tu donc le peuple de France ! Il est bon , mais il est facile , mais il est crédule , mais il est entou-siaste, mais on le trompe aisément. Combien de fois il a, dans son engouement , applaudi à des traîtres secrets, qui lui conseilloient les mesures les plus perfides !

L'engouement décèle, ou un peuple dont la vieillesse imbécille annonce la dissolution prochaine, ou un peuple enfant, un peuple machine, un peuple qui n'est pas encore mûr pour la liberté. Car l'homme libre est l'homme raisonnable par essence. Il raisonne donc ses éloges, il mesure son admiration, si même il en a jamais ; il ne les profane point, en les prodiguant à ceux qui se déshonorent.... Un peuple dégradé à ce point, applaudira bientôt aux chaînes dorées qu'on lui présentera. C'est le peuple Anglois, traînant dans la boue ce parlement auquel il devoit sa liberté, et couvrant de fleurs le vil Monk, qui le vendoit à son nouveau tyran.....

J'ai vu de près ces hommes dont le peuple s'engoue avec tant de facilité. Combien peu de patriotes j'ai compté parmi eux ! Combien peu j'ai vu d'hommes, aimant sincèrement le peuple, s'occupant sans cesse de son bonheur, de son amélioration, mettant constamment à l'écart leur intérêt privé !.....Ces vrais amis, ces vrais frères du peuple, vous ne les trouverez ni dans ces tripots infâmes, où des représentans jouent le sang du peuple; ni parmi ces vils courtisans, qui, conservant le même esprit, n'ont changé que leur masque ; ni parmi ces patriotes d'un jour, qui, tout en prônant la déclaration des droits, s'occupent gravement d'un wisky et de gilets à la mode. L'homme frivole qui a de pareils goûts, n'a jamais descendu dans ces méditations profondes, qui font, de l'humanité, de l'exercice de la raison, un besoin constant, un devoir de tous les jours........... La simplicité des besoins et des goûts peut être le seul signe certain, et le garant du patriotisme. Qui a peu de besoins n'a jamais celui de se vendre ; tandis que le citoyen qui a la manie de l'ostentation, la fureur du jeu, des fantaisies dispendieuses, sans cesse aux expédiens, est toujours à celui qui veut l'acheter, et, tout, autour de lui, trahit sa corruption.....

Veux-tu donc me prouver ton patriotisme ? Laisse-moi pénétrer dans l'intérieur de ta maison..... Quoi ! Je vois ton antichambre remplie de laquais insolens, qui me regardent avec dédain, parce que je suis comme Curius, *incomptis Curius capillis !* Ils te monseigneurisent, ils te donnent encore ces vains titres que la liberté foule aux pieds ; et tu le souffres, et tu te dis patriote ! Je pénètre plus avant. Quel luxe par-tout ! tes lambris sont dorés, des vases magnifiques ornent tes cheminées ; je foule aux pieds les tapis les plus riches ; les vins les plus chers, les mets les plus exquis couvrent ta table ; une foule de domestiques l'entoure, tu les traites avec hauteur...... Non, tu n'es point patriote-

L'orgueil le plus concentré règne dans ton cœur ; orgueil de la naissance, des richesses, des talens. Avec ce triple orgueil, on ne croit point à l'égalité. Tu mens à ta conscience, quand tu prostitues ce mot de patriote......
Mais d'où te viennent ces richesses ? tu n'étois pas riche. —Est-ce du peuple ? Il est encore pauvre. Qui m'assure que cet or n'est pas le prix de son sang ? Qui m'assure qu'au moment où je te parle, il n'existe pas un pacte secret entre la Cour et toi ? Qui m'assure que tu ne lui as pas dit : Confiez-moi le pouvoir qui vous reste, et je ramènerai le peuple à vos pieds, et je l'attacherai à votre char, et je saurai enchaîner la langue et la plume de ces hommes indépendans qui vous bravent : pour enchaîner un peuple, il ne faut pas toujours des Bastilles......

Je ne sais si tant de tableaux, qui nous frappent journellement les yeux, nous convaincront de l'impossibilité, ou au moins de la prodigieuse difficulté d'allier *l'incorruptibilité publique avec la corruption des mœurs* ; mais je suis convaincu qu'il est facile, qu'il sera nécessaire un jour, de démontrer, si l'on veut conserver notre constitution, cet axiome:

Sans mœurs privées, point de mœurs pu-bliques, point d'esprit public, point de li-berté.

Mais comment créer ces mœurs privées et publiques chez un peuple, qui sort tout-à-coup de la fange de la servitude et de l'ignorance ; fange amoncelée pendant douze siècles sur sa tête ?

Une foule de moyens s'offrent à nous ; lois, instructions, bons exemples, éducation, multiplication des hommes à principes, encouragement à la vie rurale, morcèlement des propriétés, respect pour les métiers, etc.

N'est-il pas évident, par exemple, que les mœurs privées s'associent naturellement avec la vie rurale, que par conséquent on améliorera les mœurs, en faisant refouler les hommes des villes vers les campagnes, ou en décourageant les émigrations des campagnes dans les villes ? Si les Américains ont des mœurs si pures, c'est que les neuf dixièmes d'entre eux vivent épars dans les campagnes. Je ne dis pas de faire des lois directes, qui forcent à quitter les villes, ou qui fixent leurs limites ; toute prohibition, toute gêne est une injustice absurde et inefficace. Vous lez-vous faire le bien ? créez un intérêt à le faire. Voulez-vous repeupler la campagne? créez un intérêt qui y retienne ses enfans. De sages lois, des impôts bien distribués pourront indirectement produire cet effet. Des lois qui tendront au morcèlement des propriétés, à diviser davantage l'aisance parmi les citoyens, contribueront encore à la résurrection des mœurs privées et publiques ; car la misère ne peut prendre aucun intérêt à la chose publique, et son besoin est souvent la limite de la vertu.

Voulez-vous répandre l'esprit public dans toute la France, dans tous les départemens, dans tous les villages ? favorisez la propagation des lumières, le bas prix des livres, des journaux. Combien la révolution se consolideroit rapidement, si le gouvernement avoit le sage principe d'affranchir les papiers publics de tout frais de port ! On vous l'a déjà dit, trois ou quatre millions dépensés ainsi, préviendront une foule de désordres que l'ignorance peut favoriser ou commettre, et dont la réparation coûte bien d'autres millions ; les lumières accéléreront une foule d'entreprises utiles, qui feront naître partout la prospérité publique.

Je veux encore citer l'exemple d'une autre loi, qui répandra infailliblement l'esprit public et les bonnes mœurs ; c'est la courte durée de la mission de tous les fonctionnaires publics, c'est l'impossibilité de les réélire sans intervalle. Par-là le corps législatif verseroit tous les deux ans, dans les provinces, trois à quatre cents bons patriotes qui, dans leur séjour à Paris, se seroient élevés au niveau de la révolution, se seroient pénétrés des lumières, de l'activité dévorante, de l'esprit public, dont cette ville est le foyer. Par-là encore les députés seront forcés de retourner dans leurs départemens, près de leurs pénates obscurs, pour y vivre. Par-là enfin, par cette succession d'hommes dans les places, vous appellerez beaucoup d'hommes à la science des affaires. La chose publique, mieux connue, deviendra donc successivement l'affaire de *tous*, et c'est ainsi qu'on répare le défaut reproché aux gouvernemens représentatifs, de n'être l'affaire que de *quelques-uns*.

Je ne puis m'étendre ici sur tous les moyens ; mais ce sera rendre un grand service à la révolution que de rechercher et d'indiquer ceux qui peuvent nous donner des mœurs et un esprit public.

Cependant je ne veux pas quitter ce sujet si attrayant, sans faire une réflexion bien importante. *Il ne peut exister long-temps de liberté, ni politique, ni individuelle, sans indépendance personnelle. Or, point d'indépendance, sans une propriété, ou une profession, ou un commerce, ou une industrie honnête, qui mettent à l'abri du besoin et de la dépendance.*

Je vous l'ai dit, les Américains sont et seront long-temps libres; c'est que les neuf dixièmes d'entr'eux sont agriculteurs; et lorsque vous supposeriez deux cent millions d'hommes en Amérique, tous pourroient être propriétaires.

Un propriétaire ne dépend que de sa récolte, et sa récolte dépend du ciel; or, jamais le ciel ne lui manque en entier.

Si les pluies détruisent son bled, ses prairies engraissent ses bestiaux et ses champs lui donnent des pommes de terre (1).

---

(1) La pomme de terre, voilà l'aliment de l'homme qui veut, qui sait être libre. Cette plante de la liberté croît partout, exige peu de soins et peu de peines pour la mettre en état d'être consommée. Or, diminuer ces soins, ces peines, c'est diminuer le besoin du travail privé, le besoin de l'argent; c'est laisser un plus long temps au travail public.

Nous ne sommes pas dans cette heureuse position. Divisât-on toutes les terres productives de la France, qui montent à cinquante millions, ce seroit deux arpens par personne. Or, ces deux arpens peuvent-ils suffire à sa subsistance?

La nature des choses appelle beaucoup de François à vivre dans les villes. Le commerce, les métiers, et divers genres d'industrie, y procurent la subsistance à ses habitans. Car, il faut peu compter maintenant sur le produit des offices publics. Les salaires indemnisent, mais n'enrichissent pas, et ne rassurent pas contre les besoins de l'avenir. Un homme qui, pour vivre, spéculeroit sur ces salaires, ne seroit constamment que l'esclave, ou du peuple ou des divers pouvoirs. Tout homme qui veut être sincèrement libre, doit donc, s'il n'a pas de propriété, exercer un art ou un métier. A ce mot de métier, les patriotes frissonnent encore! On commence bien à honorer le commerce; mais quoiqu'on vante beaucoup l'égalité, on n'est point encore franchement l'égal d'un homme de métier.

On n'a point encore abjuré le préjugé qui regarde les métiers comme au-dessous de la
banque

banque ou du commerce. Voilà l'aristocratie bourgeoise, elle sera la plus difficile à déraciner (1).

Voulez-vous honorer les métiers? Donnez de l'instruction à ceux qui les exercent. Choisissez parmi eux, ceux qui paroissent les mieux instruits, pour les avancer successivement dans les emplois publics; ne dédaignez point de leur conférer, dans les assemblées, les places distinguées.

Je regrette que l'assemblée nationale n'ait pas encore donné ce saint exemple, que l'on n'ait pas couronné le génie de l'agriculture, en appelant au fauteuil le bon cultivateur Gérard, que les négocians, et les membres de l'assemblee, qui exercent des arts, n'aient

_____

(1) Le dirai-je ? elle perce même dans les officiers choisis par le peuple. Avec quel dédain ils toisent un artisan de la tête aux pieds ! avec quelle dureté beaucoup de nos gardes nationaux traitent les infortunés qu'on arrête ! avec quelle insolence ils exécutent leurs ordres ! Observez la plupart des fonctionaires publics ; ils sont aussi fiers dans l'exercice de leurs fonctions, qu'ils étoient rampans dans les assemblées primaires.

Un vrai patriote, je l'ai dit ailleurs, est égal dans tous les temps, aussi éloigné de la bassesse lors des élections, que de la hauteur dans ses fonctions.

b

pas joui du même honneur... Pourquoi donc cette exclusion? Il est très-beau d'écrire, dans la déclaration des droits, que tous les hommes sont égaux. Mais il faut pratiquer cette égalité, la graver dans son cœur, en imprégner tout son être, la consacrer par toutes ses actions, et il appartenoit à l'assemblée nationale de donner ce grand exemple. Il auroit peut-être forcé le pouvoir exécutif à la respecter aussi. Le voit-on descendre dans la classe des professions, y choisir pour ses envoyés, ses agens, des hommes simples, peu fortunés, point courtisans, mais instruits?

Nos démocrates de cour louent bien, avec un enthousiasme apprêté, *Franklin*, *Adams*, etc. Ils disent bien, avec un étonnement imbécile, que l'un étoit imprimeur, et l'autre maître d'école. Mais vont-ils chercher dans les ateliers les hommes instruits? Non. — Mais qu'importe à présent la conduite d'un ministère, que sa détestable base doit rendre essentiellement anti-populaire et conséquemment pervers? Il ne sera jamais vertueux que par hypocrisie. Chercher à le convertir, est folie; chercher à lui opposer des adversaires indépendans, est sagesse. Or le secret de l'indépendance est dans cette maxime: *Avoir peu de besoins, et un métier sûr et constant, pour les remplir.*

Mais, me dira t-on, une propriété et un métier ne peuvent pas suffire à tout : un artisan peut tomber malade..... Oui ; et voilà pourquoi vous devez multiplier ces établissemens d'assurance sur la vie, et toutes ces ingénieuses institutions répandues en Angleterre, au moyen desquelles un artisan, un ouvrier, en plaçant ses épargnes de la semaine, ne craint point les maladies pour lui, ni de laisser, à sa mort, ses enfans sans ressources. Ainsi ces compagnies de secours servent à étendre par-tout l'indépendance personnelle, l'économie, la sainte morale ; elles servent à écarter l'avilissement, qui rend si amer le pain de l'aumône, et qui dégrade celui qui le reçoit. L'ouvrier, secouru par ces institutions, peut être toujours fier ; c'est le fruit de ses travaux, de ses épargnes qui le soutient. Avec cette idée, l'homme ne courbe point le front devant l'homme. L'artisan s'honore du métier qui lui assure son indépendance ; il n'envie point les honneurs, il sait qu'il peut y atteindre s'il en est digne ; il n'idolâtre point un homme, quel qu'il soit ; il se respecte trop, pour être idolâtre ; il

n'estime point les hommes, parce qu'ils sont en place, mais parce qu'ils méritent bien de la patrie. Les honneurs ne l'éblouissent point... Les chefs de la révolution hollandoise, dans le seizième siècle, assis sur l'herbe, et mangeant un hareng et des oignons, recevoient, avec une simplicité hautaine, les députés du fier Espagnol.......
— Voilà le portrait des hommes qui sentent leur dignité, connoissent la grandeur d'un homme libre, sa supériorité sur tous les esclaves des rois......

neque pauperies, neque mors, neque vincula terrent.

O quand aurons-nous cette haute idée de nous-mêmes ! quand tous les citoyens ne verront-ils qu'avec dédain toutes ces idoles, auxquelles ils prostituoient jadis leurs adorations supertitieuses ! quand aurons - nous enfin une grande masse d'esprit public !

Je n'ai point d'inquiétude pour la génération qui s'élève ; l'ame pure de nos jeunes gens ne respire que la liberté ; le soufle infect de l'intérêt personnel ne l'a pas encore flétri. Une éducation vraiment nationale créera des hommes, qui surpasseront les Grecs et les Romains... Mais ce peuple déjà vieux, depuis si long-temps courbé sous les fers, familiarisé avec l'idolâtrie des grandeurs (1), qui le redressera, qui le dépouillera du vieil homme ? — L'INSTRUCTION, et le meilleur canal pour la propager, est la multiplication de ces *clubs populaires*, où les citoyens, que l'on a si injustement classés sous le nom de *passifs*, viennent s'instruire par des lectures, et sur les principes de la constitution, et sur la situation politique de tous les jours.

C'est là qu'on pourra mettre sans cesse sous les yeux du peuple les grands exemples que nous fournit l'histoire ancienne et moderne ; c'est-là que des traits détachés de l'ouvrage que je publie, pourroient servir utilement à montrer à nos concitoyens les moyens de conserver la liberté.

François, qui voulez connoître ces moyens, étudiez les Américains d'aujourd'hui, ouvrez ce livre ; vous y verrez, d'un côté, à quel degré de prospérité, la liberté peut élever l'in-

_____

(1) . . . . *Qui stultus honores*
Sæpe dat indignis, et famæ servit ineptus,
Qui stupet in titulis et imaginibus. . . .
HORACE, Sat. 3, lib. I.

b 3

dustrie humaine, améliorer les hommes, les disposer à la fraternité universelle. Vous y verrez, d'un autre côté, par quels moyens on maintient la liberté. Le secret de sa durée est dans les bonnes mœurs ; et c'est une vérité que l'observation de l'état actuel de l'Amérique démontre à chaque pas.

Ainsi vous verrez dans ces voyages les prodigieux effets de la liberté sur les mœurs, sur l'industrie et sur l'amélioration des hommes. Vous verrez ces farouches presbitériens, qui dressoient, n'aguères, des gibets pour ceux qui ne pensoient pas comme eux, qui infligoient des amendes énormes à ceux qui avoient l'impiété de se promener et de voyager le dimanche ; vous les verrez admettre parmi eux toutes les sectes, fraterniser avec toutes, et rejetter ces odieuses superstitions qui, pour adorer l'être suprême, martyrisoient une partie du genre humain. Ainsi vous verrez tous les Américains, dans l'esprit desquels la jalousie de la métropole avoit semé les préjugés les plus absurdes contre les nations étrangères, abjurer ces préjugés, se lier avec toutes, rejetter toute idée de guerre, ne songer qu'à tracer la voie d'une confédération universelle. Vous verrez l'Amé.

ricain indépendant , n'ayant plus d'autres
bornes que celles de l'univers, plus d'autre
frein que celui d'une loi faite par ses représentans , plus de gênes, plus d'entraves pro-
hibitives ; vous le verrez , s'abandonnant à
toutes les spéculations , ouvrir de fertiles sil-
lons sur le sol que couvroient d'antiques forêts , parcourir les mers qui lui étoient inconnues, s'ouvrir des communications nouvelles, des marchés nouveaux, naturaliser
dans sa patrie ces précieuses manufactures
que l'Angleterr ... oit réservées , et par
cette accumulation de moyens d'industrie ,
changer la balance qui étoit contre l'Amérique , la tour.... son avantage. Vous le
verrez fidèle à ... engagemens, se tourmen-
ter pour les remplir, tandis que ses ennemis
proclamoient par-tout sa banqueroute. Vous
le verrez, augmentant ses facultés et ses vertus, sous ses auspices de la liberté, reformer
son gouvernement , n'employer que le langage de la raison, pour convaincre les réfrac-
taires, engager tous ses frères à le reformer ,
multiplier par-tout les institutions morales,
les établissemens patriotiques , et surtout
ne jamais séparer les mœurs publiques des
mœurs privées. Tel est le tableau consolant

que ces voyages offriront aux amis de la liberté.

Le revers n'est pas moins consolant. Si la liberté est un sûr garant d'une haute prospérité , si, en perfeetionnant les talens de l'homme , elle lui donne des vertus , ces vertus à leur tour deviennent le plus sûr appui de la liberté. Un peuple dont tous les membres auroient d'excellentes mœurs , n'auroit pas besoin de gouvernement. La loi n'auroit pas besoin de pouvoir spécial, chargé de son exécution.

Et voilà ponrquoi la liberté est portée , sans danger, en Amérique, à un degré si haut, qu'elle touche presque à la la liberté de l'état de nature. Voilà pourquoi le gouvernement y a si peu de force , y est souvent presque nul. Les ignorans en concluent l'anarchie. Les hommes éclairés , qui ont examiné les effets sur les lieux, en concluent l'excellence du gouvernement; puisque, malgré sa foiblesse , la société y est florissante. C'est que la prospérité d'une société est toujours en raison de l'étendue de la liberté ; celle-ci est en raison inverse de l'étendue des pouvoirs du gouvernement. Ce dernier ne peut s'aggrandir qu'aux dépens de l'autre.

Un peuple sans gouvernement, peut-il être heureux?— Oui, si vous pouvez supposer tout un peuple avec de bonnes mœurs; et ce n'est point une chimère. En voulez-vous un exemple frappant? Observez les quakers d'Amérique. Quoique nombreux, quoique épars sur la surface de la Pensylvanie, ils ont passé plus d'un siècle, sans gouvernement municipal, sans police, sans moyens coercitifs, pour administrer l'état, et pour gouverner les hopitaux. Eh! pourquoi? Voyez le tableau de leurs mœurs, vous y trouverez l'explication de ce phénomène.

Les moyens coercitifs et la liberté ne marchent point ensemble. Un peuple libre hait les premiers.— Mais si l'on n'emploie pas ces moyens, qui fera donc exécuter la loi? La raison et les bonnes mœurs; ôtez-les, il faut ou emprunter les armes de la violence, ou tomber dans l'anarchie.

Si donc un peuple veut bannir le moyen deshonorant de la coercion, il faut qu'il exerce sa raison, afin qu'elle lui montre la nécessité d'un respect constant pour la loi.

L'exercice fréquent de cette raison produit, parmi les Américains, une foule d'hommes désignés sous le nom de *principled men, hommes à principes*, *ou principiés*. Ce mot indique suffisamment le caractère de ces hommes, dont l'espèce est si peu connue parmi nous, qu'ils n'ont pas même de nom. Il s'en formera, je n'en doute pas ; mais en attendant, je ne vois encore que des êtres mobiles, vibratiles, qui font le bien par impulsion, par accès d'enthousiasme, et jamais par réflexion. Or, il n'y a de révolution durable, que celle dont la réflexion marque tous les développemens, et mûrit toutes les idées.

C'est parmi ces hommes à principes que vous trouverez les vrais héros de l'humanité : *Howard*, *Fothergill*, *Penn*, *Franklin*, *Washington*, *Sidney*, *Ludlow*.

Montrez-moi un homme de cette trempe, dont les besoins soient bornés, qui ne soit entouré d'aucun luxe, qui n'ait aucune passion secrette, aucune ambition que celle de servir son pays, un homme qui, comme dit Montaigne, *ait des opinions supercélestes, sans avoir des mœurs souterreines*, un homme, enfin, que la réflexion guide en tout ; voilà *l'homme du peuple*.

En un mot, François, voulez-vous être toujours libres, toujours indépendans dans

vos choix et dans vos opinions ; voulez-vous
tendre toujours à resserer le pouvoir exécutif (1) dans des bornes étroites , à diminuer
le nombre de vos lois, (*in pessimâ republicâ
plurimœ leges,*) — AYEZ DES MŒURS. Les
mœurs peuvent supléer parfaitement aux
lois, et même les rendre inutiles. Les lois
ne suppléent aux mœurs qu'imparfaitemeut,
et d'une manière misérable.

Voulez-vous encore augmenter votre population, cette première richesse des nations, l'aisance de chaque individu, l'industrie, la culture, et tout ce qui peut amener
la prospérité générale, AYEZ DES MŒURS.

Tel est le double effet des mœurs et de la
liberté dans les Etat-Unis, dont la forme de
gouvernement effarouche encore les hommes
pusillanimes ou superstitieux. Les tableaux
offerts dans ces voyages justifieront le républicanisme , que les fripons calomnient
sciemment , et que les ignorans ne con-

---

(1) Voilà un des secrets de ceux qu'on apelle *républicains.*
Ils veulent resserrer le pouvoir exécutif, pour forcer les hommes à être vertueux , et avoir peu besoin de lui ; et c'est un
but aussi noble qu'on travestit presque en crime ! Ceux qui
veulent donner tant de force au pouvoir exécutif, accusent
calomnient le peuple , la révolution et la constitution.

noissent pas , mais qu'ils apprendront à connoître. Qui peut mieux servir à juger un régime , que ses effets ? Des raisonnemens (1) peuvent tromper , l'expérience ne trompe point ; et si la liberté , parce qu'elle est grande, produit, dans le fait , de bonnes mœurs et augmente les lumières , pourquoi donc des hommes libres continueroient-ils à s'acharner contre l'espèce de gouvernement qui , posant sur une plus grande liberté, entraîne une plus grande prospérité ; contre le républicanisme enfin ?

J'ai cru très-utile, très-nécessaire de prouver ces principes par de grands exemples ; et voilà pourquoi je publie ces voyages. Les exemples frappent toujours plus que les préceptes. La morale , mise en action , a quelque chose de dramatique , et les François aiment encore le drame. Voilà mon premier but. Il est national : je dirai plus, il est universel ; car , s'il est bien démontré que la liberté améliore les mœurs, et que les mœurs

---

(1) Si vous voulez consulter d'excellens raisonnemens sur ce sujet , lisez l'énergique brochure que vient de publier le célèbre Payne, intitulée : *Rights of man*, droits de l'homme : lisez sur-tout le chapitre de mélanges.

à leur tour amènent et maintiennent la liberté, n'est-il pas évident, que gêner l'extension de la liberté, est un projet exécrable, puisque c'est arrêter l'amélioration, la prospérité, l'union de l'espèce humaine?

Un second objet me dirige dans la publication de ces voyages, et celui-là est encore national : j'ai voulu peindre à mes compatriotes, un peuple avec lequel il leur convient, sous tous les rapports, de se lier intimement. Les rapports moraux, qui doivent porter les François vers les Américains, sont développés dans les deux premiers volumes; le troisième embrasse plus spécialement les rapports commerciaux. Ce troisième volume avoit déjà été publié, en 1787, par M. Clavière et par moi (1). L'édition en étant épuisée, j'ai cru de mon devoir de le reproduire avec des corrections. Tout y est, et tout y sera long-

_____

(1) Cet ouvrage a été traduit en anglois, et publié à Londres et en Amérique. Les auteurs du *Monthly Review* (janvier 1788), quoique guidés par les préjugés anglois, ont rendu hommage aux principes de cet ouvrage. Les Américains, pour le mettre à portée de tout le monde, l'ont publié par fragmens dans leurs gazettes. Car les gazettes sont le canal des connoissances en Amérique; et voilà pourquoi on y est généralement instruit.

temps utile aux François. Les principes , les faits , les calculs qu'il offre sont encore étrangers aux commerçans françois, mais ne peuvent l'être plus long-temps. Car , lorsque la liberté est solidement assise , il est impossible qu'un peuple ne s'occupe pas d'augmenter son industrie et son commerce Or , ce troisième volume indique aux François les sources les plus riches pour le commerce ; ces souces que le temps dévorant ne doit qu'augmenter , au lieu de les diminuer.

Il manque à cet ouvrage , pour le completter , un quatrième volume ; c'est celui qui doit traiter des *rapports politiques* et de la confédération actuelle des Etats-Unis. Les matériaux existent, mais le temps me manque pour les mettre en ordre. Le tableau comparé du gouvernement des Etats-Unis , et du nôtre , exige une foule de rapprochemens divers , de profondes méditations. Le temps a déjà jugé l'un , l'autre est encore au berceau (1); et peut-être, faut-il plus de calme , moins de prévention et d'ignorance dans les

(1) Si la science de généraliser étoit bien connue , qui ne verroit que tous les abus politiques ne tiennent qu'à un seul , qu'il n'y a qu'un seul moyen efficace de les réformer ?

esprits, pour juger sainement la constitution américaine. Il est des vérités qu'il ne faut pas hazarder, lorsqu'un mot bannal et *in-entendu* peut les décrier et les faire proscrire.

Il faut attendre que le peuple soit assez mûr, pour ne juger les choses que d'après elles et lui, et non d'après des mots superstitieux, qui, ayant l'air de cacher un grand sens sous quelques sillabes, ne couvrent souvent que des erreurs compliquées, auxquelles la paresse adhère, parce qu'elle redoute d'y toucher. Il faut préparer cette maturité, qui n'est pas éloignée; et ces voyages l'accéléreront, en exposant, avec vérité, les avantages du seul gouvernement qui mérite quelque confiance.

Si j'avois consulté ce qu'on appeloit jadis l'amour de la gloire et l'esprit de la vieille littérature, j'aurois pû perdre quelques années à polir cet ouvrage; mais j'ai cru, que nécessaire à présent, il pourroit être inutile et trop tardif dans quelques années. Nous sommes arrivés au temps, où les hommes de lettres doivent songer d'abord à être utiles, où l'on doit, dans la crainte des mouvemens rétrogrades, précipiter la propagation des vérités, que le peuple peut porter; où, conséquemment, il faut plus s'occuper des choses que des mots, et où la recherche ne seroit dans le style et dans la perfection du coloris qu'un signe de petite vanité et d'aristocratie littéraire. Montesquieu, s'il revenoit, rougiroit de passer vingt ans à faire des épigrammes sur des lois. Il écriroit pour le peuple; car la révolution ne peut se maintenir que par le peuple, et par le peuple instruit; il écriroit donc bonnement, d'après son ame, et il ne tourmenteroit pas ses idées, pour les rendre brillantes.

Après avoir exposé l'objet qui m'a mis la plume à la main, je dois maintenant rendre compte des sources où j'ai puisé et des regles que je me suis prescrites en observant.

Muni de la recommandation des hommes les plus respectés en Amérique, je reçus par-tout cet accueil hospitalier qu'on doit à un frère, à un ami, qui ne voyage que pour le bien du genre humain. Je ne sais pourquoi je me suis trouvé tout d'un coup à l'aise, avec les personnages qui jouent le plus grand rôle dans les Etats-Unis. Après quelques heures d'entretien, j'étois avec eux, comme si je fusse né parmi eux, comme si j'eusse été l'un d'eux. N'est-ce pas-là pas-là l'effet réciproque de la vertu , de la droiture ? Elle met et se met promptement à l'aise. Des hommes de bien , qui se voyent pour la première fois , ont un siécle de liaisons.

On connoissoit déjà en Amérique l'ouvrage que j'avois publié, avec M. Clavière , *sur la France et sur les Etats-Unis*. Les savans , les politiques instruits s'empressèrent de me fournir tous les mémoires , toutes les instructions que je pouvois désirer ; et c'est à leur zèle obligeant que je dois ces lumières , qui ont suppléé à la rapidité de mon voyage et de mes séjours. Je leur ai rendu , dans le cours de cet ouvrage , la justice qu'ils méritoient. Mes éloges ne sont pas suspects ; j'ai prouvé que j'étois sobre d'éloges , et que je ne louois que dans la sincérité de mon ame. Non , jamais ma plume ne s'avilira à louer un homme , quelque puissant qu'il soit , un homme , que je détesterois , ou qui mériteroit la haine publique (1).

_____

(1) Faire l'éloge d'un homme puissant , quoique vertueux , me gêne ; je crains qu'on n'envenime les motifs. On a dit que , pour faire du bien , il ne falloit pas être si scrupuleux , qu'il falloit même louer le méchant utile. —

c

Quand on veut voyager utilement, il faut étudier, 1º. les hommes, 2º. les livres, 3º. les lieux.

1º. Les hommes ; il faut les voir dans toutes les classes, dans toutes les parties, dans tous les âges, dans toutes les situations.

Il faut qu'ils vous voyent sans défiance, qu'ils voyent en vous un ami, qu'ils n'aient aucun intérêt à vous tromper, qu'ils soient toujours pour vous *en déshabillé*, ou, pour me servir de l'expression angloise, *at home*.

Je lis dans les gazettes que les ambassadeurs de Tipou-Sultan recevoient par-tout des fêtes. On les traînoit aux bals, aux spectacles, aux manufactures, dans les arsenaux, dans les palais, dans les camps. — Je ne sais si, après avoir été fêtés pendant six mois, ils ont, en s'en retournant chez-eux, cru connoître la France. Si telle étoit leur opinion, ils auroient été dans l'erreur ; car ils n'auroient vu que la partie brillante, que la surface. Or, ce

---

Je ne vois pas quel bien se fait par la bassesse. Puis un homme vicieux est-il dupe de la bassesse ? Enfin, le bien qui se fait par un pareil trafic est un mal. Mauvaise base, mauvais exemple. — Cette note est nécessaire dans un temps où l'on croit devoir louer le vice, quand, d'ailleurs, il est quelquefois utile.

n'est pas par la surface qu'on peut juger de la force d'une nation. Il faut que l'ambassadeur échappe à sa dignité, monte au galetas, parcoure seul les campagnes, entre dans l'étable, pour voir les chevaux, dans la grange, pour voir les grains et leur qualité (1).

On défigure tout, pour tromper les gens en place. Un prince va aux invalides; on lui fait goûter de la soupe, de la viande. Croit-on que le gouverneur soit assez bête, pour n'avoir pas, ce jour-là, donné des ordres au cuisinier?

L'observation vraie est celle de tous les jours, celle qui n'est point prévue.

Un voyageur, avant de partir, doit connoître, par les livres et par les hommes, le pays qu'il va parcourir. Il aura des *données*, il confrontera ce qu'on a dit, avec ce qu'il voit.

Il doit avoir un plan d'observation; s'il veut,

---

(1) C'est ainsi que M. Jefferson a voyagé en France, en Italie. Il avoit un seul domestique avec lui. Il a tout vu par ses yeux. Je suis convaincu que peu de voyages seroient aussi judicieux, aussi utiles que ceux de ce philosophe; mais sa modestie ensevelit tout dans son porte-feuille.

que rien ne lui échappe (1) , il doit s'accou-
mer à saisir les objets rapidement , et de
maniére à n'en omettre aucun. Il doit sur-
tout s'astreindre à se rendre compte tous les
soirs de ce qu'il a vu , et mettre par écrit les
principes , les observations , les faits , les conversations ; telle doit être la loi du voyageur :

Nulla dies abeat quin linea ducta supersit.

Jamais il ne doit être en arriére dans ses
comptes ; car les observation s'accumulent,
la quantité de travail améne la négligence,
les omissions provoquent la paresse.

L'art d'interroget utilement est nécessaire
à un voyageur qui veut s'éclairer et éclairer
ses semblables. Il doit y joindre l'art du critique , ou le moyen de distinguer la foi due à
l'homme qu'on interroge ; art plus difficile
qu'on ne pense. Car , comment savoir s'il dit
la vérité ? Il faudroit le confronter avec le
fait avec ou d'autres témoins. Mais vous ne les

_____

(1) Tel le plan que je m'étois fait avec M. Clavière, et
qu'on trouvera en tête du premier volume. Il pourra, comme les lettres qui l'accompagnent , être utile à d'autres
voyageurs , moins pressés , moins dominés que moi par des
circonstances impérieuses.

avez pas sous la main ; vous ne pouvez vous diriger que par la connoissance que vous avez de son caractère. S'il est honnéte, s'il a du jugement, s'il n'a aucun intérét à vous tromper, vous pouvez vous fier à lui. Mais comment saurez vous que cet intérét n'existe point dans lui ? Il faudra donc interroger d'aûtres hommes sur lui, savoir son histoire, ses circonstances, son caractère ; savoir à quel parti il appartient, savoir s'il est de celui qui domine, ou mécontent. Ces sortes de questions sur un tiers, sont toujours très-délicates, et, presque toujours, on y répond avec un air équivoque, une enveloppe mistérieuse et des vacillations qui ne dissipent point les doutes.

Les hommes publics seroient peut-être les meilleurs à consulter, puisqu'il sont censés être choisis parmi les hommes à talens et avoir plus de lumiéres et d'expérience ; ils seroient, dis-je, les meilleurs à consulter, si là loyauté, la franchise, la communicabilité faisoient enfin partie du caractère de l'homme public, malgré les axiomes de la vieille politique. Certes, si cette révolution doit se faire, c'est dans des gouvernemens républicains, c'est en Amérique. Car, pourquoi y

c 3

auroit-on du secret, de la réserve ? Cependant on n'en est pas encore là : soit respect
pour l'ancienne doctrine, soit résultat de la
communication avec les cabinets européens,
soit habitude angloise, qui n'est pas encore
extirpée, vous rencontrez souvent encore
cette désolante réserve.

Cependant je dois rendre hommage ici à
plusieurs hommes célèbres qui sont à la tête
des républiques américaines, et qui sentent
que leur grandeur n'est pas dans ces petites
ressources de la nullité qui se cache, pour
échapper à la censure, mais dans la bonté
des ressorts du gouvernement. Ils ont levé
devant moi ces voiles, que la mesquine politique rend impénétrables ailleurs.

Le choix des personnes qu'il faut consulter, pour connoître un pays, est assez difficile à faire. Les Indigènes ont souvent trop
de prédilection pour leur patrie, les étrangers, trop de préventions contr'elle. Ici,
j'ai rencontré cette prévention chez presque tous les étrangers. La révolution d'Amérique les confond. Ils ne peuvent se fami-
liariser avec l'idée d'un peuple *roi*, d'un
président, ou *roi électif*, qui serre la main
à un ouvrier, qui n'a point de gardes à sa

porte, qui marche à pied, etc. Les consuls
étrangers sont ceux qui décrient avec le
plus d'acharnement la constitution américaine, et je le dis avec douleur, j'ai vu ce
même acharnement dans quelques uns des
nôtres. A les entendre, quand je débarquai
en Amérique, les Etats-Unis touchoient à
leur ruine. Il n'y avoit plus de gouvernement; la constitution étoit détestable; il
ne falloit pas se fier aux Américains: la
dette publique ne devoit jamais être payée;
il n'y avoit point de foi, point de justice.

Ami de la liberté, ces calomnies contre
le gouvernement américain durent me ré-
volter. Je les combattis avec la raison. Mes
adversaires, qui m'objectoient alors l'expérience de leur long séjour, et la rapidité
du mien, doivent voir aujourd'hui, que le
prisme de la raison vaut un peu mieux que
celui des bureaux. ... Presque tous ont de
l'esprit et des connoissances; mais presque
tous ont été élevés dans les places inférieures
de l'administration françoise: ils en avoient
les préjugés. Une république étoit une
chose monstrueuse à leurs yeux. Un ministre étoit une idole qu'ils révéroient supers-
titieusement. Le peuple n'étoit pour eux

qu'un troupeau qu'il falloit gouverner avec rigueur , etc. Voilà les maximes favorites des hommes élevés dans la vieille diplomatie. —— Il est clair , qu'avec l'habitude ne voir ainsi les gouvernemens , nos consuls devoient trouver celui des Américains détestable ; vous leur demandiez des faits (1) , ils ne vous en citoient aucun important. J'ai bien entendu de petits traits d'injustice..., mais en les citant , on oublioit la foule innombrable d'iniquités atroces , dont nos gouvernemens despotiques se rendent tous les jours coupables.

Un homme qui vit des rapines du despotisme , est toujours mauvais juge des pays libres ; il sent qu'il seroit nul dans cet état de choses , et on n'aime pas à tomber dans le néant (2).

_____

(1) Je dois dire que parmi ces consuls , M. Crevecœur est le seul dans lequel je n'ai pas trouvé ces maximes anti-républicaines. M. Letombe m'a paru juger aussi les Américains un peu moins monarchiquement que ses confrères.

(2) Jugez , par le trait suivant , de l'insolence avec laquelle les agens du despotisme passé , jugeoient et traitoient les chefs de républiques respectables. J'ai entendu M. Dumoustier , ci-devant ambassadeur en Amérique , se vanter d'avoir dit au président des Etats-Unis , chez lui , qu'il n'é-

J'ai rencontré, dans nos François voyageurs, les mêmes préjugés que chez nos consuls, et je n'en ai point été surpris.

La plûpart des François qui voyagent ou émigrent, n'ont aucunes connoissances, et ne sont point préparés à l'art de l'observateur.

Présomptueux à l'excès, et admirateurs de leurs coutumes et de leurs usages, ils sont portés à ridiculiser ceux des autres peuples : le ridicule leur offre un double plaisir; il satisfait leur orgueil, il humilie les autres.

Plus il y aura de différence entre les habitudes d'un François et celles du pays qu'il parcourt, plus il ridiculisera ces dernières. Telle est l'expérience que j'ai faite sur mes compatriotes, quand je les interrogeois, sur Philadelphie par exemple. Les hommes y

---

toit qu'un *tavern keeper*, ce qui équivaut à *restaurateur ou teneur de taverne*. Et les Américains eurent la bonté de ne pas demander son rapel ! Par ce fait seul, vous devez juger de l'horreur que cet homme avoit pour la révolution actuelle. Il s'en est affiché l'ennemi déclaré en Amérique. Il déclamoit avec violence contre ses chefs. Ces faits sont publics : je les ai dénoncés à M. Montmorin, qui cependant, pour le récompenser sans doute de ses œuvres anti-révolutionnaires, lui a donné l'ambassade de Berlin.

sont graves, les femmes sérieuses; il n'y a point d'air évaporé, point de femmes màriées libertines, point de café, point de promenade. Mon François trouvoit tout détestable à Philadelphie, parce qu'il ne pouvoit pas se pavaner sur un boulevard, bavarder dans un café, ni séduire une jolie femme par ses airs d'importance et ses boucles à la mode. Il étoit presque scandalisé qu'on ne l'admirât pas, qu'on ne parlât pas françois; il étoit désolé de ne pouvoir parler l'américain avec la même facilité; il perdoit en effet tant à ne pas faire briller son esprit!

Si donc un personnage aussi léger, aussi superficiel, se présente et décrie les Américains, il a jugé sa personne et non les Américains.

Un peuple grave, sérieux, réfléchi, ne peut être bien observé, bien apprécié que par un homme de ce caractère.

Le défaut de réflexion caractérisoit nos François du temps passé; ils voyoient superficiellement, croyoient avec facilité, répandoient la satyre avec légèreté, et ne cherchoient en tout qu'à faire briller leur esprit: il faut espérer que la révolution corrigera cet affreux caractère.

Elle doit les changer entièrement , en faire des hommes, sous tous les points de vue, ou ils ne conserveront pas long-temps leur liberté. La liberté qui n'améliore pas l'homme , cède bientôt sa place à une nouvelle servitude : c'est un remède qui échoue contre un corps profondement paralysé ; il lui donne quelques fortes convulsions, pour le laisser retomber dans une léthargie plus concentrée.

Mais si les François améliorent leurs mœurs , augmentent leurs lumiérés, ils iront loin ; car le propre de la raison et de la liberté éclairée , est de se perfectionner sans cesse , et de substituer , en tout , les vérités aux erreurs, les principes aux préjugés. Ils se délivreront donc insensiblement des préjugés politiques, qui flétrissent encore la belle constitution qu'ils ont élevée. Ils imiteront les Américains, autant que la différence de leurs circonstances physiques et politiques le leur permettra ; ils les imiteront , et ils n'en seront que plus heureux ; car, le bonheur général n'est point à côté des absurdités et des contradictions, il ne peut naître ni des complications , ni du choc des pouvoirs. Il n'y a qu'un pouvoir réel, et c'est en le reportant sans cesse vers sa source, qu'on le rend bienfaisant. Il devient dangereux en raison de son éloignement; en un mot, *moins le gouvernement est actif et puissant, plus la société est active, puissante et heureuse.* Voilà le phénomène que démontre l'histoire actuelle des Etats-Unis.

Ces voyages donnent la preuve de la seconde partie de cet axiome politique; ils prouvent l'activité, la puissance, le bonheur, l'amélioration en tout point des Américains; ils prouvent que les Américains sont appelés à être le premier peuple de la terre, sans en être l'effroi.

A quel grand anneau sont attachés ces hautes destinées? A trois principes.

1°. Tout pouvoir est électif en Amérique.

2°. Le pouvoir législatif y est fréquemment changé.

3°. Le pouvoir exécutif, qui est aussi électif et amovible (1), y a d'ailleurs peu de force.

---

(1) Ce dernier point mérite quelque attention dans les circonstances où nous sommes. Le président des États-Unis est élu comme tous les présidens et gouverneurs des autres états. On ne peut concevoir, dans ce pays, qu'il y ait une sa-

Il me sera facile un jour de déduire de ces trois principes , tous les effets heureux que j'ai observés en Amérique. Ici , je me

---

gesse, *une capacité héréditaire*, qui se transmette de générations en générations. Les Américains qui lèvent les épaules à cette extravagance européene, n'ont point d'ailleurs éprouvé, depuis 16 ans , quand il s'est agi de changer de président, ces troubles que les ignorans redoutent en Europe. La tranquillité règne dans cette élection, comme dans celle des simples représentans. Les hommes qui ne peuvent répondre aux argumens, se créent des fantômes pour les combattre ; on ne fait pas assez d'attention aux effets des progrès de la raison , et de *l'instinct d'analogie* qu'a le peuple. Du moment qu'il est accoutumé à l'élection du corps représentant , toute autre élection n'offre rien d'inquiétant.

C'est encore la même raison chez les gens instruits , et le même instinct d'analogie chez le peuple non instruit, qui leur inspirent une défiance éternelle contre le pouvoir exécutif, dans le pays où les chefs sont héréditaires et non électifs. Du moment qu'on décrète la monarchie héréditaire, on décrète la défiance éternelle du peuple contre le chef du pouvoir exécutif. Il seroit en effet contre nature qu'il eût confiance dans des individus , qui prétendent à une supériorité surnaturelle , qui en ont une de fait , et qui sont indépendans du peuple. Il ne peut exister de confiance sincère et franche, que dans les gouvernemens où le pouvoir exécutif est électif , parceque le gouvernant est toujours dans la dépendance du gouverné.

Or, dès que la confiance est impossible sous une monar-

suis borné à exposer ces effets , parce que
je veux laisser à mes lecteurs le soin de
remonter eux-mêmes aux causes , et de des-

---

chie héréditaire , tandis qu'elle est un résultat nécessaire d'un
gouvernement électif en tous ses membres , on s'explique.
Comment les querelles entre le peuple et le gouvernement sont
éternelles dans le premier état ; comment le recours à la force
est fréquent ; comment les trahisons et les délits ministériels
sont impunis ; comment la liberté est violée ; comment le
despotisme ou l'anarchie reviennent tour-à-tour ; comment
enfin ces sortes d'états n'ont qu'une prospérité factice, partielle , et souvent teinte de sang ; tandis que dans le second
état , où le peuple a , par l'élection , la censure sur tous les
membres du gouvernement , il y a une unité d'intérêt qui
engendre une prospérité réelle , générale et pacifique.

Les écrivains anglois ont beaucoup exalté les pouvoirs
donnés au président des Etats-Unis ; ils l'ont comparé au
roi de la Grande-Bretagne , et son sénat , à la chambre des
pairs.

C'est une double erreur. Le président des Etats-Unis est électif, et le roi anglois est héréditaire : le premier n'est en place
que pour 4 ans , et l'autre est à vie. Le sénat est pareillement
élu et à terme, tandis que l'hérédité décide de l'admission à la
chambre des pairs, et que ses membres en sont inamovibles.

Observez que ce président des Etats-Unis ne peut faire
aucuns traités , envoyer aucune ambassade , nommer à aucune place, sans l'avis du sénat ; observez que ce sénat est
électif ; observez que le président est responsable ; qu'il peut
être accusé , poursuivi , suspendu , condamné ; observez que

cendre ensuite de ces causes, par un retour naturel, à leur application à la France (1).

Je n'ai pas même dit tous les faits; j'avois trop peu de temps, et pour les exposer tous, et pour en tirer moi-même tous les résultats. Je m'étonne d'avoir pu finir un ouvrage aussi volumineux, au milieu de tant d'occupations variées qui m'accablent à-la-fois; chargé *seul* d'un journal entrepris par le seul désir de rétablir dans l'opinion publique ce puissant instrument des révolutions; d'un journal où la défense des bons principes, la surveillance de mille ennemis, des attaques éternelles à repousser, appellent sans cesse mon attention. Combien de temps m'ont encore enlevé mes fonctions politi-

---

le bien public et la raison ne s'en trouvent pas plus mal de cette responsabilité; que les places de président et de ministres ne sont pas vacantes, parce qu'on les environne de tant de digues; observez enfin qu'elles sont occupées, toutes, par des hommes d'un mérite reconnu; car le peuple qui élit, ne se donne pas, comme le hazard, des imbécilles pour gouverneurs, ni des fripons et de petits tyrans pour ministres, ainsi que les rois sont accoutumés de faire.

(1) Je sais tout ce qu'on peut opposer à cette application, mais je sais aussi qu'il n'est rien qu'on ne puisse aisément réfuter.

ques et civiles, tant de brochures particulières, la nécessité d'assister à des clubs où
la vérité se prépare, le devoir que je me
suis prescrit de défendre les hommes de
couleur et les noirs!... Si je cite tous ces faits,
c'est pour prouver à mes lecteurs que j'ai
quelques droits à leur indulgence. J'en mérite encore par le motif qui m'anime : *consi-
lium futuri ex preterito venit*, dit Seneque,
le passé doit guider l'avenir ; un plus grand
avenir doit s'ouvrir pour nous. Il falloit donc
se hâter de faire connoître le peuple, dont
l'heureuse expérience peut nous diriger.

———————

N. B. Plusieurs de mes lecteurs seront surpris de trouver
dans le premier volume les noms de *Brissot de Warville*.
Pour prévenir tout scandale, je dois observer que l'impression du premier volume a été commencée avant le 19 juin
1790. Si depuis j'ai conservé sur le titre le second nom de
Warville en parenthèse et sans la particule *de*, c'est pour
mes lecteurs américains qui ne me connoissent que sous ce
nom, et pour lesquels ce voyage est aussi destiné.

Paris, 21 Avril 1791.

TABLE

TABLE DES MONNOIES

LES ÉTATS-UNIS D'AMÉRIQUE,

Comparées avec celles d'Europe.

MONNOIE D'EUROPE.	Massauchett, NeW-Hampshire, Rhode-Island, Connecticut, et Virginie.	NeW-Yoik, et Caroline du nord.	Pensylvanie, NeW-Jersey, Maryland, et DelaWare.	Caroline du sud, et Géoigie.
	liv. schel. den.	liv. schel. den.	liv. schel. den.	liv. schel. den.
Écu de France de 6 liv.	6 8	8 9	8 4	5 5
Guinée angloise . . .	1 8	1 17 4	1 15	1 1 9
Ancien louis d'or de 5.6 grains	1 7	1 16 4	1 14 6	1 1 5
Dollar ou piastre d'Espagne, 5 liv. 5 sous en 1788, vaut 5 liv. 8 s. à présent 1791.	6	8	7 6	4 8
La livre se divise, dans tous les Etats, en 20 sehell., le schelling en 12 deniers. Le schelling vaut . .	environ 16 s. de France.	environ 13 s. de France.	environ 14 s. de France.	environ 22 s. de France.

Les comptes du congrès se tiennent en dollars ou piastres, et en *cent*, qui est peu près la centième partie d'une piastre, ou un peu plus qu'un sou. La piastre est la monnoie de *Standard*, à laquelle on ramène les monnoies des états. Les variations de leurs monnoies, qui embarrassent singulièrement les comptes, ont engagé le congrès à décréter une monnoie uniforme et générale, par décimales. On ne s'en sert encore que dans les comptes du congrès.

d

L'or est rare dans les Etats-Unis ; il passe dans l'étranger, pour payer leurs dettes et leurs achats. L'argent est plus commun : on y voit beaucoup d'écus de 6 livres de France, et de piastres. — Il y a des pièces d'or des Etats-Unis. — C'est une espèce de monnoie faite avec des rognures de guinées. On suppose que le poids de ces guinées est au-dessus du titre ; on les diminue en les rognant, pour épargner, dit-on, la peine de les peser ; et, des rognures, on fait cette monnoie. — C'est une misérable industrie, et qui ne remplit pas son objet. Car, qui m'a répondu que vous étiez honnête, et qu'un autre juif, après vous, ne rogneroit pas ? Je suis donc toujours obligé de peser. — On a frappé des pièces aux armes du congrès, valant deux guinées environ ; mais on en voit peu.

En général on paye en guinées, en écus de 6 liv., en schellings anglois et demi-schellings, en monnoie de cuivre, qui est très-mêlangée.

On paye aussi en louis d'or ; mais il n'y a que les anciens qui soient reçus pour la valeur portée dans la table.

Les nouveaux louis d'or sont pesés ; et comme ils varient dans leur poids, ils perdent plus ou moins.

Il y en a qui pèsent moins que les anciens, de 8 — 10 grains, d'autres, 6 — 4, ce qui est énorme. J'en ai fait l'épreuve à Philadelphie.

Je perdis, sur 8 louis, 12 schellings 6 deniers (le schelling à 14 sous) ; le grain étoit évalué à 4 sous.

C'est une grande source de friponeries, et un grand désavantage pour les voyageurs, que la diversité des monnoies dans les Etats-Unis.

Il seroit facile d'y tout réduire en piastres, au lieu de pounds, qui varient.

Il s'est fait jusqu'à présent , et depuis la paix , une très-grande exportation de numéraire des Etats-Unis. Un négociant très-éclairé m'a assuré que chaque paquebot anglois emporte 30,000 livres sterling , outre ce qui passe par les vaisseaux marchands. Il a calculé , d'après des comptes très-exacts , qu'il s'étoit exporté , par New-York, d'après la paix , plus de 10,000,000 de piastres.

TABLE

Des Mesures et Poids des Etats - Unis.

Nous devons observer que les poids et les mesures usités dans les Etats-Unis , sont les mêmes que ceux de l'Angleterre.

L'acre de terre d'Amérique est de 38,284 pieds quarrés.

L'arpent ordinaire de France est de 32,400. — 11 acres d'Amérique font donc 13 arpens.

Le mille ordinaire d'Amérique est de 5000 pieds d'Angleterre.

La lieue ordinaire de France est de 13,705 pieds.

Le pied d'Amérique n'a que 135 lignes de France de long.

Le pied-de-roi de France a 144 lignes.

Le boisseau d'Amérique , qui est la mesure ordinaire du bled , pèse environ 60 livres. Il faut 4 boisseaux et 4 cinquièmes d'Amérique pour faire le setier de France.

La livre de poids d'Amérique est moins forte que celle de France ; en voici la proportion exacte :

100 livres de poids de commerce d'Amérique font 91 7 huitièmes, poids de commerce d'Amsterdam.

100 livres, poids de commerce de France, font 99 1 huitième, poids de commerce d'Amsterdam.

Le galon, mesure de liqueurs, vaut 4 pintes de Paris.

ERRATA.

Nota. On prie les lecteurs de lire cet *errata* avant de commencer ce tome premier.

Page xlvj *de l'introduction, à la note, lignes 2 et 3*, on s'explique. Comment, *lisez* : on s'explique, comment.

Page 130. Le pont de Charleston a 2684 pieds, *lisez* : 1684 pieds.

Page 137. L'histoire précieuse du Massasuchett, par Winthrop, *lisez* : du New-Hampshire, par Belknap.

Page 157, *à la note*. Le schelling ne vaut pas tout-à-fait notre pièce de 24 sous, *lisez* : vaut environ 16 sous de France.

Page 267, *ligne* 12, dans les derniers, *lisez* : dans les derrières.

Tome II, page 79, Il n'y en a aucune de cette largeur, *ajoutez* : à l'exception de *Market-Street.*

NOUVEAU

NOUVEAU VOYAGE

DANS

LES ÉTATS-UNIS D'AMÉRIQUE.

LETTRE PREMIÈRE.

DE M. CLAVIÈRE

A M. BRISSOT DE WARVILLE.

PLAN D'OBSERVATIONS

Sur l'existence politique, civile, militaire, sur la législation, etc. des Américains libres.

18 mai 1788.

LE voyage que vous allez entreprendre, mon cher ami, formera sans doute la plus intéressante époque de votre vie contemplative. Vous allez vous transporter sur cette partie

Tome I.   A

du globe où l'on pourroit, avec le moins d'obstacles, rapprocher les tableaux les plus frappans de tout ce qui appartient à l'humanité, de tout ce qui peut intéresser dans elle. C'est là qu'avec un peu de courage, beaucoup de patience, un grand sang froid, une défiance continuelle des habitudes du corps et de l'esprit, un oubli total de ses opinions chéries, et l'abnégation de l'amour-propre ; c'est là qu'en s'avertissant sans cesse de ne juger qu'avec lenteur, on pourra conclure, sur le vu des choses mêmes, quelle est la situation où l'homme, enfant de la terre, pourroit rassembler la plus grande somme et la plus grande durée de bonheur public et privé.

Peu d'années suffiroient, et sans courir de grands dangers, pour contempler les scènes les plus variées. On peut en Amérique, du sol déjà usé, déjà dépouillé par les mouvemens d'une population nombreuse et active, passer facilement dans les déserts, où la main des hommes n'a rien modifié, où le temps, la végétation, l'inertie et la pesanteur de la matière, semblent avoir fait seuls les frais du spectacle.

Entre ces deux extrémités on doit trouver des intermédiaires qui en sont plus ou moins

rapprochés; et c'est sans doute en les visitant
que la raison et la sensibilité s'accorderoient
le mieux pour y choisir le meilleur genre de
vie.

Mais que ne faut-il pas aux hommes, quand
rien ne dompte l'activité de leur esprit, quand
rien n'arrête la prodigieuse variété de com-
binaisons qu'ils enfantent? Est-ce d'ailleurs
dans le domaine de la liberté qu'il faut espérer de trouver une manière de jouir de la
terre, où l'homme, satisfait de ses rapports
avec la chose publique, ne puisse plus desirer à cet égard aucun changement, du moins
pendant une longue suite de siècles? L'histoire ancienne ne nous est pas assez connue,
et la moderne ne suffit pas pour résoudre
cette question.

Le spectacle actuel de l'Amérique libre fera peut-être entrevoir ce qu'il est permis d'espérer. Mais qui, pour en juger, se séparera
de son âge, de son tempérament, de son
éducation, de l'impression que lui font certaines circonstances? Sur qui les localités
n'influent-elles pas selon ses goûts ou ses
habitudes? Qui saura faire taire son imagination et se défier des sensations qui l'excitent? Je souhaite, mon cher ami, que vous

ayez cette force ; et vous ne devez rien né-
gliger pour l'acquérir, si vous réfléchissez sur
le but principal de vos travaux. Vous voulez
éclairer les hommes, leur applanir la route
du bonheur; ainsi vous devez craindre, plus
qu'aucun autre, de vous tromper sur les
apparences, de former de fausses conjec-
tures.

Lors donc que vous jugerez sur le lieu même
de ces célèbres constitutions américaines,
ne vous exagérez ni les vices de l'Europe auxquels vous les comparerez, ni les biens de l'A-
mérique que vous mettrez en opposition.
Ayez pour premier but de voir, dans tout ce
que vous remarquerez, si l'on ne peut pas
en dire : *Au fond, c'est tout comme chez
nous; la différence est si petite, qu'elle ne
vaut pas le déplacement.* Je crois cette méthode la plus propre à préserver d'erreur, et
il est à propos de se faire en même temps
une juste idée des déplacemens, qui toujours
soit présente à l'esprit. Voltaire a dit :

La patrie est aux lieux où l'ame est enchaînée.

Vous voulez contempler *les effets de la liberté sur les développemens de l'homme, de
la société, du gouvernement.* Puissiez-vous,

dans un tel examen, ne jamais perdre de vue
l'impartialité, le sang froid et la circonspec-
tion qu'il exige, afin que vous ne rapportiez
pas des tableaux qui exposent vos amis ou à
l'incrédulité ou à des mécomptes !

Je n'imagine pas que vous puissiez trouver
en Amérique de nouveaux motifs pour tout
Européen raisonnable d'aimer la liberté. Mais
ce dont on vous saura le plus de gré, c'est
de nous peindre ce qu'elle est en Amérique,
et dans le fait, et dans l'opinion; ce qu'elle
y sera plus ou moins long-temps, dans ses
rapports avec les accidens inévitables qui
troublent le bonheur de la vie.

Les hommes sont disputeurs, et par-tout
conformés de la même manière ; leurs passions se retrouvent par-tout : mais les matières sur lesquelles l'on se divise, sont, dans
un état, plus ou moins propres à troubler
l'harmonie générale et le bonheur individuel.
Ainsi, la tolérance universelle rend les diver-
sités d'opinions sur les matières religieuses,
peu dangereuses.

A proportion que les institutions politiques
soumettent l'autorité à des formes bien tran-
chées, en même temps qu'elles ont en leur
faveur l'opinion publique, les dissentimens

A 3

politiques doivent être moins inquiétans. Voilà, mon ami, sous quel point de vue il importe que l'état politique de l'Amérique soit connu de nous : dites-nous sur-tout ce qu'il faut penser pour le présent et l'avenir de cette variété de gouvernemens, qui distingue si considérablement plusieurs états les uns des autres, et s'il n'en doit résulter aucun inconvénient majeur; si la paix fédérale n'en doit jamais être ébranlée; si cette variété ne doit pas corrompre la justice des états confédérés les uns envers les autres, dans le commerce ordinaire et dans les chocs dont la confédération est juge; si aucun de ces états ne se meut, ne s'agite, ou ne sera porté à s'agiter, pour ressembler ou ne pas ressembler à tel autre; si les jalousies nationales n'existent pas déjà, ou ne se préparent pas par l'effet de ces différences. Elles ôtent à la Suisse une grande partie de son prix; elles ont perdu la Hollande, et empêcheront sa restauration; et si ces jalousies doivent être inconnues aux Américains, ou ne jamais s'exalter; expliquez-nous ce phénomène; par quelle cause ou par quel effet il existe et se maintiendra : car vous sentez que de ce que vous observerez sur ce seul point, il peut très-bien résulter que l'on reste où l'on est, ou que l'on se détermine pour certains états, par préférence à d'autres.

Il y a, en Amérique, un avantage que l'Europe n'offre pas. L'on peut s'y placer dans tel état, où il est aisé de fuir les tracasseries de la politique intérieure, en s'enfonçant dans les terres, puisqu'elles n'offrent que des déserts. Mais ce parti offre-t-il toute la sûreté qu'on peut en desirer? Tâchez de nous rapporter, sur l'état des sauvages répandus sur tout ce vaste continent, ce que l'on sait de plus certain de leur nombre, de leurs mœurs, de leurs habitudes, et les causes, plus ou moins inévitables, de l'état de guerre où l'on vit avec eux. Cette partie de vos récits ne sera pas la moins intéressante. Vous savez d'ailleurs que ces sauvages sont le *loup-garou* de beaucoup d'honnêtes gens. N'oubliez pas, à cette occasion, de rassembler tout ce qu'on a de lumières sur l'ancien état de l'Amérique, si vous avez le temps de vous en occuper.

Observez ce qui peut être resté chez les Américains de l'esprit militaire dont ils ont eu besoin; quels sont leurs préjugés à cet égard? Y trouveroit-on des hommes qui désirassent de se voir à la tête des armées? Y feroit-on des recrues de soldats? Y apperçoit-

A 4

on un germe qui, joint au goût de la fainéantise, fasse de la profession de soldat une
profession préférable à celle de laboureur,
de manœuvre, etc.; car c'est ce triste état
de choses qui fournit ailleurs le moyen des
grandes armées. Parlez-nous de ces *Cincinnati* vraiment inquiétans pour le politique
philosophe.

Salomon a dit *qu'il n'y a rien de nouveau
sous le soleil;* cela doit être vrai. Mais con-
noissons-nous toutes les révolutions politiques, pour en tracer le cercle complet?
L'histoire ne fournit le tableau d'aucune révolution semblable à celle des Etats-Unis, ni
d'arrangemens tels que les leurs. Ainsi vous
pourrez envisager, dans l'avenir, des persé-
vérances ou des changemens qui doivent
s'éloigner plus ou moins de ce que nous enseigne la philosophie de l'histoire.

Vous devez aussi appercevoir s'il faut
s'attendre à des guerres extérieures; si les
Européens ont raison de dire que les Etats-
Unis voudront un jour être conquérans.
Je ne le crois pas; je crois plutôt que l'exemple de leur révolution sera contagieux, sur-
tout si leur systéme fédéral doit maintenir l'union et la paix dans toutes les parties

confédérées. C'est là que doit se trouver le chef-d'œuvre de la politique, et où vos forces méditatives doivent se réunir.

Enfin, dites nous si la manie réglementaire a passé les mers avec les colons qui peuplent les Etats-Unis. Vous y trouverez sans doute des esprits frappés des désordres qu'a dû causer la guerre de l'indépendance, et d'autres qui ont conservé une image vive et agréable de la grande liberté qu'il falloit laisser à chaque individu. Les premiers s'effraient du plus léger mouvement, et voudroient qu'on appliquât une loi ou un réglement sur toutes choses; les autres ne trouvent jamais les réglemens et les loix en assez petit nombre. Quel est, à cet égard, l'opinion dominante dans les Etats-Unis? Quand on envisage combien les occupations privées doivent y avoir d'attrait et d'utilité, l'on peut espérer que la chose publique restera long-temps, sans s'y compliquer : mais on assure que les gens de loi y sont dans une proportion et dans un crédit effrayans; que la législation civile est, comme en Angleterre, une source abondante de malheurs et de procès. Eclairez-nous à ce sujet. Nous avons souvent observé que la législation civile corrompoit la jouis-

sance des meilleures institutions politiques.
La législation civile est au bonheur des individus ce que sont les caractères des époux
dans la société du mariage. On s'y tue souvent à coups d'épingle. C'est aussi le crime de
la législation civile envers la société. Existe-
t-il en Amérique?

La police repose par-tout en Europe sur
l'opinion que l'homme est dépravé, turbu-
lent, méchant, et la timidité que donnent
les richesses dispose par-tout les riches à envisager les pauvres comme ne pouvant être
contenus que par des chaînes. Cette vérité
européenne existe-t-elle dans l'Amérique
libre?

LETTRE II.

Sur le sol, les denrées, les émigrations, etc.

20 mai 1788.

APRÈS nous avoir instruits sur tout ce qui est
relatif à l'existence politique, et principalement dans les choses dont dépendent la paix
intérieure, extérieure, et la sécurité individuelle; vous aurez à contempler le sol amé-

ricain relativement à l'industrie humaine,
qui, à son tour, influe si prodigieusement sur
les diverses manières d'exister.

Il semble qu'à cet égard toutes les grandes
divisions de la terre doivent se ressembler.
Cependant il est possible que l'Amérique offre,
dans le même espace, bien plus d'alimens à
l'industrie, bien plus de données qu'on n'en
trouve en Europe. Fixez nos idées sur les
invitations que la nature a tracées sur le sol
américain, en s'adressant à l'intelligence
humaine. Particulariser davantage ce que les
cartes géographiques ne font qu'indiquer,
sera plus digne de vos observations, que les
détails qui intéressent le peintre, le poëte,
ou l'amateur des jardins anglois.

Nous avons osé conseiller aux Américains
libres d'être cultivateurs (*), et de laisser à
l'Europe celles des manufactures qui s'éloignent de la vie des champs. Vous serez curieux de vérifier leurs dispositions à cet égard.
Elles doivent beaucoup dépendre de la facilité
des communications ; et si, comme il paroît,
l'Amérique libre peut être, en très-peu de
temps, et avec des dépenses faciles à faire,

(*) Voyez le traité de la France et des Etats-Unis dans
différens endroits.

coupée de canaux dans toutes les directions, si cet avantage est assez généralement senti pour qu'on s'applique de bonne heure à l'établir ; nul doute qu'en Amérique l'activité humaine ne s'occupe principalement de la production des subsistances et des matières premières. On est dans l'opinion en Europe que la consommation fait la production , et que le défaut de consommation fait cesser le travail ; voilà pourquoi l'on demande les villes et les manufactures. Mais il règne dans toutes ces opinions une grande confusion d'idées, que le spectacle des sociétés naissantes, sous la protection de la liberté, vous aidera à éclaircir. Vous verrez peut-être avec évidence, que l'homme cesse de craindre le superflu dans les subsistances, aussi-tôt qu'on ne le met pas dans la nécessité de les échanger contre de l'argent, pour payer des impôts, des rentes, etc. ; je suis porté à croire qu'il ne craint point leur destruction. Si c'est là sa plus grande crainte, et qu'il ait près de lui des moyens de transport peu coûteux, qui lui soient faciles à lui-même, c'est-à-dire que lui, ou quelqu'un des siens, puisse, sans danger, charger un bateau, et aller faire des échanges, tout en vivant

sur le bateau même, l'homme aime trop le
mouvement, pour que la crainte du superflu
l'empêche de produire ; et lorsqu'il a produit ainsi, sans autre souci que celui d'avoir
employé son temps à créer plus qu'il ne peut
consommer, je crois que la production appelle ou va chercher les consommateurs ;
qu'ainsi il n'est pas besoin, pour ouvrir le
sein de la terre, que le laboureur soit assuré
d'avance de ce qu'il fera de son grain. Les
frais sont le fléau de l'industrie ; et vous verrez, sans doute, dans l'Amérique libre, un
ordre de choses où ces frais n'étant nullement
embarrassans, la théorie des consommations
et des productions est toute différente de ce
qu'on la suppose en Europe. Tâchez, mon
ami, de bien vous rappeller que sur cela
nous avons besoin de plus de détails, de
comparaisons, de calculs, de faits et de
preuves, que les voyageurs n'ont coutume
d'en rassembler, et que cette partie de l'économie politique est encore toute neuve, à
cause des embarras, des abstractions, des
difficultés et des dégoûts même qui l'environnent en Europe.

Or c'est sur les tableaux que vous nous
donnerez à cet égard, que se formera l'opi-

nion de vos amis. Tant de mésaventures,
de mécomptes, de malheurs, ont accompagné jusqu'ici des émigrans, d'ailleurs vertueux, sages et instruits, qu'on est inti-
midé, pour peu qu'on soit tolérablement
en Europe. Voyez à quoi les Genevois ont
résisté, plutôt que d'aller en Irlande....
Ainsi, mon ami, si vous voulez instruire
ceux qui ont à fuir la tyrannie européenne,
ou l'ignorance présomptueuse, ou les tâton-
nemens incertains de ceux qui règlent le
sort des peuples, et qui cherchent pour leurs
enfans un état, et des travaux sûrs et honorables, étudiez l'histoire des émigrans.
Pourquoi mouroient-ils de faim dans les
contrées où la végétation a tant de force?
Est-ce donc que, dans les productions spon-
tanées de la terre, aucune n'est propre à
nourrir l'homme ? Appliquez-vous à bien
éclaircir les causes des désastres des voyageurs, à bien juger de leurs illusions ; et
vous trouvant vous-même sur le lieu des dé-
barquemens, étudiez à fond les précautions
qu'il faut prendre, pour qu'un douloureux
repentir ne porte pas les regrets sur les lieux
que l'on a quittés ; car alors ils ont une in-
guérissable amertume.

Vous risquerez moins de vous tromper en vous plaçant au milieu de vos amis et de vos connoissances. Commencez par ceux dont vous connoissez l'aisance, les habitudes, les goûts, les besoins, la mesure d'activité; et descendant graduellement jusqu'à l'honnête individu, qui, plein de santé et de vigueur, son habit sur le corps, et son bâton à la main, porte tout avec lui, dites à chacun à quoi il doit s'attendre, si, après avoir revêtu telle ou telle volonté, et après telle ou telle précaution, il se détermine à quitter l'Europe pour l'Amérique libre.

Enfin, mon ami, dans ce qui concerne la vie privée comme dans ce qui concerne les rapports politiques, dans les moyens de fortune comme dans ce que peut valoir l'honnête ambition de travailler pour la société, que vos observations attestent que jamais vous n'avez négligé une judicieuse évaluation de ce dont on jouit en Europe, en le comparant avec ce que l'on peut acquérir chez les Américains libres.

LETTRE III.

Plan d'une colonie à établir en Amérique (*).

21 mai 1788.

Lorsque l'on médite sur la révolution américaine, sur les circonstances qui ont mis obstacle à sa perfection, sur les lumières qu'on est en état de rassembler pour instituer des républiques plus parfaites, sur les terres destinées par le congrès à de nouveaux états, et sur la multitude de circonstances heureuses qui en faciliteroient les préparatifs, et en protégeroient le berceau, on est entraîné malgré soi dans des projets, chimériques au premier aspect, attachans par la réflexion, et que l'on n'abandonne qu'à regret, et par la seule difficulté de les faire adopter par un assez grand nombre d'hommes nécessaires à leur exécution.

Pourquoi, dès que l'on vous offre un pays circonscrit par des limites, et dont on peut

---

(*) Pour bien comprendre cette lettre, il faut se rappeller le temps où elle a été écrite ; le despotisme forçoit les meilleurs citoyens à chercher un asyle au loin. On ne pensoit pas que le règne de la liberté fût si près.

reconnoître

reconnoître le local , ne pourroit-on pas le
préparer pour une république , comme on
prépareroit une habitation pour ses amis ?
Pourquoi ne pourroit-on pas le diviser
d'avance en districts qui ne seroient occupés
que les uns après les autres ?

Penn avoit déjà vu la nécessité de régler
d'avance la marche d'une colonie sur le sol
qu'elle devoit peupler : on a maintenant
beaucoup plus de moyens qu'il n'en avoit
pour ordonner et exécuter les mêmes choses
avec plus de succès ; et au lieu des sauvages
qui pouvoient le troubler , on seroit maintenant soutenu par les états mêmes auxquels
l'on viendroit s'aggréger.

Je crois sur-tout qu'un sol étant donné ,
on établiroit aujourd'hui , d'après l'expérience , une législation pour la république
qui l'habiteroit, beaucoup mieux calculée
pour la paix et le bonheur, qu'aucun des
corps politiques qui existent , ou ont existé.

Jusqu'à présent le hasard ou des combi-
naisons involontaires les ont formés. Dans
tous, il a fallu que les nouveautés raisonnables se conciliassent avec des absurdités;
les lumières avec l'ignorance ; le bon sens
avec les préjugés ; les sages institutions avec

Tome I. B

la barbarie : de là ce chaos, source éternelle de mal-aise, de disputes et de désordres.

Des hommes sages et éclairés qui ordonneroient la société avant qu'un seul individu en fût membre, et qui porteroient la prévoyance sur toutes choses aussi loin qu'il est possible, qui prépareroient les mœurs publiques et privées par les institutions qui les produisent, et les mouvemens de l'industrie par les conséquences de la localité, seroient-ils condamnés à n'enfanter qu'une *Utopie*?

Je ne le crois pas ; et je pense même que l'amour du gain, celui de la nouveauté, et la philosophie, se donneroient aujourd'hui la main pour tenter une entreprise, qui, jusqu'à la révolution américaine, eût rencontré trop de difficultés, pour être jugée praticable.

Mettez donc, mon ami, votre séjour en Amérique à profit, pour vous informer si, dans les terres dont le congrès doit disposer, il existe encore une contrée dont l'abord soit facile, et où la nature du sol et sa disposition favoriseroient les travaux de l'industrie, et n'offriroient point trop d'obstacles à vaincre aux premiers colons.

Il faudroit qu'on pût y établir avec succès

un grand nombre de communications, tant
par eau que par terre;

Que, pour cet effet, il fût aisé et peu
coûteux d'en lever un plan topographique,
assez circonstancié et assez exact, pour pouvoir y tracer d'avance toutes les divisions
nécessaires. On devroit pouvoir y marquer
assez de niveaux relatifs à un certain point,
pour s'éclairer d'avance sur la possibilité des
canaux; et les personnes chargées de tous
ces travaux devroient avoir assez de zèle,
de lumière, d'exactitude et de fidélité, pour
marquer, chemin faisant, l'état du sol relativement aux matériaux dont on auroit besoin pour bâtir.

On a perfectionné les moyens de connoître
la surface de la terre et ses dimensions.

J'ai vu une carte topographique de l'Irlande
entière, qui n'a pas coûté plus de quatre
années de travail, où se trouvent jusqu'au
moindre ruisseau, jusqu'à la plus légère émi-
nence, et le plus petit marais. On assure
qu'en Amérique il y a des gens en état de
faire les mêmes choses et avec la même
perfection. C'est ce qu'on appelle *surveyors*.

Il doit en coûter sans doute pour obtenir
de tels chefs-d'œuvre; mais quelle dépense

ne peut-on pas faire au moyen des grandes
associations ? et ici se rassembleroient des
motifs d'association de tous les genres. L'on
pourroit d'ailleurs assurer aux entrepreneurs
de ces travaux, outre un paiement convenable, une rétribution à prendre sur la vente des
terres; rétribution qui soutiendroit leur zèle
et deviendroit la caution de leur fidélité.

Il faudroit donc connoître à quelles conditions le congrès traiteroit de la cession
d'un tel pays, et s'il voudroit s'arranger pour
n'en être principalement payé qu'à mesure
que des colons viendroient prendre possession du terrein.

Il faudroit que le pays choisi fût tel,
qu'après y avoir marqué un lieu commode
pour l'abord général, il fût facile de faire
dans ce lieu même un grand établissement
destiné à recevoir les colons, à les pourvoir
des choses qui pourroient leur manquer, et
sur-tout à les préserver de ces premiers
embarras, de ces calamités, qui ont jetté la
plupart des colonies naissantes dans le
trouble, la misère, la faim et le désespoir.

Ayant une fois acquis une idée nette de
ce qu'on peut espérer sur la nature du sol,
sur sa position, sur ses rapports avec les

environs, et sur les conditions de l'acquisi-
tion; on pourroit, si tout est satisfaisant,
s'occuper de la législation politique et civile
convenable à la nouvelle république et au
sol qu'elle occuperoit. On porteroit sur ces
objets l'ouvrage aussi loin qu'il seroit possible. Telle seroit la tâche qu'il faudroit
remplir, afin que tout colon qui partiroit pour
devenir membre de la nouvelle république,
sût d'avance sous quelles loix il vivroit; en
sorte qu'il les auroit acceptées par contrat
et avec connoissance de cause.

L'esprit de prévoyance devroit être porté
à son égard au point que chaque arrivant
sût où il va, ce qu'il doit faire, et comment
il s'y prendra pour remplir, ou son but, s'il a
acquis du terrein, ou ses engagemens, s'il
s'est enrôlé comme mercenaire.

Les terreins ne seroient pas remis ou
vendus au hasard, ou selon le caprice des
colons; mais on suivroit une marche uniforme, par laquelle la population s'avan-
ceroit dans le pays de la manière la plus
avantageuse au pays même.

Cette marche seroit sur-tout calculée pour
que les individus pussent s'aider, se protéger et s'encourager réciproquement autant
qu'il est possible.   B 3

Les dépenses publiques, celles du culte et de l'éducation seroient fournies par le produit d'une portion des terres réservées dans chaque district ; et pour ne pas se tromper sur la proportion, pour que le propriétaire n'eût jamais rien à redouter du gouvernement, de l'église, ou d'aucun individu en autorité, on feroit une estimation de ces dépenses sur le pied du rapport le plus coûteux que l'on connoisse en Europe.

Ces terres seroient le domaine public. Elles devroient être, ce me semble, les premières mises en valeur. Peut-être faudroit-il qu'elles bordassent les grandes communications de tout genre, afin d'associer leur exploitation avec l'entretien de ces communications.

Peut-être aussi faudroit-il déterminer un régime qui assurât des bras travaillant sans cesse à établir les communications, et à cultiver les parties du domaine public nécessaires pour l'entretien de ces bras et celui des autres personnes publiques. Par ce régime on auroit toujours de l'ouvrage à donner aux imigrans, et l'on pourroit recevoir tous les hommes capables de travail, quoiqu'ils ne pussent pas devenir propriétaires à l'instant même, pourvu que, par leurs mœurs et

leur caractère, ils méritassent d'être admis
dans la nouvelle république.

Ces détails suffisent pour vous rappeller
l'idée du plan dont nous nous sommes souvent
entretenus. Si vous acquériez auprès du
congrès la certitude de pouvoir le réaliser
en ce qui dépend de son pouvoir, et qu'il
ne restât plus qu'à trouver la compagnie qui
feroit l'entreprise, et fourniroit les fonds
nécessaires, je crois qu'en Europe l'on en
viendroit aisément à bout.

La compagnie auroit des terres à vendre,
leur prix augmenteroit à mesure qu'elles
seroient recherchées, et elle s'appliqueroit
à les rendre recherchables par l'état de
choses qu'elle prépareroit aux colons, sur-
tout par les précautions qu'elle prendroit
pour écarter d'eux les malheurs les plus à
craindre, durant les premières tentatives.
Je crois donc que ce projet offriroit un appât
suffisant à la cupidité, et qu'assez d'actionnaires se présenteroient pour y consacrer
plusieurs millions.

Pour les déterminer d'autant mieux, on
diviseroit les portions d'intérêts en très-pe-
tites sommes, et l'on indiqueroit des mesures
propres à tranquilliser les actionnaires sur

une administration digne de respect et de confiance, qui empêcheroit le divertissement des deniers, l'abus de leur emploi, et qui veilleroit à l'exacte exécution de tout ce qui auroit été résolu, pour assurer le succès de l'entreprise, et ne pas tromper l'attente des colons.

Un *prospectus* raisonné informeroit le public de la nature de l'entreprise. On en écarteroit l'enthousiasme, et les perspectives plus brillantes que solides.

Réaliser sur un sol acquis une république formée d'après les leçons de l'expérience, d'après le bon sens, la raison, et conformément aux principes de confraternité et d'égalité qui devroient réunir tous les hommes, tel seroit le but de l'entreprise.

Acheter les terres de manière à pouvoir les revendre à un assez bas prix, pour en encourager la culture, et en même temps avec assez d'avantage pour ajouter au remboursement des actionnaires un profit séduisant pour eux, tel seroit le principal moyen de son exécution. L'on ne s'y permettroit aucune observation qui ne fût naturelle et judicieuse; on feroit, par exemple, observer que de la première valeur d'un terrain inculte acquis pour y fonder une so-

ciété, à la valeur qu'il auroit acquise lorsque la société y seroit établie et deviendroit
nombreuse, il y auroit de quoi assurer aux
actionnaires un revenu prodigieux sur leur
premier débours; revenu d'autant plus grand,
proportionnellement au débours, qu'il seroit
convenu avec le congrès d'un prix constamment le même, quel que fût le degré de
valeur auquel les terres non encore acquittées
seroient parvenues par l'effet des progrès de
la société et de ses défrichemens.

Cela suppose, comme je l'ai déjà dit, qu'à
l'exception d'une certaine somme payable
en prenant possession du pays acquis, on
ne feroit les paiemens au congrès qu'à
mesure que les terres seroient vendues à des
colons; condition sans laquelle l'entreprise
exigeroit de trop grandes avances pour se
flatter de les obtenir.

Ainsi le fonds de la compagnie seroit composé; 1º. du premier paiement à faire au
congrès; 2º. des frais nécessaires pour acquérir la connoissance topographique du
pays, et en marquer toutes les divisions;
3º. du fonds dont il faudroit s'assurer pour
les premiers travaux publics, les établissemens pour la réception des colons, et pour

fonder les précautions nécessaires pour protéger les arrivans, et les garantir des accidens qui les décourageroient.

Ces trois objets exigeroient sans doute un fonds considérable; mais la valeur croissante des terres qui resteroient à payer et à vendre, et qu'on ne paieroit qu'à mesure que des colons se présenteroient pour les acquérir, assureroit successivement aux fondateurs une rente prodigieuse.

D'ailleurs les débours ne se faisant pas avec rapidité, on pourroit trouver beaucoup d'adoucissement dans le ménagement des premiers fonds fournis d'avance par les fondateurs.

Voilà comment cette entreprise présenteroit de quoi éveiller la cupidité. Les autres considérations exposées dans le *prospectus* détermineroient un grand nombre d'amis de l'humanité, de philosophes, et, si l'on veut, de curieux, à devenir actionnaires.

En voilà assez, mon ami, pour rappeller à votre esprit autant et plus de choses sur ce projet qu'il n'y en a dans le mien. Etudiez-le; et comme, au premier aspect, il a un air romanesque, trouvez le moyen de le sauver de cet écueil, et de vous en entretenir avec des personnes instruites et raisonnables. Recherchez celles qui sont assez attachées aux grandes choses pour désirer d'y concourir avec zèle, lorsqu'elles ont pour but d'aider et de consoler l'humanité.

Mon âge me défend l'espoir de concourir à cette grande œuvre. Elle n'a, ce me semble, aucun modèle dans les temps passés ; elle seroit grandement utile aux temps à venir, et marqueroit la révolution américaine par un des plus beaux effets qu'elle puisse produire : n'en est-ce pas assez pour animer l'ambition généreuse de ceux qui ont assez de jeunesse, de santé et de courage, pour ne pas s'effrayer des difficultés, pour ne pas craindre les lenteurs, auxquelles il faudroit se résoudre, pour réussir ?

LETTRE IV.

21 mai 1788.

L'UTOPIE ne sera qu'un rêve, et vous trouverez sans doute les nouveaux états américains invinciblement destinés à des peuplades, qui se formeront peu à peu par des additions successives de familles ou d'individus, sans suivre aucun plan général, sans songer aux loix qui leur conviendront le mieux, lorsque la peuplade, devenue importante, pourra représenter comme république dans la confédération. C'est ainsi que tous les systêmes politiques semblent condamnés à ressembler à ce qui existe déjà dans tel ou tel état, selon que la multitude ou un homme hardi et accrédité en décident.

Il faudra donc abandonner ce projet : et alors où placerez-vous les amis que nous voudrions cependant rassembler en Amérique ? Vous informerez-vous pour eux des progrès de la population et de la civilisation dans le Kentuké, dont on dit tant de merveilles ? Mais songez à deux choses ; la première, que notre établissement sera très-incertain, s'il faut aller le préparer nous-mêmes, bâtir des maisons, etc. Il faudra alors que quelqu'un prenne les devants ; et quand se rejoindra-t-on ? et que de choses ne peuvent pas venir à la traverse ! Il faut, lorsque la société émigrante sera formée, pouvoir en faire partir tous les membres ; il faut qu'après avoir pourvu, en Europe même, à une association

qui se suffise à elle-même , tous les individus
partent ensemble pour ne plus se séparer :
mais alors il faut se décider pour un canton
où l'on trouve, pour y séjourner, une bonne
ville, jusqu'à ce que les habitations soient
établies dans le district qu'on aura préféré.
Cette précaution me semble exclure le Kentuké ; car aucune bonne ville n'en est assez
voisine, pour que les membres de l'association qui se chargeroient de faire l'établissement, ne fussent pas séparés trop long-temps
et par trop d'étendue de leur famille. Voyez
donc , mon ami , comment il sera possible
de concilier toutes choses, et de prendre au
début une position où il soit probable que
le chagrin ni la peine ne passeront jamais le
plaisir ou la satisfaction. Vous n'aurez pas
peu de chose à faire , quand vous procéderez
à cet examen ; car n'oubliez pas que, pour
déterminer les personnes dont nous craignons de nous éloigner, il faut un canton où
l'on puisse tout à la fois réunir le commerce
et l'agriculture. Il faut être près d'une rivière
navigable, communiquant à la mer ; il faut
avoir à sa portée une ville où l'on trouve des
hommes de mer, des vaisseaux, etc. En un
mot, il faut que ceux d'entre nous qui sont

habitués aux affaires du commerce et des manufactures, ne se trouvent pas dans la nécessité absolue d'y renoncer, et par là exposés à l'ennui. Vous savez qu'on ne sent pas la lassitude, lorsqu'on fait marcher à côté de soi une voiture ou un cheval, pour s'en servir au besoin.

C'est dommage que Pitsbourg ne soit pas plus considérable et plus peuplé, ou que la Virginie soit séparée des nouveaux états par des déserts.

Il est inutile d'entrer avec vous dans de grands détails sur cette matière; vous nous connoissez; ils seroient inutiles. Je me borne donc à vous recommander l'attention au climat. Beau ciel, température de Paris, point de mosquites, site agréable, et un sol qui réponde aux soins du cultivateur, voilà l'indispensable.

D'ailleurs, les nombreuses observations que vous vous êtes proposé de rassembler pour l'instruction publique, nous éclaireront sur une infinité de choses qu'il faudroit enregistrer ici, si elles n'entroient dans votre but principal. En observant les goûts et les habitudes, n'oubliez pas la musique, considérée dans ses effets sur les forces de l'esprit. Le goût de la musique se généralise en Europe ; on en fait un des objets importans de l'éducation.

En est-il de même en Amérique ? Je crois que ce talent n'en favorise aucun, si ce n'est les autres talens frivoles auxquels il s'associe. La musique entraîne à l'étudier sans cesse, à voir toujours au-delà de ce qu'on sait ; et quel bien peut faire aux hommes une chose aussi étrangère aux sciences utiles, et qui remplit le temps le plus propre à l'étude ? A-t-on aussi besoin en Amérique de spectacles ?

Enfin, comme nous ne sommes pas encore de pauvres Ecossois, songez aux réponses que vous aurez à faire, lorsque nos femmes, nos enfans et nous-mêmes, nous vous demanderons comment l'on fera, si l'on arrive en grand nombre dans quelque ville des États-Unis que ce soit ; car ne pouvant pas envoyer des couriers devant soi, on pourra prendre quelque souci sur ce débarquement dans un pays où l'on ne connoîtra personne.

LETTRE V.

APRÈS vous avoir dit ce que je pense sur des objets généraux, il convient d'arrêter ses idées sur ceux qui présentent le fruit le plus facile, le plus palpable et le plus certain, que vous puissiez retirer de votre voyage; je veux parler des achats des terres ou de fonds publics auxquels on peut être invité par les circonstances.

Trois classes de personnes peuvent desirer d'acheter des terres dans les Etats-Unis : ceux qui se proposent de les faire cultiver, ceux qui veulent les cultiver eux-mêmes, et ceux qui pensent y placer de l'argent, dans l'espérance que ces terres augmenteront de valeur à mesure que la population croîtra et s'étendra davantage sur le sol des Etats-Unis.

Laissons aux deux premières classes à faire elles-mêmes leur choix. Les observations générales que vous publierez à votre retour sur l'Amérique libre, éclaireront quiconque a dessein de s'y rendre; et c'est à ceux qui

veulent

veulent habiter le sol qui les fera vivre, à en choisir eux-mêmes la place ; car, outre le nécessaire, ils devront encore y trouver le bonheur, objet trop important pour s'en rapporter à d'autres qu'à soi-même.

Les simples spéculateurs sont dans un cas différent : les uns veulent acheter pour revendre avec avantage le plus promptement possible ; les autres étendent leurs vues beaucoup plus loin, et, calculant les vicissitudes européennes, peuvent trouver très-sage et très-prudent d'acquérir en terres un fonds mort, dans un pays où presque toutes doivent, dans moins d'un siècle, se ressentir des influences de la population, et gagner par conséquent en valeur.

Beaucoup de chefs de famille prévoyans placent des fonds dans des banques, et les oublient en faveur de leurs descendans. Un plus grand nombre useroit de la même précaution, s'il y avoit une solution satisfaisante à toutes les questions sur le chapitre des accidens. Or rien ne me paroît mieux remplir le but de cette sage prévoyance, que de placer l'argent qu'on y destine, sur le sol non défriché des ÉtatsUnis.

Les lumières que vous rassemblerez à ce

Tome I. C

sujet seront infiniment utiles. Il y a des terres
que leur position éloigne plus ou moins de
l'époque de leur défrichement ; d'autres qui,
placées près des grandes communications,
seront plus avantageuses à défricher que les
autres ; et il doit y en avoir qui deviendront
un jour très - précieuses , à cause des bois
qu'elles renferment ; car s'ils sont embarrassans et sans valeur dans une certaine époque
de la population, ils deviennent bien recherchables quand la population s'est étendue.

Peut-être y a-t-il dès à présent telle contrée couverte de bois, à portée d'un transport commode par les grandes rivières, qui
devroit être acquise par des spéculateurs,
dans la seule vue de futurs besoins de bois,
qui ne sont peut-être pas très-éloignés.

Ainsi l'étude du local est importante pour
ceux qui veulent spéculer sur la valeur éven-
tuelle des terres. Ils sauroient sûrement bon
gré à qui leur fourniroit une topographie
raisonnée , par laquelle ils pussent juger de
la marche probable de la population et des
divers rapports que prendront entr'elles certaines portions de pays.

Mais peut-on acquérir des terres avec
pleine sûreté ? A-t-on établi des moyens sûrs

de reconnoître des propriétés territoriales qui auroient été long-temps perdues de vue? Ne court-on pas le danger, ou de voir sa terre entre les mains d'autrui, quand on voudra en disposer, ou d'avoir acheté celle d'autrui?

Le Cultivateur américain a donné quelqu'indice de la défiance qu'il faut avoir à ce sujet, dans un dialogue entre un colon et un marchand de terre. *Le colon*, dit-il (p. 126, tom. I), *annonce de la méfiance quant à la validité du titre, à l'ancienneté de la patente, etc.* Eclairez-nous, mon ami, sur tout cela, et dites-nous bien positivement comment on peut laisser les terres qu'on acquiert à la garde des animaux qui les parcourent, et en retrouver les limites dans quelque temps que ce soit. Il me semble qu'un surveillant doit être absolument nécessaire pour empêcher les prises de possession.

L'époque où vous vous trouverez en Amérique va décider de la confiance des Européens dans les États - Unis. Je ne doute pas que les résolutions générales ne sanctionnent la confédération proposée ; et dès-lors tout esprit droit envisagera l'Amérique libre comme mise au chemin d'une prospérité constante. Alors , sans doute, beaucoup d'Européens songeront à y acquérir des terres. On ne connoît pas d'époque où l'esprit spéculatif ait été aussi général qu'il l'est aujourd'hui ; et l'on n'en connoît aucune non plus qui présente une révolution semblable à celle de l'Amérique libre, ni une assiette aussi solide que celle qu'ils vont acquérir. Ainsi le passé ne prouveroit rien contre ce que je présume à cet égard de la disposition actuelle des esprits.

Je ne serois donc point étonné que celui qui, s'appliquant à la connoissance des terres sous le point de vue que j'envisage, offriroit des solutions à toutes les questions, de l'esprit d'ordre , de prévoyance ou de défiance, ne pût engager les Européens à de très-grands achats de terres.

Je ne regarde pas du même œil les spéculations en terres qu'on feroit dans la vue de les réaliser promptement , avec un grand bénéfice. Quelqu'accélérée que sera la population des États-Unis , je ne la conçois pas assez rapide pour faire monter tout à coup et en peu de temps le prix d'une grande étendue de terrains. Ainsi toute spéculation sur les terres, qui exigeroit une prompte réalisation , me paroît bien douteuse : elle ne peut porter, avec succès, que sur quelques lisières qui environnent les villes, ou certains cantons déjà en activité. Mais ce choix exige des connoissances locales et une application toute particulière. Il faut avoir des amis sûrs qui vous avisent ou opèrent pour vous, au moment où il se manifeste une occasion d'acheter des terres à la veille d'augmenter en valeur.

Je pense donc que les spéculateurs qui veulent des bénéfices très-prochains, doivent préférer les effets provenans des dettes publiques. Ceux-là doivent hausser rapidement, dès que l'on jugera la révolution bien consolidée, dès qu'on aura des preuves palpables de l'intention de tout payer ; et il sera d'autant plus avantageux de préférer ces effets, qu'ils serviront aussi à acheter des terres, lorsque l'occasion s'en présentera.

LETTRE VI.

Dette des Etats-Unis.

Vous m'avez dit, mon ami, que les Anglois avoient inondé l'Amérique d'une prodigieuse quantité de papiers publics contrefaits. Il en est parlé dans le Mémoire de M. S. ; mais il ne paroît pas y mettre une grande importance. Cependant si cette contrefaction est si considérable, il ne faut pas aller chercher ailleurs la cause du vil prix auquel sont tombés les papiers de la dette domestique, malgré la bonne volonté manifestée par les états et par le congrès. La contrefaction n'a pu tomber que sur ces sortes de papiers ; et pour peu que les vérifications soient difficiles, on sent parfaitement tout le malheureux effet de cet accident sur leur valeur. Beaucoup de propriétaires doivent craindre les vérifications, et préférer des marchés qui leur laissent quelque chose entre les mains. De là des offres continuelles de vendre qui doivent entretenir un très-bas prix.

Ce désordre prendroit fin, si les Etats mul-

tiplioient par-tout les vérifications, parce qu'a-
lors la facilité de vérifier donneroit lieu à
beaucoup de marchés conditionnels, et par
cela même moins onéreux aux vendeurs.

Il me semble même que les Etats devroient
ordonner une vérification générale et un
échange de papiers qui ôtât tout à coup
toute espèce de valeur aux papiers non échan-
gés. Mais peut-être aussi craint-on un effet
trop violent de l'anéantissement subit des
faux papiers. Peut-être aussi les Etats eux-
mêmes sont-ils bien aises de laisser subsister
une circonstance qui doit les favoriser, s'ils
ont le projet de racheter eux-mêmes leur
papier.

Il y a sur cela beaucoup d'informations à
prendre, et ce n'est qu'en les recueillant que
vous saurez la véritable raison de l'extrême
bas prix de la dette d'Amérique.

On nous dit que la dette domestique a pris
faveur depuis que l'acquiescement à la nouvelle constitution fédérative est devenue probable ; mais quelle preuve avons-nous de la
vérité à cet égard? Les Hollandois et les spéculateurs prudens n'acheteront de cette dette
qu'autant qu'on leur en certifiera la légalité,
et qu'ils seront rassurés contre toute falsifi-

cation. Mais cela même suffit pour hausser les prétentions des vendeurs, quand même ces papiers seroient encore à très-bas prix dans le pays ; car cette condition, qui sera peut-être très-lente et très-difficile à exécuter, réduira peut-être à une petite quantité les papiers acceptables par les acheteurs hollandois ou autres. Voilà donc des informations bien importantes à prendre. Celles surtout qui concernent les vérifications ou l'enregistrement dans les livres de la trésorerie, demandent la plus grande attention ; car à quoi bon contracter pour des marchés dont l'exécution seroit très-lente et très-incertaine ? Qui sait encore si l'on pourroit compter sur la livraison des papiers vendus, quoique véritables ? Car si leur vérification ne peut se faire qu'après un certain temps, la hausse sur le prix des papiers vérifiés peut être telle qu'il ne convienne plus aux vendeurs de les livrer ; et le prétexte pour ne pas livrer leur est facile ; ils n'ont qu'à dire que les effets dont ils s'étoient assurés se sont trouvés faux. On suspecte déjà la bonne foi des commerçans américains ; et en Europe on en trouveroit beaucoup qui joueroient ce tour sans aucnn scrupule.

Ce qui existe sur les contrats peut également exister sur les *indents* ou coupons d'intérêt : on n'aura pas pris plus de précautions pour garantir ceux-ci de la contrefaction, qu'on en a pris pour garantir ceux-là ; et il ne paroît pas que les *indents* aient été payés en argent, malgré les résolutions du congrès. Les Anglois auront eu le temps de les contrefaire. Il peut donc y avoir, et sur la dette domestique, et sur les *indents* qui en proviennent, une très-grande confusion.

On peut sur cette matière chercher la vérité, comme historien et comme spéculateur. Comme historien, ce travail, devant remonter à l'origine, sera long. Comme spéculateur, il importe seulement de savoir l'état présent des choses, sur quoi on peut compter ; si l'on peut s'assurer de la qualité de ce qu'on achète, et si l'on ne songe pas à quelque nouvelle dépréciation ; car il n'y a que la politique qui puisse garantir quelque chose à cet égard. Or, quelle est celle des Américains ? Ils distinguent peut-être leur crédit extérieur du crédit intérieur, et pensent qu'ils conserveront le premier en payant exactement la dette étrangère, et ne font aucun cas du second, à cause du désordre où la dette domestique se trouve.

Enfin il ne peut convenir aux Européens d'acheter des fonds de la dette domestique, qu'autant qu'ils en pourront toucher les intérêts en Europe. Or, sur quoi peut-on compter ? Si les *indents* ne se paient pas en argent, et sont au-dessus du pair, on ne peut en faire passer la valeur en Europe, que selon ce qu'ils valent en Amérique, en sorte que l'on seroit trompé dans sa spéculation.

On a dit, par exemple : achetons pour 50 livres, les 100 livres qui en rendent 6 d'intérêt annuel, et notre argent sera placé à 12 pour cent d'intérêt en attendant le remboursement.

Mais si l'intérêt se paie en *indents*, et que ceux-ci perdent contre l'effectif, on retirera de moins toute cette perte ; et au résultat ce qui auroit coûté 50 livres en argent effectif, pourroit bien ne rendre que 3 en même valeur.

Conclusion ; le point le plus essentiel à connoître, c'est la contrefaction et ses conséquences. De quelle manière est-elle envisagée par les États et le congrès? La politique intérieure n'a-t-elle point songé à en tirer parti ? Existe-t-il des moyens de vérification? Quels

sont-ils ? Sont-ils lents ou prompts ? En existe-
t-il pour tous les états ? Je ne saurois me figurer
qu'on ait maintenu l'ordre dans l'émission des
papiers ; elle a eu lieu dans des époques de
confusion et d'embarras ; conséquemment je
ne me fais aucune idée des vérifications ; et
du moment qu'on parle de contrefactions
énormes, je ne sais plus que penser de la
dette domestique. Vous n'aurez, mon ami,
sur ce point pas trop de toute votre sagacité
et de toute votre défiance, et vous trouverez
peut-être pourquoi on n'a encore rien livré
aux Hollandois qui n'ont contracté qu'à condition qu'on leur livreroit de la dette domestique enregistrée dans les livres de la trésorerie.

On ne peut se dissimuler que les États-
Unis éprouvent une grande pénurie dans
toute la matière des finances. Les résolutions
du congrès ne s'effectuent point, et le taux
de la dette domestique se tient à un degré
tel qu'on ne peut pas l'attribuer à la rareté
du numéraire, à moins que le numéraire ne
procure des bénéfices dans le commerce, la
culture, ou les défrichemens, qui surpassent
un intérêt annuel de 12, 15, 20 et 25 pour
cent, et même davantage, puisqu'on a eu 6

livres de rente pour 14 livres de capital. Eclaircissez donc tout cela, mon ami, avec l'esprit de méthode que vous vous êtes formé.

Une autre opération servira encore à vous éclairer. Le congrès a contracté pour 500 tonneaux de monnoie de cuivre contre des contrats à 6 pour cent, rachetables dans 20 ans. Scrutez cette opération, sachez la valeur intrinsèque du cuivre, ajoutez-y les frais de fabrication, et voyez combien de fictif cette monnoie renfermera, en comparant le débours de la fabrication avec le cours qu'elle aura.

Voyez ensuite quelle partie de ce fictif le congrès a abandonnée aux entrepreneurs, et jugez par là de ses facultés. Il faut qu'elles soient bien foibles, s'il ne s'est réservé que 13 pour cent sur le fictif. C'est du moins ce que j'entends par le *proemium* de 13 pour cent au profit des états.

Sur quel état de choses un Américain en prendroit-il l'engagement ? Remarquez que ces difficultés peuvent ne pas affecter les Américains si le mal vient de la rareté du numéraire, parce qu'alors le prix qu'ils mettent au numéraire, les dédommage d'un côté de ce qu'ils perdent de l'autre. Il ne faudroit

pas même s'étonner que les Américains vous
conseillassent d'acheter de leur dette domestique, car cette opération leur produiroit
du numéraire.

Nous avons déjà observé dans notre ouvrage que le numéraire devoit leur être très-
nécessaire, à cause des défrichemens. Vous
vous en convaincrez sans doute ; vous verrez
même une infinité de choses qui doivent
occuper le numéraire, comme en ont besoin
ceux qui bâtissent de grands édifices, ou
qui préparent des sources de revenu. Vous
voyez d'ailleurs qu'en Amérique il faut payer
fort cher la main d'œuvre ; et s'il vous est possible de calculer le nombre de mercenaires
qu'on emploie à une piastre par jour, vous
trouverez que la somme d'argent effectif,
nécessaire à la circulation entre les propriétaires et les ouvriers, est très-considérable
pour des États fort endettés au dehors.

MAI 1788.

MÉTHODE D'OBSERVATIONS (*) à suivre dans mon Voyage en Amérique.

MON objet principal est *d'examiner les effets de la liberté sur les développemens de l'homme, de la société, du gouvernement.*

Voilà le grand point où doivent tendre toutes mes observations ; et pour y parvenir, il faut écrire chaque soir, sur un journal, tout ce qui m'aura davantage frappé pendant la journée.

Il n'y aura point d'autre ordre pour la composition de ce journal que celui des jours.

Comme mes observations doivent se rapporter à cinq ou six grandes divisions générales, il faut faire un cahier pour *chaque division*, où je jetterai à fur et mesure toutes les observations y relatives, tous les faits,

---

(*) Je crois devoir publier cette méthode : elle peut être utile pour d'autres voyageurs. La méthode est de moi ; les observations de M. Clavière.

tous les documens, tous les matériaux que le hasard me procurera.

Je vais parcourir ces divisions.

Gouvernement fédéral.

RASSEMBLER tout ce qui a rapport à l'ancien système de congrés au nouveau; avoir tout ce qui s'est publié, et entr'autres les lettres de *Publius*.

Marquer les [inconvéniens principaux de l'ancien système; les avantages du nouveau; les objections qu'on lui fait; la manière dont la fédération est généralement envisagée.

Observations de mon ami Clavière.

DE petits états, soit des états dont l'étendue ne donne pas à leur gouvernement des occupations trop compliquées, et qui soient réunis sous un gouvernement fédéral chargé de maintenir la paix entre eux et de veiller à la paix, à la sûreté de tous, de rendre leur union respectable au dehors; tel est sans doute le genre d'association politique où doit se rencontrer le plus d'avantages. Ainsi il faut s'attacher principalement à développer tout ce qu'on a droit d'attendre de la forme actuelle du gouvernement fédéral des États-Unis, en l'examinant d'après la nature des choses.

Gouvernement de chaque État.

POLITIQUE. Considérer la composition de
la législation de l'assemblée générale, du
sénat, du pouvoir exécutif; les élections, les
abus reprochés à chacun d'eux.

Comparer les effets remarqués jusqu'à ce
jour dans chaque législature, afin de juger
quel est le meilleur système.

Observations. QUE faut-il attendre de leur
différence ? Quels en sont les traits principaux?

Tous ont reconnu la suprématie du peuple,
mais tous ne la lui ont pas également con-
servée ; et là où il ne peut la reprendre que
par la sédition, il faut peu compter sur la
paix. Elle est bien douteuse aussi par-tout où
la voix du peuple n'est pas assujettie aux formes lentes de l'instruction. Les divers états
doivent être examinés d'après ces principes.

Législation civile, de police et criminelle.

EN envisageant ces objets, il faut s'attacher sur-tout aux faits.

Les rapprochemens, les comparaisons avec
les faits des autres contrées de l'univers, se
feront au retour.

État

Etat du commerce entre chacun des Etats avec les Sauvages, les Canadiens, la Nouvelle-Ecosse, les isles angloises, la France, l'Espagne, la Hollande, les Etats du Nord, de l'Europe, le Mexique, la Chine, les Indes, l'Afrique.

REMARQUER les articles principaux d'exportation, d'importation ; le nombre des vaisseaux employés ; l'état du numéraire consacré au commerce.

Observations. N'oubliez pas de bien fixer les matières d'échange de part et d'autre, et sur-tout avec les possessions espagnoles. Car c'est de là principalement que doivent venir l'or et l'argent. S'en approche-t-on par terre à l'occident de l'Amérique ? Les Américains libres voyagent-ils chez leurs voisins les Espagnols ?

Le système de la monnoie est-il simple ? Sera-t-elle une mesure constante, facile à concevoir ? Est-elle d'une nature permanente, en sorte que dans la suite des temps on puisse toujours juger des variations dans le prix des choses, en les rapportant à un terme de comparaison qui lui-même n'ait

Tome I. D

subi aucun changement ? Cela ne se peut qu'avec un métal unique, auquel tous les autres se rapportent, soit comme marchandise, soit comme un billet de crédit se rapporte à la somme d'argent, à l'égard de laquelle il exprime un droit, et non une valeur intrinsèque. Un sol de cuivre, par exemple, est un billet de crédit sur la portion de métal adoptée pour mesure des valeurs ; car le sol de cuivre n'a nulle part la valeur intrinsèque de la partie aliquote de métal monnoyé qu'il représente.

Des Banques.

Observations. Les banques sont une partie bien importante de la chose publique ; les proportions qu'elles observent entre le numéraire qu'elles renferment et les billets qu'elles répandent, sont leur grand secret, le *criterium* de leur solidité. Celles qui n'ont que peu ou point de numéraire, et qui répandent beaucoup de billets, sont dans un état très-précaire et sont fort dangereuses.

Il faut lire avec attention, dans Smith, l'histoire des banques d'Ecosse, mais après s'être fait des notions justes sur les vrais principes des banques, afin de pouvoir facilement suppléer à l'obscurité de Smith. Il est très-facile d'errer sur cette matière, qu'on ne sauroit trop simplifier, lorsqu'on veut l'examiner.

État du revenu fédéral de chaque État; des impôts qu'ils procurent; de la manière de les percevoir; des effets de ces impôts.

Observations. Quel est le systéme d'imposition dominant? Si l'on regarde le sol comme la base de l'impôt, sait-on qu'il est dangereux alors de décourager le cultivateur? Pourquoi n'a-t-on pas réservé un domaine aux États?

De la dette fédérale de chaque État; des particuliers; des dépenses fédérales de chaque État; de la comptabilité.

Observations. La dette a été réduite, et on justifie cette réduction sur les énormes bénéfices faits sur les fournitures quelconques qui ont donné lieu à la dette. Relisez à ce sujet le mémoire de M. S.; vous verrez qu'il y a un moment où il faut que la dépréciation ait été injuste.

D 2

Il y a sur cet objet des recherches curieuses à faire. Pourquoi gagnoit-on autant avant qu'on se doutât d'une dépréciation ? C'est parce que l'on couroit des dangers d'un autre genre ; l'on se défioit de la possibilité du remboursement, parce qu'on se défioit du succès de la révolution. Sous ce point de vue, comment justifie-t-on le tarif de réduction d'après lequel la dette a été estimée, sur-tout envers ceux qui n'avoient aucun intérêt à la révolution ?

L'argent devoit être très-rare : c'est une grande cause de discrédit. Il devoit beaucoup coûter à ceux qui étoient réduits à en emprunter, d'où devoit résulter de grandes augmentations dans le prix des choses ; et alors n'a-t-on pas été injuste dans certaines réductions ?

Encore un coup c'est une histoire très-curieuse, si on peut la prendre à son origine et en suivre le fil. Il conduira peut-être à trouver qu'on a fait une banqueroute frauduleuse. Mais en ce cas il ne faut pas craindre cette conclusion. D'ailleurs, en supposant même de l'extorsion de la part du créancier, elle ne justifie pas le rabais que fait le débiteur ; il n'a en sa faveur que la nécessité.

La nouvelle Encyclopédie fait remonter avant la guerre le désordre qui a causé la dépréciation.

Mais s'il existoit alors du papier-monnoie, celui de tous les États n'étoit pas en discrédit ; et cependant la dépréciation a frappé sur tous les papiers-monnoie sans exception : celui du congrès n'existoit d'ailleurs pas. On a fait banqueroute ; voilà sans doute la vérité ; et en rassemblant tous les faits relatifs aux finances, on en pourra peut-être déduire des observations propres à prévenir une telle humiliation dans des circonstances semblables.

Dans l'Encyclopédie, on affirme que la dépréciation ne coûte rien aux étrangers : ce fait est-il vrai?

Il est très-important de se faire une idée des dépenses publiques auxquelles les Américains se livreront dorénavant, et de pénétrer, autant qu'il est possible, dans le genre d'esprit public qui les anime. Quelle est leur manière d'envisager les emprunts ? Ils sont un bien quelquefois ; mais le gouvernement le plus sage est celui qui résiste à cette ressource : quand on en use, on ne sait plus où l'on s'arrêtera. Les emprunts publics sont tou-

D 3

jours des enlèvemens à l'industrie, et la théorie des reversemens est trompeuse... Les Américains doivent d'ailleurs les avoir en aversion, par le mal qu'ils en éprouvent aujourd'hui, à moins qu'ils ne croient leur devoir leur liberté.

État des campagnes autour des villes; plus avant dans l'intérieur; près des Sauvages. De la culture; de ses avances; de ses produits; de la variété de ses produits. Des défrichemens; ce qui les encourage ou les arrête. Du numéraire répandu dans les campagnes; des fabriques des campagnes.

Observations. On prétend que la terre est inculte fort près de New-Yorck; que cette ville est environnée de forêts; et que pouvant y avoir le bois à brûler à vil prix, on préfère le charbon, quoiqu'on le paye plus chèrement.

Il faudroit que le commerce fût tel à New-York que la culture fût méprisée, ou que l'on y reçût les denrées à plus bas prix qu'on ne les cultiveroient à sa porte. Si ce qu'on dit est vrai, il y a des singularités à expliquer, dont on ne se doute pas en Europe.

Il faut considérer l'état du commerce et celui de l'agriculture en Amérique, sous le point de vue qui fait qu'on s'adonne à l'un plutôt qu'à l'autre.

Vous trouverez peut-être que l'origine des émigrans décide beaucoup de leur vocation. Les Anglois arrivent avec le commerce dans la tête, parce qu'ils arrivent dans une sorte d'aisance. Les Ecossois, Irlandois, Allemands et autres qui arrivent misérables, se tournent vers l'agriculture, et sont d'ailleurs la plupart des échappés de campagne. En éclaircissant ces faits, vous nous parlerez de ce que l'aisance, l'amour du travail et de la simplicité réunis, et tournés vers la culture, pourroient y faire.

Quelle est la véritable raison du bas prix auquel on trouve à acheter des campagnes défrichées avec maisons bâties ? Sans doute il y a un grand excès de productions, comparé aux consommations. Alors les campagnes rendent peu à qui veut en vendre les produits.

On vante beaucoup les avantages d'élever du bétail.

Les nations ont des préjugés, des goûts, des fantaisies, comme les particuliers; quelle

D 4

est, sous ce rapport, la manière d'envisager les manufactures dans les Etats-unis ? Y a-t-il un systéme de culture dominant en Amérique ? Y parle-t-on de la grande et de la petite cultures ?

Des mœurs privées dans les ports, dans les villes de l'intérieur, dans les campagnes.

Observations. En trouverez-vous qui soient vraiment américaines, et ne trouverez-vous pas, au contraire, à tout instant l'Europe sur vos pas ? Je distingue ce qui, appartenant à la conformation de l'homme, fait retrouver par-tout les mêmes résultats.

Parlez-nous de l'éducation publique et privée ? Fait-on, comme en Europe, perdre le temps à la jeunesse en études inutiles ou insignifiantes ? Connoissez, tant que vous pourrez, les ministres de la religion. L'autorité paternelle est-elle plus respectée qu'en Europe ? L'éducation douce que Rousseau a su faire prévaloir, est-elle en usage chez les Américains libres ? Y a-t-il du libertinage ? On assure qu'à cet égard Philadelphie appartient à l'Europe.

Quelles mœurs doivent être attribuées à

l'état de guerre, et quels changemens doivent s'opérer à cet égard ?

Du prix des denrées de première et de seconde nécessité dans chacun de ces lieux.

Observations. Quelles denrées sont les plus abondantes ? Conserve-t-on les grains ? Est-on sobre ou gourmand ? N'oubliez pas de visiter les marchés par - tout où vous vous arréterez. On y juge des mœurs des gens de la campagne, de leur aisance, et des productions.

Y fait-on usage des liqueurs ?

De l'inégalité qui existe déjà dans les fortunes ; de ses causes ; de ses effets actuels et probables.

Observations. N'oubliez pas, à ce sujet, de nous parler des mariages, des dots, des testamens ; les mœurs et les usages sur ces rapports arrétent ou accélèrent l'inégalité.

De la mendicité; des hôpitaux. De l'éducation privée et publique. Des colléges; de la religion, considérée politiquement; de la manière dont s'arrangent les différentes sectes. Des mœurs publiques. De la manière dont s'envisagent les habitans de chaque État; dont ils voyent la chose publique et la confédération.

Observations. On prétend que les mœurs des commerçans sont très-corrompues. On les dit rusés et faux. Il se peut que l'état violent où ils ont été réduits, les ait pervertis; que les gains énormes qu'ils ont faits, aient exalté leur cupidité, et qu'en général la bonne foi ait beaucoup souffert des opérations que le gouvernement a été lui-même forcé de faire sur la dette publique. Ces choses seront curieuses à examiner, et intéressantes à constater avec clarté, si l'on peut en acquérir de justes idées.

De la domesticité, de l'esclavage; des moyens qu'on prend pour l'abolir.

Observations. Est-il vrai qu'on ne puisse avoir pour domestiques que des noirs? Leur véritable état civil, moral et politique, l'opinion qu'ils en ont eux-mêmes par-tout où ils ne sont plus esclaves, est un morceau philosophique, qui mérite d'être fait avec soin.

Vos observations pourront conduire aux moyens efficaces de replacer cette classe infortunée au niveau des autres hommes.

Achats à faire des terres ; comment ? Défrichemens ; quelles avances à employer. Achats des fonds publics. Quel commerce, etc ?

Observations. Ayez des notions sur les agens qui se mêlent des fonds publics ; et en général examinez cette classe d'hommes qui font le courtage. Les a-t-on rendus nécessaires ?

Examinez aussi l'émigration qui s'est faite, depuis la paix, dans l'Amérique libre ; de quel pays viennent principalement les émigrans ; quels succès ils ont généralement, etc.

L'histoire de Kentucké, des établissemens adjacens, du cours de l'Ohio, et des derniers transports de colons rassemblés à Pitsbourg, et partis depuis ce rendez-vous, doit fournir de curieux détails, et sur-tout des remarques intéressantes pour les futurs émigrans. Qu'est-ce au juste que Pitsbourg ?

Voilà, ce me semble, les différens objets qui doivent fixer par-tout mes regards.

Je dois rassembler le plus de matériaux possibles, faire le plus d'extraits possibles; rassembler les brochures et les livres publiés en Amérique, et qui peuvent en donner l'idée.

Je dois encore, à mesure que je voyagerai, consulter les voyageurs qui ont écrit sur chaque ville, sur chaque objet, et mettre mes remarques en marge.

Observations. N'y a-t-il point de voyageurs qui aient parcouru l'occident de l'Amérique, dont les relations soient estimées et inconnues aux Européens? Les écrivains se multiplient-ils? État de l'imprimerie.

LETTRE PREMIÈRE.

Séjour au Havre de Grace.

Havre de Grace, 3 juin 1788.

ME voilà donc enfin, mon cher ami, près de l'océan, et à la vue du bâtiment qui doit m'enlever à ma patrie. Je la quitte sans regret, depuis que le despotisme ministériel qui la déchire, ne me laisse entrevoir, dans le lointain, que des orages affreux, que l'esclavage ou la guerre. Puissent les malheurs qui menacent ce beau pays, épargner ce que j'y laisse de cher à mon cœur!

Je ne vous décrirai point les campagnes et les villes que j'ai traversées, pour arriver ici. Mon imagination étoit trop pleine encore du spectacle déchirant que je quittois; mon esprit étoit assiégé de trop de soucis et de craintes, pour conserver la faculté d'observer. Insensible à toutes les scènes qui se présentoient successivement à moi, je fus à peine tiré de cette paralysie intellectuelle, par la vue de quelques cantons de la Normandie qui me rappellèrent l'Angleterre.

Les campagnes de la Normandie, et sur-tout celles du pays de Caux, offrent une grande variété de culture. Les maisons des paysans, mieux bâties, mieux éclairées que dans la Picardie et la Beauce, annoncent l'aisance qui règne généralement dans cette province. Les paysans sont bien vêtus. Vous connoissez la bizarre coeffure des Cauchoi-ses ; ce bonnet qui s'élève en pain de sucre; ce clinquant qui défigure toujours la simple nature ; ces cheveux relevés, contraints, plaqués de poudre et de suif, tout cela pa-roit assez ridicule ; mais on excuse ces or-nemens, ce luxe, en pensant que, si leurs maris étoient misérables, comme les paysans d'autres provinces, ils n'auroient pas de moyens pour les payer. Les paysans nor-mands ont cet air de contentement et d'in-dépendance qui nous frappa, si vous vous en souvenez, dans le campagnard de la Flandre autrichienne (*); ils ont cette phy-

(*) La route depuis Mons jusqu'à Anvers offre le spectacle le plus magnifique. C'est un jardin superbe et d'une richesse im-mense. Les campagnes, les maisons des paysans, leurs cha-riots, leurs chevaux si vigoureux, leurs habits de bon drap, leur contenance, leur regard, tout annonce l'aisance qui règne

sionomie ouverte et tranquille , signe infaillible de l'*heureuse médiocrité* , de la bonté
morale et de la dignité de l'homme. Quelle
est la cause de l'aisance particulière aux habitans des campagnes de la Normandie ? Est-
ce le voisinage de la mer , le commerce florissant, la division en petite culture des
terres ? Je n'ai pu en constater la vraie cause.
Mais certainement si la France est un jour
régie par une constitution libre , aucune de
ses provinces n'est mieux située, n'a plus de
moyens pour arriver à un haut degré de prospérité.

Bolbec, *Bottes*, près du Havre, offrent
des stuations pittoresques tout à fait déli-

---

parmi le peuple. J'y ai peu vu de jeunes filles qui n'eussent
pas l'air intéressant et aimable. Avec quel plaisir j'apperce-
vois à la porte de ces maisons décentes de jeunes femmes al-
laitant leurs enfans, tandis que les plus grands se jouoient sur
la pelouze autour d'elle !

Voilà ce que je demande au ciel , une maisonnette dans un
pays fertile , près d'une rivière, au milieu d'un peuple qui ait
encore des mœurs et qui jouisse de quelque liberté. Cette
partie de la Flandre ressemble beaucoup à l'Angleterre ; les
maisons sur-tout , à la porte près, qui n'a pas les deux petites colonnes, ont , toutes, la propreté et la décence des maisons angloises.

cieuses, où s'éleveroit aisément l'hermitage d'un philosophe, ou la simple maison d'une famille peu nombreuse, qui ne cherche son bonheur que dans son propre sein.

Je fuirois le voisinage de Rouen, comme de toutes les grandes villes; la misère s'y trouve à côté de l'opulence. Vous y rencontrez une foule d'hommes couverts de guenilles, le visage have, le corps décharné, l'air abattu; tout vous dit qu'il y a des manufactures dans cette ville, c'est-à-dire un essaim de misérables qui meurent de faim, pour faire nager dans l'opulence quelques individus (*).

Depuis deux jours que je suis au Havre, je n'y ai vu que trois ou quatre négocians: c'est trop peu de temps et trop peu d'hommes, pour juger une ville. Les négocians se plaignent beaucoup du nouveau traité de commerce entre la France et l'Angleterre, qu'ils jugent au moins *prématuré*, en considérant

---

(*) Toutes les manufactures n'offrent pas ce tableau : cela dépend de la diversité de leur objet et de la liberté du pays où elles sont établies. Voyez l'ouvrage *de la France et des États-Unis*, et ce que j'en dirai par la suite.

notre

notre défaut de constitution et la supériorité
de l'industrie angloise. Ils se plaignent encore de ce que le commerçant n'a pas été
consulté pour le faire. J'ai cherché à les consoler, en leur faisant entrevoir que les conséquences de ce traité, jointes à d'autres
circonstances, ameneroient, sans doute, une
constitution libre, qui, faisant tomber les
chaînes de l'industrie et du commerce françois, nous feroient réparer nos pertes ac-
tuelles, et que ce ne seroit pas payer trop
cher la liberté, que de l'acheter par quelques banqueroutes et une gêne momentanée. A l'égard de l'indifférence du ministère pour consulter les commerçans, je
leur ai fait voir que c'étoit autant le résultat
de la crainte servile et du défaut d'esprit public des négocians, que des principes du
gouvernement monarchique illimité. Il n'admet au ministère que des intrigans bornés,
présomptueux ou fripons ; et cette espèce
de ministres n'aime pas à consulter.

Le Havre est, après Nantes et Bordeaux,
le foyer principal de la traite des nègres:
beaucoup de maisons riches de cette ville
doivent leur fortune à cet infâme commerce.
Il augmente loin de diminuer. Une nouvelle

Tome I. E

qui vient d'arriver va plus fortement enflammer encore l'avidité des joueurs qui mettent
à cette *loterie* ; on apprend qu'un vaisseau
négrier, arrivé à Saint-Domingue, y a vendu
ses noirs 2300 livres la pièce, argent des
colonies (*) ; et ses armateurs comptent encore sur un retour très-lucratif. Il y a une
demande considérable de nègres de la part
des colonies. J'en ai recherché la raison : on
m'a dit qu'elle étoit occasionnée par l'augmentation des demandes des produits de nos
colonies, comme sucre, café, et sur-tout le
coton. Ces marchandises se vendent à un
plus haut prix que les années précédentes.
Le planteur est à portée, par son bénéfice,
d'augmenter le nombre de ses noirs, et d'en
payer un prix plus considérable. J'ai voulu
savoir la cause de l'augmentation si rapide
de la demande européenne pour le sucre, le
café et le coton. On m'a répondu qu'on con-
sommoit davantage d'étoffes de coton, et plus
de sucre et de café. — L'aisance augmente-
roit-elle donc par-tout ? On le croit aisé-

(*) Observez que, dans nos comptoirs africains, chaque
tête de nègre coûte, prix moyen, 300 livres.

ment, quand on parcourt l'Angleterre. Mais nos campagnes françoises, quoique si fertiles, ne font pas naître la même idée.

Les armateurs pour la traite croient cependant que sans les *primes* considérables données par le gouvernement, elle ne subsisteroit pas long-temps, parce que les Anglois vendent leurs noirs à meilleur marché que les François. Le plus haut prix chez eux est de 11 à 1200 livres la pièce.

Je tiens quelques-uns de ces détails d'un capitaine américain qui connoît beaucoup les Indes orientales et l'Afrique. Il m'a assuré que les nègres étoient en général mieux nourris et plus doucement traités sur les vaisseaux françois que sur les anglois; et peut-être est-ce la raison pour laquelle les françois ne peuvent soutenir la concurrence avec les Anglois, qui les nourrissent plus mal et dépensent moins (*).

(*) La véritable cause est dans les dépenses et les salaires de capitaines et de l'équipage françois. Le capitaine anglois vit à bord de viande salée, et reste toute sa vie capitaine. Le capitaine françois veut au contraire du luxe et des jouissances coûteuses; il veut faire sa fortune en trois voyages. Voyez l'intéressant *Discours de M. Pétion de Villeneuve sur la traite*

E 1

J'ai causé, avec les négocians dont je vous
ai parlé, des sociétés qui s'élevoient dans
l'Amérique, en Angleterre, en France même,
pour l'abolition de cet affreux commerce. Ils
ignoroient leur existence, et ils ne regardent
leurs efforts que comme des mouvemens d'un
enthousiasme aveugle et bien dangereux.
Remplis des vieux préjugés, et n'ayant lu aucune des discussions profondes que cette insurrection philosophique et politique, en faveur de l'humanité, a excitée en Angleterre,
ils ne cessent de me répéter que la culture
du sucre ne peut se faire que par des noirs,
et par des noirs esclaves. Les blancs ne
peuvent, disent-ils, l'entreprendre, à cause
de l'extrême chaleur, et l'on ne peut tirer
aucun travail des noirs, que le fouet à la main.
A cette objection, comme à dix autres, que
j'ai cent fois entendues ailleurs, j'ai opposé
les réponses victorieuses que vous connoissez (*). J'ai cité les Indes orientales ; mais

_____

des Noirs. 1790. Au bureau du Patriote François, place du
Théâtre italien.

(*) On les trouve dans l'excellent traité sur les désavantages politiques de la traite, par M. Clarkson, et dans l'ouvrage, plein de sensibilité et de raison, du Docteur Frossard,
intitulé : La Cause de l'Humanité, etc. Paris. Gattey,

je n'ai converti personne.. L'intérêt parle encore trop haut, et il n'est pas assez éclairé.

Un de ces négocians auquel je vantois la méthode d'affranchissement usitée par les Espagnols, et son influence efficace sur l'intelligence, les qualités morales, la population des noirs, me dit qu'ils ne développoient pas, dans les isles espagnoles, plus d'habileté qu'ailleurs, et que la culture du sucre n'y prospéroit pas plus que chez nous. J'ai eu occasion de vérifier ce fait, en consultant un Américain digne de foi, qui a été plusieurs fois à la Havanne. Il m'a certifié que les nègres libres y faisoient presque toute la commission commerciale, qu'ils déployoient la plus grande industrie, soit dans la culture, soit dans le commerce, et qu'il en avoit souvent rencontré de capables d'exécuter par eux-mêmes le chargement d'un navire entier.

Ces négocians françois m'ont confirmé un fait que la société de Londres nous a dénoncé; c'est que des Anglois font la traite des nègres sous le nom de maisons françoises (*),

_____

(*) Voyez le discours de M. Pétion de Villeneuve *sur la traite des Noirs*, p. 45.

E 3

et profitent des primes excessives que le gouvernement françois accorde à ce genre de
commerce (1).

Je leur ai parlé de l'établissement libre
formé à Sierra-Leona, pour faire cultiver le
sucre par des mains libres, et répandre cette
culture et la civilisation en Afrique : ils
m'ont répondu que cette institution ne subsisteroit pas long-temps ; que les armateurs
anglois et françois ne la voyoient que de mauvais œil ; qu'un armateur, moitié anglois et
moitié françois, avoit déclaré qu'il emploie-
roit les armes pour détruire cette colonie
naissante (2).

Il m'a paru, d'après la conversation de
ces négocians, qu'ils ont plus de préjugés
que d'inhumanité, et que si on peut leur

---

(1) Ces primes montent presqu'à la moitié du prix origi-
naire des nègres. V. *ibid.*

(2) Cette prédiction s'est vérifiée ; et cet infernal projet,
dicté par la cupidité, a réussi. Mais cette cupidité succom-
bera elle-même ; car cet établissement libre doit reprendre
avec des forces bien plus grandes. Deux sociétés nouvelles de
blancs se forment à Londres, pour aller coloniser en Afrique
et civiliser les noirs. Voyez, à cet égard, la judicieuse brochure intitulée : *M. Lamiral réfuté par lui-même.* Au Bureau
du Patriote François.

ouvrir un nouveau genre de commerce plus avantageux, il ne sera pas difficile de leur faire abandonner la vente des malheureux Africains. Il faut donc écrire, imprimer, et ne pas se lasser de répandre l'instruction.

J'ai vu, dans le port de cette ville, un de ces paquebots destinés pour la correspondance entre la France et les États-Unis d'Amérique, et ensuite employés dans le système très-inutile et très-dispendieux de la correspondance *royale* avec nos isles; système qui n'a été adopté que pour favoriser, aux dépens du bien public, quelques créatures des ministres d'alors. Ce navire, appellé le *Maréchal de Castries*, a été construit en Amérique, et il a la réputation d'un excellent voilier. Voilà bien la meilleure réponse à tous les contes débités dans les bureau de la marine, à Versailles, contre la bonté des bois américains, et contre les qualités de leur construction.

Cet établissement de paquebots paroît aujourd'hui frappé d'anathême. Deux mois se sont écoulés depuis le départ du dernier; il n'y a point d'ordre pour en expédier (*),

_____

(*) Il y avoit alors une telle négligence dans le ministère.

E 4.

et il paroît même qu'on n'en expédiera pas davantage. Ainsi va s'évanouir le seul établissement qui pouvoit nous conserver des correspondance savec l'Amérique libre, et nous faire un jour recueillir les fruits des secours si dispendieux que nous leur avons donnés.

Sans doute on en avoit mal combiné les principes. Il falloit assortir cette institution aux moyens et à la foiblesse des relations naissantes entre les François et les Américains; il falloit construire des bâtimens simples, mais commodes, les faire construire en Amérique, puisque cette construction offre dans le prix moitié de différence avec la nôtre; il falloit offrir plus d'attraits aux négocians pour s'en servir, les y inviter par la régularité du service. — Il ne falloit pas surcharger ces bâtimens d'une marine *royale*, c'est-à-dire d'une marine dispendieuse, insolente,

que la malle destinée pour l'Amérique libre, et qui devoit partir en mai 1788, resta au bureau pendant quatre à cinq mois, avec celles qui survinrent ensuite : je ne sais pas même si elles ont jamais été expédiées. Cette négligence fit en Amérique le plus grand tort aux François; elle détruisit l'opinion qu'on avoit de leurs principes et de leur gouvernement : elle étoit d'autant plus condamnable, que le *Cato* sur lequel je m'embarquai, et d'autres vaisseaux, offrirent inutilement de se charger des malles de lettres.

et portée au gaspillage et à l'insouciance ; il
ne falloit pas confier la surveillance de cette
entreprise à des banquiers de Paris, qui,
trop loin de la scène, ne pouvoient ni voir
ni réformer les abus. Toutes ces folies, et
sur-tout celles de porter du faste où il ne falloit que de la simplicité, et de confier la surveillance à des hommes qui n'y avoient pas
le moindre intérét, ont occasionné une dépense de près de deux millions en un an de
temps. Il en résulte que le ministère, *par
économie*, veut supprimer un établissement
utile, mais mal entendu. Sans doute il faut
prêcher l'économie ; mais cette suppression,
très-raisonnable et très-politique pour la correspondance avec les isles françoises, est
absurde et impolitique pour l'Amérique libre,
puisqu'elle nous ôte le seul moyen que nous
ayons de communiquer avec ses habitans,
puisqu'il n'y a pas 7 à 800 navires marchands
chargés dans nos ports chaque année, pour
les Etats-Unis comme pour nos isles, puisque cette interruption de relations peut forcer les Américains à se lier plus fortement
avec les Anglois (*), qui envoient sur leurs

(*) Voyez sur ces paquebots et sur ceux qui viennent
d'être établis, une des lettres suivantes.

côtes et paquebots et vaisseaux marchands.

Adieu, mon ami ; le vent est bon ; nous touchons au moment de nous embarquer. Je languis d'impatience ; tout ce qui m'environne m'afflige et m'inquiète ; jusqu'aux accens de l'énergie et du patriotisme, tout m'alarme et m'est suspect. Telle est la funeste influence des gouvernemens arbitraires ; ils rompent tous les liens, ils resserrent la confiance, ils invitent aux soupçons, et par conséquent ils forcent les hommes sensibles et jaloux de leur liberté à se séquestrer, à être malheureux, ou bien à craindre éternellement de se compromettre. Je vous peins ici le martyre que j'ai enduré depuis la cruelle époque de 1784. Depuis six mois sur-tout, je n'ai jamais été tranquille qu'en m'étourdissant ; je n'ai pas vu un visage nouveau qui ne m'ait inspiré des soupçons. Cet état étoit trop violent pour moi. Dans quelques heures, ma poitrine sera plus à l'aise, mon ame sera sans inquiétude. De quel bonheur je vais jouir en respirant un air libre !

LETTRE II.

Sur le Commerce du Havre.

Un homme éclairé, qui a bien observé le commerce de cette ville, qui a eu de bons mémoires, a bien voulu me communiquer ses lumières ; et je m'empresse de vous en faire part à mon tour, bien persuadé que ces détails exciteront votre intérét.

Le commerce du Havre se divise en quatre branches, celui des colonies, la traite des noirs, le grand et le petit cabotage.

Le commerce avec les colonies a doublé ici depuis la paix de 1762 ; l'exportation à l'étranger des denrées coloniales a presque triplé. La recette de la douane, plus que doublée, atteste ces progrès ; et l'on ne doute point que, si les plans projettés pour l'agrandissement de cette ville s'exécutent, elle ne devienne une des plus florissantes places de commerce.

On y arme annuellement 120 navires pour les isles, dont 30 de 350 à 450 tonneaux ; le reste de 150 à 240 tonneaux. Il n'est aucun port où les chargemens soient plus riches : on les estime, l'un dans l'autre, de 300 à 350 mille livres. Leurs cargaisons, outre les comestibles dont elles sont composées, tels que bœuf salé, beure, lard, saumon, morue sèche, harengs blancs et saurs, huile d'olive, vins, eau-de-vie et farine, emportent encore tous les articles de nos manufactures, tels que soieries, merceries, grosse et fine, toilerie, quincaillerie, argenterie, bijouterie, chapeaux de castor, galons d'or et d'argent, meubles, glaces, modes, habillemens, dentelles, montres, marmites de fer, objets de menuiserie, de charronnage, merrain, cercles, osier, tuiles, briques, carreaux de Caën, fayance de Rouen et du Havre, suifs, chandelle, etc.

Le commerce de Guinée n'occupoit, avant la paix de 1762, que trois ou quatre navires. La double prime accordée depuis à la traite, les a fait monter jusqu'à 30.

Les cargaisons sont généralement composées de toiles des Indes, toiles de Rouen, soieries, baguettes de Beauvais, eau-de-vie de vin, de cidre, de genièvre (cette dernière fabriquée généralement en Hollande), de fusils (*), pistolets, sabres (tirés en général de Liège), couteaux, verroterie, fer en barre, quincaillerie (tirée d'Allemagne), mercerie, argenterie, bijoux, canettes de grais, corail, cauris, cuivre, étain, plomb, poudre à feu, draps de Carcassone, tant en pièces qu'en manteaux, etc.

Les guinées bleues de Rouen ont été long-temps recherchées pour ce commerce ; et ce fait vous prouvera combien il importe,

-----

(*) Ces fusils, pour la traite, se fabriquent à Liège. Visitant, en 1787, une de ces manufactures, je m'y trouvai avec un négociant de Bordeaux, dont je tairai le nom, pour épargner son honneur. Le fabriquant lui montra des fusils qu'il vendoit 6 liv. la pièce, et d'autres à 6 liv. 10 sols. Je lui demandai la raison de cette différence. Il me dit qu'il ne voudroit pas, *pour la couronne de France*, essayer les premiers, et qu'il tireroit volontiers les autres, parce qu'ils étoient éprouvés. Ne pas être blessé ou tué en tirant les premiers, étoit une affaire de loterie. Je me récriai sur l'atrocité d'acheter et de vendre de pareils fusils, et j'engageai le négociant de Bordeaux à préférer les seconds. Mon ami, me dit-il, avec ces beaux sentimens d'humanité on va mourir à l'hôpital. Je vais commander mille fusils de la première classe, et j'économise clairement 500 liv. — Et les êtres qui raisonnent ainsi se disent des hommes ! Ils apprécient la vie ou la mutilation d'un homme *à 10 sols !*

pour la prospérité du commerce, de s'attacher à fournir constamment de bonnes marchandises : les nations ne sont pas long-
temps dupes des infidélités.

Un fabricant de Rouen avoit trouvé le
moyen d'imiter les guinées bleues, rayées,
cadrillées des Indes, et le bon teint de ce
pays. Elles furent accueillies et recherchées
sur la côte de Guinée. On demandoit alors,
quand un vaisseau arrivoit d'Europe, s'il apportoit des guinées de Rouen. Leur beauté
leur faisoit donner la préférence sur celles
des Indes. Depuis, leur réputation est insensiblement tombée ; et cette chûte doit être attribuée à différentes causes ; soit qu'on économise sur l'indigo ou sur la qualité des
toiles, soit qu'on ne puisse soutenir la concurrence des mêmes toiles de Hollande, soit
qu'il n'y ait plus de profit à tromper, en donnant pour guinées des Indes ce qui n'en est
pas, les guinées de Rouen s'exportent peu,
et sont même redoutées à la côte. Pour tromper les Africains, les négocians, en tassant
leurs guinées dans les tonneaux, y mêlent
des lits de poivre ou d'autres épiceries : ils
espèrent leur faire croire que ces toiles viennent de l'Inde, parce que ces dernières ont

en général une odeur d'épices, odeur propre
au climat de l'Inde, et qui ne peut s'imiter.

On rougit pour son pays en rapportant
ces fraudes misérables. Quelle idée se faire de
commerçans qui appuyent leurs espérances
sur des bases aussi fragiles, aussi immo-
rales ! Comment ne sentent-ils pas qu'ayant
à lutter contre des rivaux étrangers aussi fins
qu'eux, leur ruse ne peut échapper à leurs
yeux clairvoyans et à leur critique ouverte ?
Regagne-t-on donc ensuite aisément la confiance d'un pays qu'on a mérité de perdre ?
La bonne foi, la bonne foi, voilà l'ame du
commerce et de l'industrie ! il n'en est point
qui puisse long-temps se soutenir sans elle ;
et cette vérité va devenir de jour en jour plus
sensible, à mesure que les lumières se ré-
pandront : elles rameneront les commerçans
à la probité, parce qu'elle seule sera le chemin de la fortune.

Les François emploient encore des piastres
au commerce de Guinée, et elles sont sur-
tout destinées pour le rachat des nègres ; car
il faut bien distinguer entre le rachat et la
traite directe des noirs. La traite se fait directement avec les Africains et sur les côtes
de traite françoise ; elle s'étend depuis le fort

Saint-Louis jusqu'à celui de Gorée, et elle embrasse tous les pays de l'intérieur adjacens, tels que Cayor, Sin, Sallum, les Oualos, les Poules. Cette traite, fournit tous les ans environ 2200 noirs, amenés, soit par les Maures qui les ont volés, ou par les princes qui les ont fait voler. C'est à cette traite que s'appliquent tous les objets d'échange dont nous avons parlé : c'est la source qui fournit les noirs à meilleur marché.

Le reste des noirs, improprement appellé de traite françoise, n'est véritablement que le produit d'une traite étrangère. Elle est composée de noirs rachetés, avec des piastres, aux comptoirs anglois, Portugais, et même jusqu'à Saint-Eustache. On doit conclure de ce fait que les profits de cet infâme commerce passent entre les mains d'étrangers, puisque sur les 20,000 esclaves environ que les commerçans françois portent dans nos colonies, 18,000 environ sont de traite étrangère ; et si vous portez à 400 liv. la pièce cette sorte de noirs, il est évident que tous les ans cette partie seule des noirs tire, en argent, de la balance de commerce, 7,200,000l. Joignez à cette somme le prix de dix mille noirs importés en contrebande dans nos isles

par

par les étrangers, et vous jugerez que cette absurde méthode de recruter en Afrique, pour cultiver nos îles, coûte à la France, chaque année, plus de 20 millions, qui passent dans des mains étrangères.

Les retours des navires qui vont à la côte de Guinée, et de-là aux îles, sont composés de sucre terré, café brut, coton, indigo, cacao, gingembre, cuirs en poil, bois à teindre, de marqueterie, confitures, liqueurs, syrops et taffias.

Ces denrées et marchandises sont ensuite transportées en partie à l'étranger. Il ne reste, pour la consommation du royaume, que le coton en entier, partie des sucres de Saint-Domingue, partie des cafés martinique; le reste des sucres, cafés et indigo, tant de Saint-Domingue que des autres îles, s'exporte à l'étranger, par mer et par terre. Ce sont des vaisseaux hollandois et des villes anséatiques qui font ces chargemens. Ce qui s'expédie par terre est destiné pour la Suisse, l'Allemagne, la Lorraine, la Flandre autrichienne, par contrebande.

Le grand cabotage, qui embrasse l'Espagne, le Portugal, l'Italie, la Russie, etc. emploie un grand nombre de vaisseaux; mais tous

Tome I. F

n'appartiennent pas au Havre ; la majeure partie est la propriété des négocians de Saint-Valery en Somme, Dieppe, Caen et Rouen. Les chargemens de ces navires sont extrêmement précieux ; ils consistent en marchandises de toutes les manufactures du royaume, telles que celles de Lyon, Paris, Rouen, Amiens, Abbeville, Saint-Quentin, etc.

Les navires qui reviennent ou d'Espagne ou de Portugal, exportent des productions ou marchandises de ces contrées; vins, eau-de-vie, fruits, soudes, laines, et des marchandises qui proviennent du commerce des deux Indes, ou des possessions que ces deux royaumes ont en Amérique, telles que les indigos guatimalas, les cochenilles, les cuirs, les bois de teinture, les monnoies, lingots d'or et d'argent, etc.

Ils rapportent d'Italie des huiles d'olive, citrons, oranges, drogueries, soufre et marchandises du Levant. Le Havre, pour tous ces objets, est l'entrepôt de Paris, de la Picardie, de la basse et haute Normandie, de la Champagne, etc.

Ces navires françois ne chargent point de denrées des colonies pour l'étranger. Les Hollandois, les Hambourgeois, Dantzikois, Suédois, Danois, sont en possession de cette exportation, par le bas prix qu'ils mettent au fret, par la sobriété et l'économie avec laquelle ils naviguent. Ces étrangers apportent en échange les objets du cru de leurs pays, les bois, les chanvres, brais gras, goudrons, toileries pour guinées, etc.

Le commerce de Marseille, depuis novembre jusqu'en mars, se fait ordinairement par les navires de Saint-Malo et de Grandville, qui y ont porté des morues sèches de leur pêche. Ils obtiennent la préférence sur tous les autres navires, parce qu'ils se contentent d'un fret modique, plutôt que de revenir sur leur lest.

Il s'expédie, depuis quelques années, deux à trois navires de moyenne grandeur, chargés de sucre brut pour Fiume et Trieste, où il y a des rafineries établies pour le compte de l'empereur.

L'espace étroit dans lequel le Havre se trouve renfermé, n'a pas permis d'y établir des manufactures ni des rafineries.

Dans les dehors de la ville on a élevé à la vérité quelques fayanceries. Les fayances qui en proviennent sont belles, et s'expédient pour les colonies. Dans les atteliers des faux-bourgs, on fabrique toute la grosse quincail-lérie et les instrumens de fer nécessaires pour la culture des terres aux colonies. La consommation en est considérable. Les entrepreneurs y ont fait une brillante fortune. Dans ce même fauxbourg on a, depuis quelque temps, établi une rafinerie de sucre qui a bien réussi. Enfin on voit, près le Havre, une tuilerie qui fournit à tout le pays des briques pour la bâtisse ; on en expédie même pour les colonies.

Le petit cabotage se distingue en deux branches ; la première est la navigation, qu'une douzaine de navires de ce port font à Bayonne, Bordeaux, Nantes, la Rochelle, Saint-Malo, Dunkerque, où ils portent et d'où ils rapportent des marchandises ; la seconde est la navigation que de très-petits bâtimens font du Havre dans divers ports de la province de Normandie, comme Rouen, Caën, Dieppe, Saint-Valéry en Caux, Honfleur, etc. Ils y portent et en rapportent les marchandises nécessaires à la vie.

Après avoir parcouru ces diverses branches de l'exportation nationale, il est essentiel de considérer celles de l'importation. — Je

ne négligerai aucuns détails, parce qu'ils
vous feront connoître quels articles nous
pourrons tirer par la suite, à meilleur compte,
des Etats-Unis.

Le commerce étranger se fait principalement par les Anglois, les Hollandois, les
Suédois, les Danois, les villes anséatiques,
peu de Prussiens, de Suisses, de Portugais,
et quelques Espagnols de Bilbao.

Angleterre, Ecosse, Irlande.

D'Angleterre, 90 à 110 vaisseaux de 60
tonneaux, chargés de plomb en saumon, d'é-
tain en bloc, de matières propres aux tein-
tures, de bleds, de farine; 15 à 20 bâtimens
chargés de charbon de terre, de meules à
taillandiers, de couperose. Ils remportent
des vins, des eaux-de-vie, des batistes, toileries, modes, du plâtre, des rubans, bas de
soie; et les charbonniers, du café, du sucre
pour la Hollande ou les villes anséatiques.

15 à 20 vaisseaux, écossois, apportant du
tabac pour la ferme générale; 5 à 6 petits
bâtimens apportant du saumon salé en barils,
et remportant toujours vins, eaux-de-vie;
autrefois, thé, toileries, etc.

F 3

Les Irlandois font un commerce plus constant et plus étendu en bœuf salé, lard, langues, beurre, suif, chandelles et saumon pour les colonies et la Guinée, cuirs verds, cornes de bœuf, poil de bœuf ou vache, peaux de chèvre apprêtées. Leurs retours se font en vins, eau-de-vie, thé, toileries de Rouen, batistes de Beauvais, Cambrai, des cercles pour relier leurs barils, etc.

La Hollande.

Les Hollandois apportoient ci-devant des marchandises de toutes les parties de l'Europe, du Nord, d'Italie, d'Espagne. Depuis l'augmentation du droit de fret et de cabotage sur les navires étrangers, venant des ports de France dans la Méditerranée, dans ceux du Ponent, ils ne font plus ce cabotage. C'est peu de chose; c'est peut-être 15 ou 20 voyages de moins. Ils se restreignent à l'importation des denrées de leur crû : ils viennent même sur leur lest pour prendre nos sucres, nos cafés et marchandises de nos fabriques et manufactures. Ils nous fournissent encore des épiceries, drogueries, des guinées de toute espèce pour le commerce d'Afrique, etc.

Les Hollandois ont perdu beaucoup, depuis que les nations voisines se sont éclairées sur leurs intérêts. Il n'y a pas plus de vingt ans qu'ils étoient encore les commissionnaires de toute l'Europe. On écrivoit à Amsterdam, de Pétersbourg, de Stockholm : Envoyez-nous une voiture de Paris, des modes de Paris ; et la Suède même le faisoit pour du sel. Aujourd'hui nous les portons nous-mêmes ; mais ceci n'empêche pas les Hollandois d'avoir encore bien des avantages sur nous.

La Suède.

8 ou 10 navires de 200 tonneaux, chargés de fer en barre, acier, fil de fer de laiton, alun, brai, goudron et planches de sapin.

Ils vont à Bordeaux charger des vins, à Brouage du sel, des sucres et cafés, quelque peu de toiles cotonnières et étoffes de Rouen, Lyon, Tours, des vins de Bourgogne, de Champagne, des fruits, etc.

Danemarck.

45 à 50 navires, de 140 à 160 tonneaux, chargés des mêmes marchandises que les Suédois ; et de plus, du maquereau salé en

F 4

baril, des avirons, du goudron, du brai gras, huile de poisson. Ils s'en retournent à vuide ou chargés comme les Suédois, avec plus d'étoffes, parce qu'ils sont plus riches, et que les modes y ont plus cours qu'à Stockholm.

Hambourg, Dantzik, Breme, Lubeck.

Hambourg fait un grand commerce; ses navires apportent de l'alun en roche, brai gras, chanvre, cuivre et fourrure, fer en tôle, en barre, laine, cire jaune, planche de sapin, bazin d'Harlem, toiles, platille pour le commerce de Guinée, azur commun, plomb en saumon, fer blanc et noir en baril. Ils emportent les trois quarts des denrées américaines, en sucre, café et indigo.

Dantzik. Ses navires apportent des planches de sapin, qu'on nomme bois de bordage, pour faire les ponts des navires, quelques mâtures; beaucoup de bled. Ils emportent sucre, café des colonies.

Breme et Lubeck. 3 ou 4 navires qui apportent les mêmes objets que Dantzik. Ils remportent les mêmes denrées. Breme, de plus, emporte des sucres bruts pour des rafineries.

Les Prussiens viennent fort rarement, et leur cargaison est la même que celle des villes anséatiques.

Russie.

Ce commerce est plus intéressant. Mais les Russes fréquentent peu nos ports, et c'est une grande perte pour le commerce. Peut-être que le droit de fret, diminué de celui de prime-abord, les engagera à y venir plus aisément, et franchir l'Océan, qu'ils commencent à connoître aussi bien que nous. Ils apportent du goudron, brai, des mâtures, planches de sapin, crin, toile à voiles, pelleteries, fine et commune, fer en barre, chanvre, suif, colle de poisson, cire jaune. Ils remportent beaucoup de marchandises des manufactures de Lyon, Paris, Rouen, de l'argenterie, bijouterie, meubles de prix, riches et magnifiques, des voitures.

Portugais.

Il arrive rarement des vaisseaux portugais dans nos ports; et, depuis plus de neuf ans, on n'en a vu que deux au Havre, soit à cause des droits de fret, auxquels ils sont assujettis,

soit parce que les vaisseaux françois, qui y
font le commerce en Portugal, y chargent à
meilleur compte. Leurs denrées nous viennent par nos vaisseaux, et nous leur portons
des objets des manufactures de Lyon et Rouen,
nos meubles, bijouteries et merceries

Il vient bien peu de navires espagnols au
Havre. Ils n'apportent presque que des laines
de Bilbao, et s'en retournent à vuide sur leur
lest. Ceux qui s'affrètent, prennent, pour Ca-
dix et Barcelone, des objets des manufactures
d'Amiens, de Nogent-le-Rotrou, d'Elbœuf,
Louviers, du Mans, Abbeville, Lille, Reims,
Saint-Quentin, Sedan, en draps, pluches,
pannes, callemandes, moquettes, velours
d'Utrecht, baracans, camelots, étamines,
cires et bougies.

LETTRE III.

Voyage en mer.

Boston, 25 juillet 1788.

ENFIN, nous voici dans le pays de l'indépendance, après avoir erré pendant cinquante-un jours sur l'Océan. Asyle de l'indépendance, je te salue . . . . Que n'es-tu plus voisin de l'Europe ! tant d'amis de la liberté n'y gémiroient plus en vain.

Je m'embarquai le 3 juin, au soir, sur le navire le *Cato*, de construction américaine, mais appartenant à des Hollandois (*), et qui

___

(*) Les maisons hollandoises qui commercent avec l'Amérique libre, ont renoncé à se servir des bâtimens hollandois, qui, bien plus lourds que les navires américains, emploient plus de temps dans la traversée. J'ai appris depuis que ce bâtiment, qui a fait un autre voyage à Marseille, y a été vendu à une maison françoise. Cette vente de bâtimens de construction américaine, est une branche de commerce qui s'étendra un jour, et qui deviendra très-avantageuse aux Américains.

alloit à Boston. Le capitaine *Stevens*, qu ile commandoit, a la réputation d'un habile marin ; il joint à ce mérite des qualités intéressantes, beaucoup d'honnêteté, et un caractère généreux. Cinq ou six passagers, qui avoient inutilement espéré de s'embarquer sur un paquebot du roi, ont profité de la même occasion.

Vous n'attendez pas, sans doute, de moi, mon cher ami, de ces longues descriptions qu'on rencontre dans les anciens voyageurs. Je veux être vrai ; je serai donc très-simple et très-court.

Je fus à peine à bord, que je subis la loi commune à presque toutes les personnes qui s'embarquent pour la première fois. J'avois cependant traversé plusieurs fois la Manche. Mon indisposition dura pendant trente-six heures. Je ne mangeai rien, je ne bus rien ; je restai au lit, abandonnant à la nature le soin de ma guérison. Le succès fut tel que je l'avois prévu. Deux jours après, je repris mon genre de vie accoutumée, ou plutôt je me conformai à celui que je trouvai établi à bord. Déjeuner avec du thé, café ou chocolat ; à dîner, viande, légumes, vin et bière, point de café, et rarement de la liqueur ; thé à cinq heures ; à souper, des œufs et du riz, tel étoit notre genre de vie.

Vous aimez les détails dans les voyages, mon ami ; les suivans, relatifs à notre régime, peuvent vous être utiles, si jamais vous entreprenez un voyage de long cours. Pourquoi ne met-on pas davantage à profit, sur les vaisseaux françois, l'expérience des Anglois et des Américains sur ce régime ? Nous ne perdrions pas tant de matelots tous les ans par cette cruelle insouciance.

Les navires américains ont, en général, de bonnes provisions, et en abondance. Leur bœuf salé vaut presque celui de l'Irlande. Nous mangeâmes des pommes de terre jusqu'au moment où nous arrivâmes à Boston. Ce fait vous surprendra, sans doute ; car on pense généralement en France que, dès le printems, elles germent et deviennent mauvaises. Ces pommes de terre avoient été recueillies en Hollande. Les citrons, dont le capitaine avoit emporté deux caisses, nous furent d'un grand secours, pour faire et de la limonade et du punch, dont les Américains font un grand usage. Nous tirâmes aussi un bon parti des oignons qu'il avoit à bord. Les Américains du nord les dédaignent

pour leur table, et ne les cultivent que pour
les vendre aux Américains du midi et des
îles. On nous servoit tous les soirs une soupe
à l'oignon. J'éprouvai que cette sorte de
soupe facilitoit la digestion, et ôtoit à la
bouche l'empâtement désagréable qu'on
éprouve le matin.

Nos matelots étoient aussi bien nourris.
A dîner ils avoient du bœuf salé, ou du porc,
ou du *stock-fish*, des pommes de terre; à
déjeûner et à souper, du thé, du café, du
biscuit, du beurre et du fromage; quelquefois on leur donnoit de l'eau-de-vie ou du
rum, et ils buvoient constamment d'une petite bière aigre, à laquelle notre capitaine
attribuoit leur bonne santé.

Ces matelots étoient fort religieux, ainsi
que les matelots américains avec lesquels
j'ai voyagé depuis.

C'est un très-grand désavantage de partir
du Havre-de-Grace pour se rendre en Amérique; on est obligé de remonter au-delà de
l'île de Wight, ce qui fait perdre souvent
beaucoup de temps. Nous employâmes plus
de quatre jours à débouquer le canal. La mer
étoit fort calme; mais, en entrant dans l'O-
céan, nous la trouvâmes houleuse. Le roulis

considérable, et nouveau pour moi, du vaisseau, me fit retomber malade ; mais une
diète exacte me rétablit bientôt. Du courage,
de l'exercice, des distractions, point d'imprudence dans la manière de se nourrir,
voilà les remèdes les plus efficaces contre ce
mal singulier, dont on n'a pu encore fixer la
vraie cause, et qui offre des symptômes si
variés.

Nous rencontrâmes, le 15 juin, un vaisseau
anglois, qui venoit de la pêche de la baleine,
sur les côtes du Brésil. Il y avoit onze mois
qu'il étoit parti de Londres. Sa pêche avoit
été malheureuse (1); il n'avoit pas plus de

(*) Ce malheur, qui arrive souvent aux vaisseaux anglois
destinés pour la pêche de la baleine, les en dégoûtera sans
doute ; il leur sera toujours impossible de soutenir à cet égard
la concurrence avec les Américains, que tout favorise, et
qui vendront long-temps l'huile de baleine et le poisson, à
meilleur marché que les Européens. Le judicieux Smith l'a
observé il y a long-temps. La pêche de la baleine, dit-il,
languit dans la Grande-Bretagne, malgré les gratifications
du gouvernement ; gratifications si excessives, selon quelques-uns, dont je ne garantis pas cependant les calculs, qu'elles
paient la plus grande partie du produit brut. Voyez Smith,
sur la *Richesse des Nations*, l. 4. chap. 8.

Il paroît que les Anglois veulent s'ouvrir une nouvelle pê-

dix tonnes d'huile, ce qui, à raison de cinquante louis la tonne, montoit à 12,000 liv.
La moitié appartient à l'armateur, l'autre à
l'équipage, composé du capitaine et de treize
hommes. Les frais n'étoient pas couverts.
Ce bâtiment avoit peu de vivres ; nous lui
en donnâmes. Il prit nos lettres pour l'Europe. Combien ces rencontres sont consolantes, au milieu de l'effrayante solitude de
l'Océan !

Après avoir quitté ce vaisseau, la mer devint grosse. Le mal cruel me reprit. Je gar-
dai deux jours le lit ; j'observai la même
diète. J'avois une grande soif ; la limonade
cuite étoit ma seule boisson ; j'étois dégoûté
du thé. Heureusement je n'eus point de mal
de tête ; mais elle étoit foible ; je n'avois pas
le courage de lire, et encore moins de m'occuper d'idées sérieuses. Cet affaissement de
l'esprit, suite de l'épuisement du corps, est
insupportable. C'est alors qu'on se repent
de s'être embarqué trop légèrement, qu'on

---

cherie dans la mer du sud, au nord-ouest de l'Amérique du
nord, près de Nootka-Sound. On vante l'huile qu'ils en ont
déjà retirée, comme bien supérieure à celle des autres pêcheries.

se promet de ne plus s'exposer à ce cruel effet de la mer ; promesse bientôt oubliée,
quand la santé revient avec le beau temps.
Je l'éprouvai en recouvrant insensiblement
mes forces et ma vivacité. A l'aide de beaucoup d'exercice, les fonctions de mon estomac, interrompues pendant mon indisposition, reprirent leur cours ordinaire.

Du 15 au 26 nous fîmes peu de chemin;
vent ou contraire ou calme, telle fut notre
situation constante. Il falloit se résigner. Je
me livrai à la lecture, à la méditation, et à
mille réflexions sur les plans que j'avois à
exécuter. Bien convaincu que je ne pouvois
réussir dans mes projets, qu'en parlant et écri-
vant avec facilité la langue angloise, je ré-
solus de consacrer plusieurs heures à l'étude
du mécanisme de cette langue, dans les bons
auteurs, et à acquérir l'habitude de la pro-
nonciation, en conversant avec les Américains qui étoient à bord ; et je ne tardai pas
à m'appercevoir de mes progrès.

Pour tromper les heures qui s'écouloient
lentement pour les autres, je fis ce que je
faisois à la Bastille ; je partageai mon temps
entre différentes occupations, lecture de livres françois, étude de l'anglois, médita-

Tome I.   G

tions, etc. Je m'instruisis, et je ne m'ennuyai point.

L'ouvrage de *Blair*, sur la rhétorique et sur les langues, me tomba sous la main. Il est fort estimé des Anglois. En l'étudiant avec attention, je vis que son style se rapprochoit beaucoup de celui de nos auteurs françois; j'en conclus que ma tâche, pour me perfectionner dans la langue angloise, en seroit moins difficile.

Il me vint alors une idée que je ne dois pas perdre, parce que je pourrai la développer un jour. Certainement un des grands obstacles au rapprochement des hommes, et à leur réunion en une seule famille, est la diversité des langues ; car les hommes ne devroient user de la parole que pour s'entendre, puisque s'entendre est le moyen de s'estimer et de s'aimer. Il en résulte que, chez des peuples qui voudroient se rapprocher les uns des autres, et dont la langue ne seroit pas entièrement étrangère l'une à l'autre, loin de tendre à multiplier les mots et les tournures étrangères, ils devroient au contraire adopter, chacun dans leur langue, les termes et la phraséologie des autres. Cette méthode abrégeroit beaucoup l'étude de ces

langues. En les envisageant sous ce point de
vue, c'est être ennemi du genre humain et
de la paix que de s'attacher, comme le font
certains écrivains, à préserver ce qu'ils appellent le génie de chaque langue.

Je portai cette idée plus loin, et je me dis :
les Américains doivent détester les Anglois ;
ils doivent, s'ils le peuvent, chercher à ef-
facer leur origine, à en ôter toute trace.
Mais puisque leur langue les démentira toujours, ils doivent faire, dans leur langue,
les innovations qu'ils ont tentées dans leur
constitution ; et le même principe doit les
guider, c'est-à-dire un principe philantro-
pique. L'Amérique doit être l'asyle de tous les
hommes ; les Américains doivent être en rapport avec tous les habitans de la terre ; ils
doivent chercher à se faire entendre de tous,
à se rapprocher de tous, et sur-tout de ceux
avec lesquels ils ont plus de communication, tels que les François. —Qui les empêcheroit donc d'adopter les tournures particulières à la langue françoise ? Pourquoi ridi-
culiseroient-ils, comme on le fait en Angleterre, le François qui fait des gallicismes en
anglois ? Il y a double avantage dans la méthode de naturalisation universelle que je

propose : les Américains se rapprochent des autres peuples, et ils s'éloignent des Anglois ; ils fabriquent une langue qui leur sera propre, et alors il y aura une langue américaine.

Une autre idée, dans une autre matière, me frappa vivement ; ce fut le *contre nature* de la vie marine. En la considérant sous toutes ses faces, il me parut que l'homme n'étoit pas fait pour la mer, quoique son génie ait tant brillé, pour dompter cet élément. Il y vit seul, séparé de sa femme et de ses enfans, et conséquemment il perd sa tendresse pour l'une, qu'entretient sans cesse la vie domestique ; il ne peut élever les autres ; il ne peut en être chéri. Seule, que peut faire une femme ? Seule, et pendant des mois entiers, est-il étonnant qu'elle tombe dans la débauche ? Fidelle, elle sera malheureuse, parce qu'elle sera toujours rongée par les inquiétudes. La vie marine est une loterie ; on peut y gagner et y perdre beaucoup. Or, l'habitude d'une pareille vie, mène à des dépenses extraordinaires, exclut l'ordre et l'économie, entraîne la dissipation, quand on a beaucoup gagné, et l'amour du vol et du pillage, quand on a perdu. Le marin est accoutumé, sur son bord,

à commander impérieusement, et il transporte ce ton dans son domestique et dans la
société. Accoutumé aux dangers, aux fatigues les plus excessives, il perd *le sens de
la compassion;* les maux d'autrui n'excitent
plus aucune sensation dans son ame. Les
nourritures fortes, les liqueurs violentes, ten-
dent encore plus à aigrir son caractère et à
enflammer son sang. Enfin la malpropreté,
inévitable sur les vaisseaux, est un dernier
caractère contraire à la vie domestique, et
par conséquent au bonheur.

De ces observations il résulte qu'un état
républicain, qui tend à entretenir la paix dans
son sein, et qui met la morale avant tout,
ne doit pas encourager la vie marine, ou au
moins les voyages de très-long cours, et dans
les pays étrangers; car le cabotage n'est pas
si contraire à la vie domestique, puisqu'il
laisse aux matelots des intervalles plus longs,
et écoulés au sein de leur famille. Aussi re-
marque-t-on une grande différence entre ces
derniers et les autres; ils sont moins portés
aux liqueurs spiritueuses, moins durs, et plus
religieux.

Depuis le 26 juin jusqu'au 5 juillet, nous
éprouvâmes constamment des calmes et des

D 5

vents contraires. Le vent étoit presque toujours au sud-ouest, et même à l'ouest. C'est
la sorte de vent qui règne ordinairement dans
ces mers, sur-tout dans cette saison. Le
capitaine me dit qu'on les éprouvoit moins
en mars et avril. On peut faire alors la traversée en 3o ou 36 jours.

Nous rencontrâmes beaucoup de bâtimens,
et cela nous consoloit. On demandoit à tous
leur estime : nous trouvâmes rarement des
ressemblances dans ces estimes.

Les trois quarts de ces bâtimens étoient
anglois. On s'appercevoit, à l'aigreur ou au
dédain de leurs réponses, qu'ils n'avoient pas
encore pardonné aux Américains le succès
de leur insurrection. Parmi ces navires, il
s'en trouva un appartenant à la compagnie
des Indes orientales, et venant du Bengale.
La première question que nous fit le capitaine, concernoit le procès de M. Hastings.
Il nous dem .ida si nous avions des papiers
anglois ; on lui répondit que oui. Il nous pria
assez lestement de les lui envoyer par notre
chaloupe ; on lui répondit, plus lestement
encore, que, s'il les desiroit, il pouvoit lui-
même mettre en mer sa chaloupe. Il entendit
ce langage, envoya son second, avec une

pièce de nankin pour le capitaine. Je vous rapporte ce trait, parce qu'il peint les Anglois. Ils se croient réellement les dominateurs des mers ; idée qui s'éteindra insensiblement par l'effet des lumières et de la fraternité universelle à laquelle les Anglois, à cause de leur constitution, doivent être déjà préparés.

Un baleinier de Dunkerque, que nous rencontrâmes ensuite, fut plus poli. Le capitaine étoit un quaker de Nantucket ; mais tout l'équipage étoit françois. Sa pêche avoit été heureuse ; il avoit tué dix-huit baleines.

Les vaisseaux destinés à la pêche de la baleine, ont deux chaloupes toujours prêtes à être lancées à la mer. C'est une fort bonne habitude, et j'ai toujours été étonné qu'on ne la suivît pas sur les autres bâtimens. Quelqu'un peut tomber à la mer, et se noyer ; car avant qu'on puisse tirer la chaloupe de sa prison, pour l'aller secourir, il s'écoule plus d'un quart-d'heure.

Nous vîmes un grand nombre de ces énormes poissons qui font une si riche branche du commerce des Américains. Nous vîmes sur-tout beaucoup de souffleurs, de ces marsouins, si remarquables par la célérité et la prestesse.

de leurs mouvemens, des dauphins, si frappans par la variété de leurs couleurs. Nous
en harponâmes un dont la chair nous parut
très-bonne.

Depuis le 3 juillet jusqu'au 7, nous errâmes
entre le 51ᵉ et le 66ᵉ degré de longitude, et du
42ᵉ au 44ᵉ degré de latitude, presque toujours
au milieu des brouillards ou de la pluie. Nous
n'entendîmes qu'une fois le tonnerre.

Nous ne passâmes pas fort loin de cette
île de Sable, l'effroi des voyageurs, et où tant
de vaisseaux se sont perdus, et se perdent tous
les ans. Elle est très-peu élevée au-dessus du
niveau de la mer; et comme elle est presque
toujours couverte de brouillards, il est difficile de l'appercevoir. Cette île n'est habitée
que par une seule famille, et par des chevaux
sauvages, que le gouvernement d'Angleterre
y a fait transporter pour le secours des voyageurs, que l'infortune jette sur cette terre sté-
rile. Les Anglois, et sur-tout les autres Européens, s'y perdent plus fréquemment que
les Américains, qui, la connoissant bien,
l'évitent. Le gouvernement anglois y entretient un phare.

Etant près du banc Saint-Georges, nous
rencontrâmes un pêcheur américain de Terre-

Neuve. Il nous donna quelques morues fraîches, et ce fut une grande consolation pour
nous; car, aux volailles près, la viande fraîche étoit épuisée, et nous étions las de viande salée et de porc : une salade de pommes
de terre me tenoit lieu de tout. Le capitaine
donna en échange, au bon pêcheur, du bœuf
et du porc. Cet échange me fit un vrai plaisir; il me rappeloit l'état primitif, dont l'i-
dée se lie toujours avec plus de pureté et de
bonheur. C'étoit le second voyage que faisoit ce bâtiment de Terre-Neuve. Il rappor-
toit 400 quintaux de morue; on les estimoit
sur le pied de 20 à 24 livres le quintal. Il avoit
neuf hommes d'équipage, et il avoit passé
sept semaines sur le banc. Le capitaine se
proposoit, suivant l'usage, de revenir pour
un troisième voyage. *Marblehead*, près de
Boston, est la principale résidence de ces
pêcheurs, qui, comme on voit, gagnent beaucoup d'argent. Ils reviennent assez souvent
en quinze à vingt jours du banc à Boston. Il
semble qu'alors ceux qui pêchent pour le midi de la France ou pour l'Espagne, gagne-
roient beaucoup à aller directement vendre
leur poisson dans ces royaumes; ils n'em-
ploieroient pas plus de temps, et ils gagne-

roient d'autant plus, qu'ils pourroient y porter de la morue verte, bien préférable et plus
estimée que la morue salée : c'est un moyen
efficace propre à leur donner la supériorité sur
les Anglois qui fournissent en grande partie
les marchés d'Espagne (1) ; de même ils donneroient du poisson meilleur, plus frais et à
meilleur marché.

Je ne dois pas oublier une circonstance
singulière de mon voyage. Je passois en Amérique pour fuir la tyrannie de l'Europe. Il se
trouva que le bâtiment sur lequel j'étois, avoit
un équipage en partie composé de matelots
hollandois, tous partisans du Stathouder. Le
capitaine, en bon Américain, étoit du parti
patriote ; en sorte que nous n'épargnions pas,
dans nos conversations, les sarcasmes au
Stathouder et à ses honnêtes partisans. Nos
plaisanteries déplurent à un Allemand qui

---

(1) L'auteur d'un nouveau Voyage d'Espagne porte à 3
millions de piastres la quantité de morue fournie tous les
ans par l'Angleterre à l'Espagne. C'est une erreur. Ce peut
être le montant de toute la morue étrangère consommée par
l'Espagne ; mais l'Angleterre ne la fournit pas seule. Voyez,
à cet égard, Smith, au passage que j'ai cité, et les *observa-*
tions du lord Sheffield.

l'idolâtroit, et qui se mettoit sérieusement en colère, lorsque nous blasphémions (c'étoit son expression) son idole. Il avoit beaucoup de peine à calmer son courroux, en fumant deux ou trois pipes. J'observai que cet Allemand, qui avoit tant de tendresse pour le despotisme, et qui, suivant l'usage de son pays, ne cessoit de fumer, ne fut jamais malade.

Ce n'étoit pas l'individu le plus original que nous eûmes à bord; il y avoit le jeune Sauvage, de la tribu des Oneidas, que vous avez pu voir chez M. de la Fayette. Ce brave Franco-Américain l'avoit amené en France, pour lui donner une éducation qui pût le mettre à portée de civiliser ses compatriotes. Il n'avoit pas réussi, soit faute d'aptitude dans le jeune homme, ou peut-être par d'autres circonstances. Ce Sauvage étoit d'ailleurs bien taillé, très-leste, dansant bien, jouant médiocrement de la flûte traversière, parlant facilement l'anglois et le françois; mais il n'avoit aucune idée. C'étoit un grand enfant qui ne connoissoit point de lendemain. Ce trait caractéristique des Sauvages, il ne l'avoit pas perdu, après trois ans de séjour à Paris. Je ne prétends pas cependant conclure de ce fait, que les Sauvages soient insusceptibles d'éducation et de civilisation. Avant de croire à ce résultat, il faudra d'autres expériences que celles qui ont été faites jusqu'à présent (1).

Nous arrivâmes à Boston le 24 juillet, après 51 jours de traversée; mais ce ne fut pas sans dangers. Cédant à l'impatience des voyageurs, le capitaine entra dans la baie, malgré un brouillard considérable, et fit route toute la nuit. A 4 heures du matin, ne connoissant pas trop bien sa position, et se croyant près du phare, il tira plusieurs coups de canon, mais inutilement. Sur les huit

---

(1) Ce sauvage, en arrivant à Boston, y excita autant de surprise qu'à Paris; car on n'y voit jamais de sauvages, et il y a si long-temps qu'ils sont éloignés de cet état, qu'on n'en conserve plus aucun souvenir. Cet Oneida fut donc bien traité par-tout, même par le gouverneur. Un autre hasard heureux le favorisa à New-York. Le gouverneur partoit pour conclure précisément avec les Oneidas un marché pour des terres. Il se fit accompagner de ce jeune sauvage, qu'il accueillit fort bien. Mais à peine ce dernier fut-il arrivé, eut-il revu ses anciens compatriotes, que le goût de la vie sauvage le reprit. Il vendit tous ses effets, en employa le prix à boire de l'eau-de-vie, se maria avec une *Squah* (nom des femmes sauvages), et oublia complétement son voyage.

heures du matin, le brouillard étant très-épais,
nous nous trouvâmes, à portée du pistolet,
près d'un banc de rochers. Heureusement le
vent n'étoit pas fort, et la manœuvre pour
virer fut faite très-rapidement. Quelques se-
condes plus tard, le bâtiment étoit brisé.
Nous ne fûmes pas ensuite plus éclaircis sur
notre sort. Un bâtiment pêcheur parut ; nous
invitâmes le pêcheur à monter. Il résista
beaucoup ; il ne savoit où il étoit, disoit-il,
et il ne vouloit pas être responsable de la
perte du bâtiment. Ce discours n'étoit pas
propre à nous rassurer. Le pêcheur consentit
enfin à nous guider. Mais malgré ses connoissances locales, nous nous trouvâmes de nouveau au milieu de rochers et d'îles, que le
brouillard ne nous permettoit pas de distinguer. Le ciel vint encore à notre aide ; le
brouillard disparut, et le vent nous favori-
sant, nous gagnâmes la rade de Boston par
le canal le plus étroit. Cette ville, bâtie en
amphithéâtre, offre un aspect très-agréable.
Son port étoit rempli de bâtimens de presque
toutes les nations de l'Europe ; et nous n'eûmes point, comme chez toutes ces mêmes
nations, à essuyer les vexations, plus humi-
liantes encore que fatiguantes, des commis
dela douane.

LETTRE IV.

Boston , 30 juillet 1788.

Avec quelle joie, mon bon ami, j'ai sauté sur cette terre de liberté ! J'étois las de la mer, et la vue des bois, des villes, des hommes même, repose alors délicieusement les yeux , fatigués du désert de l'océan. Je fuyois le despotisme, et j'allois jouir enfin du spectacle de la liberté, de la vue d'un peuple, chez lequel la nature, l'éducation, l'habitude avoient gravé l'égalité des droits, traitée de chimère par-tout ailleurs. Avec quel plaisir je contemplois cette ville qui, la première, a secoué le joug des Anglois, qui, pendant si long-temps, a résisté à toutes les séductions, à toutes les menaces, à toutes les horreurs de la guerre civile ! comme j'aimois à errer dans cette longue rue, dont les maisons simples, en bois, bordent le magnifique canal de Boston, au milieu de ces magasins qui m'offroient toutes les productions du continent que je quittois ! comme je jouissois

de l'activité des commerçans, des artisans,
des matelots ! Ce n'étoit point le tourbillon
incommode et bruyant de Paris ; ce n'étoit
point l'air inquiet, affairé, avide de jouissances, qui caractérise mes compatriotes ;
ce n'étoit point l'air profondément orgueilleux des Anglois ; c'étoit l'air simple, bon,
mais plein de dignité d'hommes qui ont la
conscience de leur liberté, mais qui ne voient,
dans tous les hommes, que des frères, que
leurs égaux. Tout portoit, dans cette rue,
le caractère d'une ville encore à son berceau,
mais qui, à son berceau même, jouit d'une
grande prospérité. Je croyois être dans cette
Salente, dont le pinceau sensible de Féne-
lon nous a laissé une image séduisante. Mais
la prospérité de cette nouvelle Salente n'é-
toit point l'ouvrage d'un homme seul, d'un
roi ou d'un ministre ; c'étoit le fruit de la liberté, cette mère de l'industrie. Tout est
rapide, tout est grand, tout est durable avec
elle. Une prospérité royale ou ministérielle,
n'a, comme le ministre ou le roi, que la durée de quelques minutes. Boston renaît à
peine des horreurs de la guerre civile, et son
commerce est florissant ; il n'a pas un siècle
d'existence, et son enceinte offre, dans les

arts, les manufactures, les productions, les sciences, une foule d'observations curieuses et intéressantes. Je vais vous communiquer celles que j'ai pu recueillir, dans le séjour que j'y ai fait, lors de mon arrivée, et à un second voyage.

Les mœurs ne sont pas tout-à-fait, à Boston, telles que vous les voyez décrites dans l'ouvrage, plein de sensibilité, du *Cultivateur américain*. Vous ne reconnoîtriez plus ce farouche presbytéranisme, qui condamnoit tous les plaisirs, même celui de la promenade; qui défendoit de voyager les dimanches; qui persécutoit ceux qui contrarioient ses opinions. Les Bostoniens unissent maintenant à la simplicité des mœurs, l'aménité françoise, et cette délicatesse dans les manières, qui ne rend la vertu que plus aimable. Prévenans envers les étrangers, obligeans envers leurs amis, ils sont tendres époux, pères aimans et presqu'idolâtres, et doux envers leurs domestiques. La musique, que leurs docteurs proscrivoient autrefois comme un art diabolique, commence à faire partie de leur édution. On entend, dans quelques maisons riches, le forte-piano. Cet art, il est bien vrai, n'y est encore qu'au berceau; mais les jeunes novices

novices qui l'exercent sont si douces, si complaisantes et si modestes, que le savoir orgueilleux ne donne pas un plaisir égal à celui qu'elles procurent. Fasse le Ciel que les Bostoniennes n'aient pas, comme nos Françoises, la maladie de la perfection dans la musique ! On ne l'acquiert jamais qu'aux dépens des vertus domestiques.

Les jeunes filles jouissent ici de la liberté qu'elles ont en Angleterre, qu'elles avoient à Genève, lorsqu'on y avoit des mœurs, lorsque la république existoit ; elles n'en abusent pas davantage. Leur ame sensible et franche n'a point à se défier de la perfidie des hommes corrompus de l'ancien continent, et les exemples de cette perfidie sont très-rares. On croit à un serment prononcé par l'amour, et l'amour le respecte toujours, ou la honte flétriroit à jamais le coupable. Vous voyez une jeune fille partir avec son amant dans un cabriolet léger, et le soupçon injurieux ne vient point inquiéter les plaisirs purs de cette partie de campagne.

Mères, les Bostoniennes deviennent réservées ; leur air est toujours cependant ouvert, bon, communicatif. Livrées en entier à leur ménage, elles ne s'occupent qu'à rendre leurs

Tome I.   H

maris heureux, qu'à former leurs enfans.

La loi a prononcé des peines afflictives contre l'adultère, telles que le pilori, le renfermement limité; la loi a été peu invoquée: c'est que presque tous les ménages y sont heureux, (1) et ils sont purs, parce qu'ils sont heureux.

La propreté, sans luxe, est un des caractères physionomiques de cette pureté morale; et cette propreté se retrouve par-tout à *Boston*, dans l'habillement, dans les maisons, dans les églises. Rien de plus charmant que le coup-d'œil d'une église ou d'un *meeting* (2),

---

(1) Sur la fin de l'année 1788, un événement fâcheux scandalisa cette ville. Une jeune personne se donna la mort: elle étoit enceinte. Le bruit public accusa son beau-frère, homme marié, qui, par ses rigueurs, l'avoit, dit-on réduite à ce coup de désespoir. Cette aventure fit grand bruit; des lettres furent produites, imprimées; des partis se formèrent dans les familles. Cependant le beau-frère fut justifié par deux hommes respectables, MM John Adams et Baudouin, qui examinèrent à fonds cette affaire. Il faut jetter un voile sur ce mystère. L'affliction que cet événement causa à presque tous les citoyens de cette ville, prouve combien les mœurs y sont pures.

(2) *Meeting* ou *miting*, signifie une assemblée. L'église, en Amérique, n'est qu'un rendez-vous de frères qui viennent se serrer les mains, penser et prier ensemble.

le jour du dimanche. Le bon habit de drap y couvre les hommes ; la toile des Indes ou d'Angleterre y pare les femmes et les enfans, sans être gâtée par ces colifichets ou ces ornemens que l'ennui, la fantaisie et le mauvais goût y ajoutent chez nos femmes. La poudre ni les pommades n'y souillent point la chevelure de l'enfance ou de l'adolescence ; on les voit avec peine employées pour la coeffure des hommes qui invoquent l'art du perruquier, car cet art a déjà malheureusement franchi les mers.

Je ne me rappellerai jamais sans émotion le plaisir que je ressentis, en entendant un jour le respectable ministre Clarke, qui a succédé à ce célèbre docteur Cooper (1), auquel tout bon François et tout ami de la liberté doivent un hommage de reconnoissance, pour l'amour qu'il a porté aux François, et le zèle avec lequel il a défendu et prêché l'indépendance américaine. Son auditoire, assez nombreux, y annonçoit à l'ex-

---

(1) Voyez l'éloge de ce ministre dans les *Voyage de Chatellux*, tome I, page 216. — M. Clarke a fait un éloge de ce digne pasteur, qui a dû faire verser bien des larmes à son auditoire.

H 2

térieur cette aisance générale dont je vous ai parlé, ce recueillement que donne l'habitude de la gravité, quand on est en présence de l'éternel, cette décence religieuse, également éloignée de l'idolâtrie superstitieuse et rampante, et des airs impudens et légers de ces Européens, qui ne vont à l'église, que comme au spectacle.

Spectatum veniunt, veniunt spectentur ut ipsæ.

Et ce qui mettoit le comble à mon bonheur, je n'y vis aucun de ces êtres livides, déguenillés, qui, sollicitant, en Europe, votre compassion aux pieds des autels, semblent déposer contre la providence, notre humanité, ou le désordre de la société. Le discours, la prière, le culte, tout avoit la même simplicité. La meilleure morale respiroit dans le sermon, et on l'écoutoit avec attention.

L'excellence de cette morale caractérise presque tous les sermons, dans toutes les sectes de ce continent. Les ministres parlent rarement de dogmes : la tolérance, née avec l'indépendance améraine, a banni la prédication du dogme, qui entraîne toujours des discussions et des querelles. On n'admet que la morale, la même dans toutes les sectes, la seule prédication qui convienne à une grande société de frères.

Cette tolérance brille à Boston, dans cette ville, témoin jadis de persécutions si sanglantes, sur tout contre les quakers. Il existe des *amis*, à la vérité en petit nombre, sur cette place, où plusieurs de leurs prédécesseurs ont payé de leur vie leur persévérance dans leurs opinions religieuses. —Juste ciel ! comment s'est-il trouvé des hommes croyant sincèrement en Dieu, et cependant assez barbares pour faire périr une femme, l'intrépide Dyer, parce qu'elle tutoyoit Dieu et les hommes, parce qu'elle ne croyoit pas à la mission des prêtres, parce qu'elle vouloit suivre l'évangile à la lettre (1)? Mais tirons le rideau sur

(1) Voyez l'ouvrage intitulé : *Piety promoted*, ou *la Piété promue ou avancée*, contenant un recueil des dernières heures de ceux qu'on appele Quakers. Londres, veuve Hinde, 1784.

« Parnel, l'un de ces Quakers, lit-on dans cet ouvrage, disputoit avec des Puritains. Furieux de se voir réduit au silence, l'un de ces derniers lui donna un grand coup de bâton, en lui disant : prends cela pour l'amour du Christ. Parnel lui répond tranquillement : ami, je le reçois pour l'amour du Christ. Les juges le font arrêter; on l'emprisonne ; on lui interdit la visite de ses amis; on le force à coucher sur des

H 3

ces scènes d'horreurs ; elles ne souilleront
plus , sans doute , ce nouveau continent,
destiné, par le Ciel, à être l'asyle de la liberté et de l'humanité. Chacun maintenant
adore, à Boston, Dieu à sa manière ; ana-
baptistes, méthodistes, quakers, et même
catholiques, tous y professent ouvertement
leurs opinions. Il n'y a point encore de cha-
pelle catholique ; mais il va s'en élever une ;
elle sera bâtie par un ministre protestant,
converti, depuis quelque temps, au catholicisme. Le révérend docteur *Thayer*, fils
d'un habitant de cette ville, a voyagé en
France , en Italie. La vie et les miracles de
ce bienheureux *Labre*, qui, pour l'amour
de Dieu, se laissoit ronger de vermine, lui
ont ouvert, dit-il, les yeux à la lumière, et
il va la répandre dans le nouveau continent.
Il s'y est fait précéder par des chasubles,
des calices, et tous les autres ornemens du
culte catholique. Cette mission ne fait que

---

pierres, d'où l'eau découloit dans les temps humides ; on l'en-
ferme dans un trou qui pouvoit à peine le contenir ; on l'ex-
ténue par la faim ; on l'accable de mauvais traitemens. Il
souffre tout patiemment, et meurt en s'écriant : je meurs
innocent ; je vais rejoindre mon Dieu ».

piquer la curiosité : il y a vingt ans, elle auroit excité une persécution. Les puritains
s'amuseront peut-être, dans les papiers publics, aux dépens de l'ex-ministre converti,
et des prodiges de son salut ; mais, à coup
sûr, ils ne le persécuteront pas (1).

Les ministres des différentes sectes vivent
dans une si grande harmonie entr'eux, qu'ils
se suppléent, se remplacent les uns et les
autres, quand des affaires particulières les
arrachent à leur chaire.

Cette indifférence pour les querelles religieuses, est le résultat d'une guerre, où les
Américains se sont mêlés avec des hommes
de tous les pays, et, par cette communication, ont brisé toutes leurs habitudes et leurs
vieux préjugés. En voyant ces hommes penser si différemment sur les matières religieuses, et cependant avoir des vertus, ils

---

(1) Cette prédiction s'est vérifiée. M. Thayer a chanté
depuis la messe à Boston, avec l'appareil le plus pompeux.
Les protestans y ont assisté, comme au spectacle : ces cérémonies les amusoient. La curiosité a été si grande, que le
receveur a mis un impôt sur elle ; et on alloit à la messe,
comme à la comédie, par billets ; spéculation assez bonne
dans un pays où il n'y a pas de comédie.

H 4

en ont conclu qu'on pouvoit, tout à la fois,
être honnête homme et croire ou ne pas
croire à la transubstantiation et au verbe ; ils
en ont conclu qu'il falloit se tolérer les uns
les autres, que c'étoit là le culte le plus
agréable à Dieu.

Avant que cette opinion fut répandue parmi eux, une autre y dominoit ; c'étoit la nécessité de réduire le culte divin à la plus
grande simplicité, de le dégager de toutes ses
cérémonies superstitieuses, qui lui donnèrent
autrefois l'apparence de l'idolâtrie, et sur-
tout de se garder de salarier des prêtres pour
vivre dans le luxe et la fainéantise ; en un
mot, de ramener parmi eux la simplicité
évangélique. Ils y ont réussi. Dans les campagnes, l'église a un domaine. Ici, les ministres ne vivent que des collectes qu'on fait
pour eux chaque dimanche, et de la rétribution que les fidèles paient pour les bancs
qu'ils occupent à l'église. C'est un usage excellent, pour forcer les ministres à acquérir des
connoissances et bien remplir leurs fonctions ; car on donne la préférence à celui
dont les discours plaisent davantage (1), et

_____

(1) La vérité de cette remarque m'a frappé à Boston et

son salaire est plus considérable ; tandis que chez nous, l'ignorant et le savant, le débauché comme le vertueux, sont toujours sûrs de leurs honoraires. Il résulte encore de cet usage, qu'on n'impose pas celui qui ne croit pas. Eh ! n'est-ce pas une tyrannie que de faire payer des hommes pour l'entretien d'un culte qu'ils rejettent ?

Les Bostoniens sont devenus si philosophes sur l'article de la religion, qu'ils ont dernièrement institué un ministre, au refus de celui qui devoit l'ordonner. Les partisans de la secte à laquelle il appartenoit, l'ont installé dans leur

---

dans la partie des États-Unis que j'ai été à portée de connoître. Presque tous les ministres y sont des hommes à talens, ou au moins très-instruits. Avec leurs honoraires si précaires, les ministres de Boston trouvent cependant encore le moyen, non-seulement de vivre décemment, mais même de se marier et d'élever des familles assez nombreuses. Ce fait confirme les judicieuses remarques publiées par M. Clavière, sur la facilité de marier avantageusement les prêtres, même lorsqu'ils n'ont que des honoraires médiocres. Leur alliance est recherchée par les pères, qui veulent donner à leurs filles des maris éclairés et de bonnes mœurs. La même chose arrivera en France, quand les prêtres s'y marieront. Ils ne doivent donc pas redouter le mariage avec leurs médiocres salaires. *Voyez* le *Courier de Provence*, n°. 151.

église, et lui ont donné le pouvoir de les prêcher et enseigner; et il prêche et enseigne,
et il n'est pas un des moins habiles ; car le
peuple se trompe rarement dans son choix.

Cette institution canonique, qui n'a d'exemple que dans la primitive église, a été cen-
surée par ceux qui croient encore à la tradi-
tion des ordres par les seuls descendans des
apôtres. Mais les Bostoniens sont si près de
croire que chacun peut être son prêtre, que
la doctrine apostolique n'a pas trouvé des
partisans trop chauds. On en sera bientôt,
en Amérique, au point où M. d'Alembert
plaçoit les ministres de Genève.

Puisque l'ancienne austérité puritaine dis-
paroît insensiblement, on ne doit pas être
surpris de voir le jeu de cartes introduit parmi ces bons presbytériens. La ferveur évangélique des enthousiastes et des persécutés
ne connoît point de momens d'ennui ; on les
trompe, en se repaissant sans cesse de ses
haines et de ses malheurs. Mais quand on est
tranquille, quand on jouit de l'aisance, on a
des momens de loisir ; et pour un peuple qui
n'a point encore de spectacles , le jeu les
remplit naturellement. On doit le rechercher sur-tout dans ces pays, où les hommes

ne font pas la cour aux femmes, où ils lisent peu de livres et cultivent encore moins les sciences. Ce goût des cartes est certainement très-fâcheux dans un état républicain; l'habitude en retrécit l'esprit. Heureusement le jeu n'est pas considérable, et l'on ne voit point des pères de famille y risquer toute leur fortune.

Il y a plusieurs clubs à Boston. M. Chatellux (1) parle d'un club particulier qui se tient une fois la semaine, et où il fut invité. J'y ai été plusieurs fois, et j'ai toujours été infiniment satisfait de l'honnêteté de ses membres envers les étrangers, et des connoissances qu'ils déploient dans leurs conversations. Ce club ne consiste qu'en 16 personnes. Il faut avoir l'unanimité pour y être admis. Chaque membre peut amener un étranger. L'assemblée se tient, à tour de rôle, chez chaque membre. Les clubs ne se tiennent plus maintenant à la taverne, et c'est un bien : on boit moins, on boit à meilleur marché (2),

_____

(1) Tome II. page 219.

(2) Le madère vaut environ 4 schellings (de Boston) la bouteille chez le marchand. Il en coûte 6 à la taverne.

on dépense moins. La nécessité d'économiser l'argent comptant, qui s'est fait sentir à la fin de la guerre, a été probablement la cause de cet usage. Les mœurs s'en trouvent mieux.

Il n'y a point de cafés dans cette ville, ni à New-Yorck et Philadelphie. Une seule maison, qu'on appelle de ce nom, y sert de rendez-vous et de bourse aux négocians.

Un des principaux plaisirs des habitans de ces villes, consiste dans les parties faites à la campagne avec leur famille ou quelques amis. Le thé en fait sur-tout, dans les après-dîners, les principaux frais. En cela, comme dans toute la manière de vivre, les Bostoniens, et en général les Américains ressemblent beaucoup aux Anglois. Le punch chaud et froid avant le dîner; d'excellent bœuf ou mouton, du poisson et des légumes de toutes les espèces, des vins de Madère ou d'Espagne, le Bordeaux, dans l'été, couvrent leurs tables, toujours solidement et abondamment servies. Le spruce beer, et d'excellent cidre du pays, y précèdent le vin. Le *porter* anglois y paroissoit jadis exclusivement; il est maintenant remplacé par d'excellent, porter fabriqué près de Philadelphie, et tellement égal à l'anglois, que des palais anglois même y ont été trompés. Cette découverte est un vrai service rendu à l'Amérique (1). Par-là elle est déchargée d'un tribut qu'elle payoit à l'industrie angloise. — Elle va bientôt cesser de lui en payer un autre, par le perfectionnement de sa fabrique de fromage. J'en ai goûté de délicieux, et qui peut rivaliser le Chester d'Angleterre et le Rocquefort de France. On accorde cette qualité à ceux faits à Weymouth, petite île appartenante au respectable ex-président M. Beaudouin. Il y entretenoit autrefois un nombreux bétail, qui fut entièrement détruit ou enlevé par les Anglois, dans la guerre dernière. — Il commence à réparer cette perte. Son *Weymouth* fera bientôt oublier le fromage anglois, auquel l'habitude des hommes riches tient encore, malgré l'impôt énorme que l'Etat met sur ce fromage, au profit de l'industrie indigène.

Après avoir forcé les Anglois à renoncer à leur domination, les Américains veulent devenir leurs rivaux dans tous les genres; et cet esprit d'émulation se montre par-tout.

_____

(1) Le porter anglois, avant la guerre, ne coûtoit qu'un schelling (de Boston) la bouteille. On l'a prohibé ; cependant on en trouve encore. La contrebande, très-facile à faire, le fournit ; il coûte deux schellings.

C'est cet esprit qui élève à Boston une superbe verrerie, appartenante à M. Break et différens autres particuliers ; une des plus utiles manufactures dans un pays où l'aisance met les boissons recherchées à la portée de tous les citoyens, nécessite des vases nombreux, multiplie, dans les maisons même de campagne, les jours et les vitrages avec un luxe surprenant. Un Allemand dirigeoit la bâtisse de cette rotonde utile de M. Break, et ses connoissances chymiques lui avoient procuré la découverte d'un sable propre à donner de meilleures bouteilles que les bouteilles européennes.

C'est cet esprit d'émulation qui ouvre tant de canaux au commerce extérieur des Bostoniens, qui les porte vers les parties de la terre les plus éloignées de ce continent. Deux vaisseaux ont déjà fait le voyage des Indes orientales avec un grand succès. Ils ont porté du bœuf salé (1), des planches et autres provisions au Cap de Bonne-Espérance et à l'île

(1) Les Bostoniens ont beaucoup perfectionné cette partie de leur commerce ; ils espèrent bientôt égaler le bœuf salé d'Irlande. Les épreuves qu'ils ont faites leur présagent le succès. On a vu du bœuf salé de Boston voyager à Bordeaux, de-

de Bourbon ; on les a payées en piastres ou en café.

Voulez-vous connoître, par un trait, l'activité de leur commerce de circuit ? L'un de ces vaisseaux est revenu avec 300 bariques de café, qu'il a payé 6 s. la livre; il en a vendu 150 en Amérique, en a porté 150 à Gotthemburg, y a pris des thés, qu'il a été vendre à Constantinople. Observez que ces mers, ces pays étoient inconnus aux Américains. Leur navigation étoit ci-devant resserrée dans un cercle étroit.

> *Nil mortalibus arduum est ;*
>   *Audax Japeti genus.*
> Rien d'impénétrable aux mortels,
> A la race audacieuse de Japet.

Si ces vers peuvent s'appliquer à quelque peuple, c'est bien aux Américains libres. Aucun danger, aucune distance, aucun obstacle ne les arrête. Qu'ont-ils à craindre ? Tous les peuples sont leurs frères ; ils veulent la paix avec tous.

---

là aux Indes orientales, de-là aux Antilles, revenir à Boston, et après tous ces voyages, il s'est trouvé bon encore. On a fait des essais de ce bœuf salé à Marseille et dans d'autres parties de la navigation françoise : il commence à y être estimé. Étant bien moins cher que celui d'Irlande, il aura sans doute la préférence.

Les premiers voyages faits à Canton ont
tellement enthousiasmé les Bostoniens, qu'ils
ont voulu en perpétuer le souvenir, et qu'ils
ont frappé une médaille en l'honneur des
deux capitaines qui les ont faits.

C'est cet esprit d'émulation qui multiplie
et perfectionne tant de belles corderies dans
cette ville, qui y a élevé des filatures de
chanvre (1) et de lin, propres à occuper la
jeunesse, sans l'assujettir à un rassemblement
funeste au physique et au moral, propres
sur-tout à occuper cette partie du sexe, que
les voyages des maris matelots, ou d'autres
accidens, réduisent à l'inoccupation.

C'est encore à cet esprit d'émulation qu'on
doit les salines qui s'élèvent (2), les fabriques

(1) On m'a assuré que celle de Boston occupoit 150 personnes, tant femmes qu'enfans, dont partie chez eux, et
partié à la manufacture.

(2) Il y a à Yarmouth, ville peu éloignée du cap Codd,
une fabrique de sel, qui se fait par la simple évaporation,
et où les machines suppléent les bras. On se propose d'y
faire des additions qui mettront à portée d'en vendre le sel
à meilleur compte que celui d'Europe. Celui que j'ai vu est
beau, et très-salant; cependant il est difficile de croire qu'il
soit de long-temps à aussi bas prix que celui de France et de
Portugal.

de

de papiers peints, de clous, les moulins à papier multipliés dans cet état, et sur-tout à Water-Town, tant de distilleries pour le rum grossier, qui étoit ci-devant destiné pour le commerce de Guinée. Depuis la suppression de cette dernière branche de commerce ; depuis que les Méthodistes et les Quakers ont prêché avec ferveur contre l'usage du rum dans les campagnes, on en consomme moins, les distilleries déclinent, et diminuent visiblement aux environs de Boston. C'est un bien pour l'espèce humaine ; et l'industrie américaine saura bientôt réparer la petite perte, qu'occasionne dans son commerce la chûte de cette fabrique de poisons.

Deux maladies travaillent maintenant les Américains, celle des émigrations à l'ouest, dont je parlerai ailleurs, et celle des manufactures. Le Massasuchett veut rivaliser sur ce dernier point le Connecticut et la Pensylvanie : il a, comme ce dernier état, élevé une société, pour favoriser et encourager les manufactures et l'industrie.

Ces sociétés sont, en général, composées de négocians, de cultivateurs, et des principaux agens de gouvernement. Chacun y contribue de ses connoissances et d'une petite somme. On ne court pas après l'esprit dans ces sociétés ; on cherche à être utile , et à en tirer un profit réel.

S'il est un monument qui dépose en faveur des grands et rapides développemens de l'industrie des habitans de cet état , ce sont, sans contredit , les trois ponts qui ont été exécutés en peu de temps , sur les larges rivières de Charles, de Malden , et d'Essex (1).

Boston a eu la gloire de donner le premier collège, la première université à l'Amérique. L'édifice où se réunissent écoliers et professeurs , est situé dans une superbe plaine, à quatre milles de Boston , dans un lieu appellé *Cambridge*. L'origine de cette utile institution date de 1636 (2).

---

(1) Le pont de Charleston a 1684 pieds de long , et large de 30 pieds ; l'ouverture , pour laisser passer les vaisseaux, est de 30 pieds de large. Elle se fait au moyen d'une machine très-ingénieuse , et si facile à manœuvrer , que deux enfans de dix ans peuvent la faire aller. — Celle d'Essex est encore supérieure pour la simplicité. Le pont de Charleston est très-bien éclairé pendant la nuit.

(2) A cette époque , l'assemblée générale donna une somme de 6000 liv. environ , qui fut ensuite augmentée, par une donation considérable , faite par M. Harvard de Charleston , dont le collège porte le nom. L'état accorde

Si l'imagination vouloit tracer un lieu qui rassemblât toutes les conditions essentielles, pour en faire le siège d'une grande éducation, elle ne pourroit choisir une place plus convenable.—Cette université est assez loin de Boston, pour que le tumulte des affaires n'interrompe point les études. On peut s'y livrer à cette méditation, que la solitude seule permet. Elle est encore assez éloignée, pour que l'affluence des étrangers, et l'espèce de licence qu'entraine cette ville commerçante, même dans un état libre, n'influent point sur les mœurs des écoliers. D'un autre côté, Cambridge est environné de maisons de campagne délicieuses, où viennent se reposer les négocians de Boston, et de-là résultent une communication et des sociétés agréables. Les nouvelles d'Europe, qui y arrivent presqu'aussi-tôt qu'à Boston, en rendent le voisinage utile.

L'air y est infiniment pur; les environs en sont charmans, et offrent le plus vaste espace aux exercices des jeunes gens.

---

encore, pour l'entretien de ce collège, un droit sur le produit du bac, qui étoit entre Boston et Charleston, avant que le pont actuel fût construit.

I 2

L'édifice y est divisé en plusieurs corps de bâtimens , très-bien distribués. Comme les étudians, qui arrivent de tous les États-Unis, sont assez nombreux , et que leur nombre augmente tous les jours, on doit y faire des additions.

Deux choses frappantes y attirent les regards dans l'intérieur , la bibliothèque et le cabinet de physique. La première, y a été presque en entier consumée par le feu (1). Il a fallu réparer cette perte , et, graces aux bienfaits d'une foule de généreux Anglois et Américains , on commence à l'oublier. Le cœur d'un François palpite en retrouvant Racine , Montesquieu , l'Encyclopédie , dans un endroit où fumoit , il y a 150 ans , le calumet des sauvages.

Le régime des études y est presque le même que dans l'université d'Oxford. Il est impossible que la dernière révolution n'y amène pas une grande réforme. Des hommes libres doivent rapidement se dépouiller de leurs préjugés, et ap erçevoit qu'avant tout,

(1) Ce malheur arriva la nuit du 24 janvier 1764. On y perdit 5000 volumes environ. On y compte maintenant 12 à 13,000 volumes.

il faut être homme et citoyen , et que l'étude des langues mortes , et d'une philosophie et d'une théologie fastidieuse , doit occuper peu de momens d'une vie , qui peuvent être utilement employés à des études plus convenables à la grande famille du genre humain (1).

Cette révolution dans les études est d'autant plus probable , que Boston renferme dans son sein une académie , composée de savans respectables , d'hommes qui cultivent à la fois toutes les sciences , et qui , dégagés de certains préjugés religieux , traceront sans doute bientôt à l'éducation , la route la plus courte et la plus sûre , pour former des bons citoyens et des philosophes.

Cette académie de Cambridge est présidée par un homme, dont les connoissances sont universelles , par *M. Baudouin* , qui , aux connoissances profondes d'un savant(2), joint

_____

(1) On peut même dire qu'à Boston on exige des études trop longues pour admettre des jeunes gens à l'exercice de la médecine. On ne peut la pratiquer qu'après 8 à 9, ans. Il est bon cependant d'assujettir ceux qui s'y destinent , aux différens examens qui ont lieu.

(2) M. Baudouin a composé plusieurs mémoires de physique et d'astronomie , insérés dans le premier volume des

les talens et les vertus d'un administrateur, et les principes de la plus saine politique. Cet homme respectable est le fils d'un de ces François, que la persécution religieuse força d'émigrer dans le dernier siècle. Sa conduite avant et pendant la guerre, ses principes sur la liberté, lui ont tellement concilié l'estime des concitoyens, qu'il a réuni plusieurs fois leur suffrage, soit pour la présidence de l'état de Massasuchett, soit pour la députation au congrès, soit pour d'autres places honorables. Jamais il n'a trompé la confiance du peuple ; jamais il n'a existé de soupçon sur lui, quoiqu'un cri universel d'anathême se soit élevé pendant et depuis la guerre, contre M. Temple, son gendre. Ce cri a été causé par l'obliquité de la conduite de ce dernier, par sa versatilité pendant la guerre d'Amérique, et ensuite par son dévouement ouvert à la cause des Anglois, qui l'en ont récompensé, en lui donnant le consulat général d'Amérique. On a toujours

---

transactions de l'académie de Boston. On lui doit d'autres ouvrages sur la théorie du commerce et sur la politique, où sa modestie lui a fait taire son nom.

distingué le beau-père du citoyen ; et sa
femme , son unique soutien pendant cette
guerre malheureuse , a partagé l'estime publique. M. Baudouin a exercé la présidence
dans une des crises les plus difficiles , et il
s'en est tiré avec adresse et succès , malgré
le parti considérable qu'il avoit en tête. Mais
nous reviendrons sur ce fait, en parlant de
l'étrange révolte qui a troublé , pendant
quelques mois , le Massasuchett.

Retournons à l'université de Cambridge.

M. Baudouin est bien secondé par les aca-
démiciens , les professeurs habiles qui diri-
gent les études , et parmi lesquels on distingue M. Willard , le docteur Wiglesworth ,
et le docteur Dexter, professeur de physique,
de chymie et de médecine , homme qui joint
à la modestie, de grandes connoissances. Il
m'apprit , et ce fait me causa une vive
satisfaction , qu'il répétoit les expériences
de notre école chymique. L'excellent ouvrage de mon respectable maître , le docteur
Fourcroy , étoit dans ses mains. Il lui avoit
fait connoître les pas rapides que cette
science avoit faits depuis quelque-temps en
Europe.

Dans un pays libre , tout doit porter
I 4

l'empreinte du patriotisme , tout doit y ramener ; aussi le patriotisme, qui s'est si bien
montré dans la fondation , la dotation , l'encouragement de cette université , paroît-il
tous les ans , dans une fête solemnelle qui
se célèbre en l'honneur des sciences , le troisième mercredi de juillet , dans la plaine de
Cambridge. Cette fête, qui a lieu dans tous les
collèges de l'Amérique , mais à des jours différens , est appellée le *Commencement*. Elle
a quelque rapport aux exercices et aux dis-
tributions des prix de nos collèges. C'est un
jour de joie pour Boston : presque tous ses
habitans, avec tous les officiers du gouvernement, se rendent dans la belle plaine de
Cambridge. Les étudians les plus distingués
y développent leurs talens en présence du
public , y reçoivent des prix ; et ces exercices académiques , dont des sujets patriotiques forment le principal fonds , sont ter-
minés par une fête en plein air, où régnent
la gaîté la plus franche , et la fraternité la
plus touchante.

On a remarqué que, dans les pays livrés
principalement au commerce , les sciences
ne s'élevoient jamais à un très-haut degré.

Cette remarque pourroit s'appliquer à Boston.
L'université de Cambrigde renferme certainement des savans estimables ; mais la science
n'est point répandue parmi les habitans de
Boston. Le commerce y entraîne toutes les
idées , y tourne toutes les têtes, y absorbe
toutes les spéculations : aussi trouve-t-on
peu de grands ouvrages , peu d'auteurs. Les
frais du premier volume des mémoires de
l'académie de cette ville, ne sont pas encore
couverts par les souscripteurs , et il y a
deux ans qu'il a paru.

On a publié , depuis quelque temps, l'histoire des derniers troubles du Massasuchett ;
elle est très-bien faite, et j'y reviendrai. L'auteur a eu quelque peine à s'indemniser des
frais d'impression. Jamais l'histoire précieuse
du Massasuchett, par Winthrop, n'a pu être
imprimée en entier , à cause du défaut d'encouragement.

Les poëtes, par la même raison, doivent
y être encore plus rares que les autres écrivains. On cite cependant un poëte original,
mais paresseux , M. *Allen*. Ce n'est pas le
même que celui qui a fait l'ouvrage des *Ora-
cles de la raison*, ouvrage qui a fait grande
sensation ici. On dit les vers d'Allen pleins

de chaleur et de force. On cite sur-tout un poëme manuscrit, sur le fameux combat de Bunkerhill ; mais il ne veut pas l'imprimer. Il a, sur sa réputation et sur l'argent, l'insouciance de la Fontaine.

Il n'y a pas bien long temps qu'il existe ici un *magasine* ou journal, tandis que le nombre des gazettes y est très-considérable, et tandis que Philadelphie, par exemple, a deux excellens journaux, qui prouvent qu'on y aime davantage les sciences, *l'american Musœum*, et le *columbian Magasine*. La multiplicité des gazettes annonce l'activité du commerce, et le goût de la politique et des nouvelles ; la bonté et la multiplicité des journaux littéraires et politiques sont un signe de la culture des sciences (1).

(1) On imprime à Boston un almanach pour cet état, intitulé : *Fleets almanack*, qui est très-bien fait ; il contient tous les renseignemens politiques, civils, commerçiaux, littéraires, qu'un habitant et qu'un étranger peuvent désirer. Il est dans le genre du *London Calendar*, et supérieur à notre almanach royal. Un pareil livre n'étonne point dans un pays civilisé depuis long-temps ; mais qu'on en ait un dans un pays neuf, et qu'il soit recherché, c'est une preuve de l'intérêt général que chacun prend aux affaires publiques.

Vous devez juger, d'après ces détails, que les arts, autres que ceux qui ont la navigation pour objet, n'y reçoivent pas beaucoup d'encouragement. L'histoire du planétaire de M. *Pope* le prouve. M. Pope est un artiste très-ingénieux, occupé de l'horlogerie. La machine qu'il a construite pour expliquer le mouvement des cieux, étonne, surtout quand on considère qu'il n'a eu aucun secours d'Europe et très-peu celui des livres. Il se doit tout à lui-même. Il est, comme le peintre *Trumbull*, l'enfant de la nature et de la méditation. Dix ans de sa vie ont été occupés à perfectionner ce planétaire. Il avoit ouvert une souscription pour se dédommager de ses peines ; la souscription n'étoit pas considérable ; elle n'a jamais été remplie.

Cet artiste découragé, me dit un jour qu'il alloit passer en Europe, pour y vendre sa machine et en construire d'autres. Ce pays-ci est trop pauvre, ajouta-t-il ; il ne peut encourager les arts. Ces mots : *ce pays est trop pauvre*, me frappèrent. Je réfléchis que, s'ils étoient prononcés en Europe, ils pourroient conduire à de fausses idées sur l'Amérique ; car l'idée de pauvreté offre

l'image des haillons , de la faim , et nul
pays plus éloigné que celui-ci de ce triste
état.

Quand les richesses sont concentrées dans
un petit nombre d'individus, ces derniers ont
un grand superflu , et ce superflu , ils peuvent l'appliquer à leurs plaisirs , comme à
favoriser les progrès des arts frivoles ou
agréables. Quand les richesses sont à-peu-
près également réparties dans toutes les
mains , il y a peu de superflus , et par conséquent peu de moyens d'encourager les
inventions agréables. — Maintenant , de ces
deux pays, quel est le pays riche , quel est
le pays pauvre?—Dans les idées européennes,
et dans le sens qu'y donne M. Pope , le
vrai riche est le premier ; — mais , à coup
sûr, il ne l'est pas aux yeux de la raison , et
il n'est pas le plus heureux ; — d'où résulte
que la faculté d'encourager les arts de commodité ou d'agrément, est un symptôme de
calamité nationale.

Ne blâmons point les Bostoniens; ils son-
gent à l'utile, avant de se procurer l'agréable ; ils n'ont pas de brillans monumens (1),

---

(1) J'ai vu cependant , dans une des églises , un monu-

mais ils ont des églises jolies et commodes,
de bonnes maisons; mais ils ont de superbes
ponts, des voiliers excellens; mais leurs rues
sont éclairées la nuit, lorsqu'il est beaucoup
de villes anciennes de l'Europe, où l'on n'a pas
encore songé à prévenir les effets funestes
de l'obscurité de la nuit.

Je vous ai dit qu'ils avoient fondé des sociétés d'agricultures et de manufactures; ils
en ont instituée une autre, sous le titre de
Humane society, la société humaine. Son
objet est de rendre les noyés à la vie, ou
plutôt de les arracher à la mort, causée par
l'ignorance. Cette société, fondée à l'instar
de celle de Londres, qui l'a été elle-même,
d'après celle de Paris, possède et met en pratique tous les procédés connus en Europe; elle a
rendu des secours importans; car vous pensez
bien que, dans un port de mer, les accidens
doivent être fréquens.

Cette société compte environ 153 membres,
qui contribuent de leur bourse à ses dépenses.
Elle adjuge des prix à ceux qui, par leurs

---

ment en l'honneur d'un anglois nommé *Vassal*, qui prit le
parti des républicains en 1640, y perdit sa fortune, passa
dans le Massasuchett, y fit beaucoup de bien.

efforts, ont sauvé la vie à quelques personnes en danger de se noyer , ou qui se hâtent d'en donner avis à la société. Elle a fait élever des bâtimens dans trois endroits de la côte, plus exposés aux naufrages , où l'on administre les secours à ceux que la tempête y rejette.

La *société médicale* n'est pas moins utile que celle pour les noyés. Elle entretient des correspondances dans toutes les campagnes et les villes, afin de connoître les maladies qui s'y déclarent , d'en examiner les symptômes et les meilleurs remèdes, et d'en prévenir leurs concitoyens.

Un autre établissement utile, est celui qu'ils appellent *Alms house*, ou maison d'aumône. Elle est destinée aux pauvres hors d'état de gagner leur vie , soit à cause de leurs infirmités , soit à cause de leur âge. On m'a dit qu'elle renfermoit 150 personnes, femmes, enfans et vieillards.

La maison de correction ou de travail, *workhouse*, n'est pas si peuplée , comme vous le jugez bien. Dans un pays naissant, dans un port aussi actif , où les denrées sont à si bon marché, dans une ville enfin où les bonnes mœurs règnent , le nombre des *mauvais sujets* et des voleurs doit être rare. C'est une vermine qui s'attache à la misère, au défaut de travail, et il n'y a point ici de misère, et il y a plus d'emploi que de mains.

Le commerce sur tout, et les pêcheries, qui entraînent tant d'arts mécaniques à leur suite, y emploient un grand nombre de mains. Il s'élève à une telle prospérité, malgré les pertes anciennes, malgré les entraves que lui met la jalousie angloise, et malgré tous les mensonges des gazetiers anglois, que le change y est au pair avec la Grande-Bretagne et la France, tandis qu'à New-Yorck, ainsi que je l'apprends, le change sur Londres est à 5 pour 100 de perte pour la première ville, et qu'elle n'en a point d'ouvert avec la France.

Je pourrois vous présenter ici les tableaux des exportations de cet état industrieux, qui vous prouveroient, combien de branches nouvelles de commerce ses actifs habitans ont ouvertes depuis la paix. Mais je les renvoie au tableau général, que je me propose de vous faire, du commerce des Etats-Unis.

Un des emplois, qui malheureusement est assez lucratif dans cet état, est celui d'homme de loi. On y a conservé les formes dispendieuses de la procédure angloise, ces formes

que le bon sens et l'amour de l'ordre feront
sans doute supprimer. Elles rendent les avocats nécessaires ; et ils ont aussi emprunté
de leurs pères, les Anglois, l'habitude de se
faire payer très-chèrement leurs honoraires.

Ce n'est pas là le seul mal que les gens de
loi causent à cet état ; ils se glissent dans
toutes les chambres de législature et dans
l'administration ; ils y portent leur esprit
disputeur et tracassier.

Les places du gouvernement et de législature se recherchent, dans les villes, parce que
les gages, qui sont assez considérables, y procurent de l'argent comptant ; dans les campagnes, parce qu'elles donnent en outre de la
considération.

On se plaint que ces gages sont bien plus
forts que ceux qui étoient donnés par le gouvernement anglois. On ne voit pas que ce
gouvernement et ses créatures savoient bien
s'en dédommager par des abus détruits.

Le gouvernement de Massasuchett a 1100
pounds (1). Celui de Newhampshire n'en a

---

(1) C'est environ 22,000 liv. de notre monnoie pour le
chef suprême du pouvoir exécutif dans l'état de Massasuchett, qui compte plus de 500,000 habitans, et qui offre une
grande étendue de terrein.

pas

pas 200. Ce dernier état ne dépense pas, pour sa liste civile, plus de 2000 pounds.

Cependant malgré les abus de la procédure et des lois, on se plaint peu des hommes de loi de cet état. Ceux que j'ai connus m'ont paru jouir d'une grande réputation d'intégrité (1), tels que MM. Sumner, Vendell, Lloys, Sullivan.

Il se sont sur-tout honorés lors du *tender act*; cet acte, qui autorisoit les débiteurs à offrir en paiement légitime à leurs créanciers un papier décrié. Les juges ont employé tous les moyens, pour éluder cette loi déshonorante, et qu'on croyoit nécessitée par les circonstances.

C'est en partie à leur philantropie éclairée qu'on doit cet acte du 26 mars 1788, qui condamne à des peines pécuniaires, toute personne qui importera ou exportera des esclaves, ou qui sera intéressée dans ce commerce infâme.

—————————

(1) Il est une circonstance qui a prouvé combien la corruption étoit éloignée des assemblées législatives de ce pays. Le Sheriff d'un comté, je ne me rappele plus lequel, M. Greenleef fut accusé et poursuivi devant la chambre des communes, jugé, cassé et puni, quoiqu'il fût très-proche parent du gouverneur actuel.

Tome I.   K

Enfin ils ont eu la plus grande part au succès de la révolution, soit par leurs écrits, soit par leurs exhortations, soit en dirigeant les affaires au congrès, ou dans les ambassades.

Rappeler cette époque mémorable, c'est rappeler un des membres les plus fameux de barreau américain, le célèbre Adams, qui, de l'humble poste de maître d'école, s'est élevé aux premières dignités, dont le nom est aussi respecté en Europe que dans sa patrie, qu'il a si bien servie dans les ambassades épineuses dont il a été chargé. Il est enfin rentré dans ses foyers, au milieu des applaudissemens de ses concitoyens. Je l'ai vu près de ses pénates champêtres, retiré *à Brantries*, occupé à cultiver sa ferme, et oubliant ce qu'il avoit été, quand il fouloit à ses pieds l'orgueil de son roi, qui avoit mis sa tête à prix, et qui étoit forcé de le recevoir, comme ambassadeur d'un pays libre. Tels étoient, sans doute, les généraux et les ambassadeurs des beaux âges de Rome et de la Grèce; tels étoient Epaminondas, Cincinnatus, Fabius (1).

_____

(1) Depuis que cette lettre a été écrite, les Etats-Unis

Il étoit impossible de voir M. Adams, qui connoît si bien les constitutions européennes, sans parler de celle qui paroît se préparer en France. Je ne sais s'il a mauvaise opinion de notre caractère, ou de notre constance, ou de nos lumières ; mais il ne croit pas qu'elle puisse nous rendre une liberté, même semblable à celle dont jouissent les Anglois (1) ; il ne croit pas même que nous ayons le droit, d'après nos anciens états-généraux, d'exiger qu'aucun impôt ne soit établi, sans le consentement du peuple. Je n'ai pas eu de peine à le combattre, même par des autorités, indépendamment du pacte social, contre lequel aucun temps, aucune concession ne prescrivent.

Oubliant et les livres et les cours, M. Adams se livroit alors aux détails de la culture. Comme je lui marquois ma surprise de voir si peu de prairies artificielles, et sur-tout de ne point retrouver cette luserne, dont la triple et quadruple récolte seconde si bien

d'Amérique ont récompensé les travaux et les succès de M. Adams, en l'élevant à la seconde place de ces républiques, celle de vice-président du congrès.

(1) L'événement a prouvé combien il se trompoit.

K 2

la multiplication de nos bestiaux, il me répondit qu'il avoit tenté bien des expériences
depuis 25 ans pour la naturaliser, et qu'il
n'avoit pu y réussir. Il attribuoit son défaut de succès aux froids violens de ce climat; d'autres obstacles y combattent d'autres
cultures. Il est une espèce de bois infiniment
utile pour les vaisseaux et les ameublemens,
le locuste; les vers le détruisoient à certain
âge, et on ne pouvoit en élever.

M. Adams se plaignoit, de ce que tout à
la fois les terres étoient chères dans les environs de Boston, et de ce qu'elles ne rendoient pas un profit proportionné. Il portoit
ce produit à 3 pour 100, et trouvoit qu'il
valoit mieux placer ses capitaux dans les
fonds publics, qui rendoient 6 pour 100.

Il est aisé d'expliquer ce dernier fait. Les
terres rapportent peu à celui qui ne les exploite pas, et qui les fait exploiter dans un
pays, où la main-d'œuvre est chère, et par
conséquent où les hommes sont rares. Mais
les terres produisent bien au-delà de 6 pour
100, pour qui les exploite soi-même.

J'étois bien surpris d'apprendre que les terres
coûtassent si cher, lorsque je savois qu'il y
en avoit tant à vendre, à cause des deux sortes

d'émigrations qui dévastent cet état ; car, indépendamment de celle vers l'ouest , on m'a assuré que la province du Maine , plus au nord, se peuple aux dépens du Massasuchett. On croit même que le moment n'est pas loin , où, plus peuplée , elle se séparera de cet état , pour en former un séparé.

Si l'on émigre hors de cet état , ce n'est pourtant pas faute de terrein à défricher. Les deux tiers du Massasuchett appelent en vain des bras ; et , si vous exceptez le Connecticut, c'est le sort de presque tous les états. En jettant les yeux sur la grande carte de la Nouvelle-Angleterre, par Evans, vous voyez une immense étendue de terrein au nord du Massasuchett, entre le New-Hamsphire, et le nouvel état de Vermont; elle est divisée par quarrés numérotés. On y a même marqué la position des villes futures (1). Quand seront-elles élevées ? On l'ignore ; on a même lieu de croire que ces vastes pays ne seront jamais habités , malgré les appâts des loteries

(1) J'ai vu avec plaisir, sur une de ces villes, le nom de ce *Ludlow*, qui a joué un si grand rôle dans la révolution d'Angleterre de 1640 ; cet homme si digne d'être républicain par ses vertus et ses lumières.

K 3

qui se renouvellent tous les ans, pour y atirer des habitans.

Je reviens à M. Adams, qui jouissoit dans sa ferme, de ces plaisirs purs, que peint Horace dans sa belle ode : *Beatus ille qui procul negotiis*, ect. Il n'étoit pas le seul des hommes distingués dans cette grande révolution, qui se livrât à l'obscurité des travaux champêtres. Le général *Heath* étoit un de ces dignes imitateurs du Cincinnatus Romain; car il n'aime pas les Cincinnati Américains. Leur aigle lui paroissoit un hochet qui ne convenoit qu'à des enfans. En me montrant une lettre de l'immortel Washington, qu'il chérissoit comme son père, qu'il révéroit comme un ange : Voilà, me dit-il, une lettre qui, à mes yeux, vaut les plus beaux cordons et toutes les aigles de l'univers. C'étoit une lettre, où ce général le félicitoit sur une mission qu'il avoit bien remplie.... Avec quelle jouissance cet homme respectable me montroit toutes les parties de sa ferme ! Comme il paroissoit heureux d'y vivre ! C'étoit un vrai fermier. Sa maison n'étoit pourtant pas tout à fait aussi simple que celle de Caton, laqelle, dit Plutarque, n'étoit ni blanchie, ni crépie. Un papier simple l'ornoit. Un verre de son cidre qu'il me présenta, avec cette franchise, cette bonhommie peinte sur sa physionomie, me parut supérieur aux vins les plus exquis. Je me rappelai ce mot de Curius : que l'or n'étoit point nécessaire à celui qui savoit se contenter d'un pareil dîner. Avec cette simplicité, on est digne de la liberté ; on est sûr de la conserver long-temps.

Cette simplicité caractérise presque tous les hommes de cet état, qui ont joué un grand rôle dans cette révolution ; tels, entr'autres, *Samuel Adams*, et M. *Hancock*, le gouverneur actuel. Si jamais homme a été sincèrement idolâtre du républicanisme, c'est Sam. Adams, et jamais on ne réunit plus de vertus, pour faire respecter son opinion. Il a l'excès des vertus républicaines, la probité intacte, la simplicité, la modestie, (1) et sur-tout la sévérité ; il ne veut point de capitulation avec les abus ; il craint autant le

_____

(1) Quand je compare nos législateurs modernes avec leur air d'importance, toujours inquiets de ne pas faire assez de bruit, de n'être pas appréciés assez haut ; quand je les compare à ces modestes républicains, je me défie, je l'avoue, du succès de la révolution. L'homme vain ne m'a jamais paru loin de la servitude.

K 4

despotisme de la vertu et des talens, que le despotisme du vice. Chérissant, respectant Washington, il votoit pour lui faire ôter le commandement au bout d'un certain terme. Il se rappeloit que César n'étoit parvenu à renverser la république, qu'en se faisant prolonger dans le commandement de son armée. L'événement a prouvé que l'application étoit fausse, mais c'étoit par un miracle, et il ne faut jamais risquer le salut de la patrie sur la foi d'un miracle....

Sam. Adams est un des meilleurs soutiens du parti qu'a, dans cet état, le gouverneur Hancock. Vous savez les sacrifices prodigieux qu'a faits ce dernier dans la révolution actuelle, le courage avec lequel il s'est déclaré au commencement de l'insurrection. Le même esprit de patriotisme l'anime encore; une grande générosité, jointe à une vaste ambition, voilà son caractère. Il a les vertus et l'adresse du popularisme ; c'est-à-dire, que sans effort, il se montre l'égal et l'ami de tous. J'ai soupé chez lui avec un chapelier, qui me paroissoit bien avant dans sa familiarité. M. Hancock est poli, aimable, quand il le veut ; mais on lui reproche de ne pas le vouloir toujours : alors il a une goutte merveilleuse qui le dispense de toutes les attentions, et qui défend l'accès de sa maison. M. Hancock n'a pas les connoissances de son rival, M. Baudouin; il paroît même dédaigner les sciences; celui-ci est plus estimé des hommes éclairés; celui-là est plus aimé du peuple.

Parmi les partisans du gouverneur, j'ai distingué encore deux hommes bien respectables, les frères *Jarvis*: l'un est contrôleur-général de cet état; l'autre est médecin, et membre de la législature. (1) Autant le premier a de calme dans l'examen, et de profondeur dans les vues, autant l'autre a de rapidité dans la pénétration, d'agilité dans les idées, de vivacité dans l'expression. Ils se ressemblent par un point, par la simplicité; cette vertu, par excellence, des républicains; cette vertu née, pour ainsi dire, chez les Américains, et qui s'acquiert chez nous!

Je ne m'arrêterai pas à vous peindre tous les caractères estimables que j'ai rencontrés dans cette charmante ville; mes portraits ne

---

(1) Le docteur Jarvis a été porté trois fois, dans la dernière élection, pour une des deux places de sénateur au congrès.

finiroient point. En général, j'ai retrouvé par-tout cette hospitalité, cette affabilité, cette amitié pour les François, que M. Chateliux a tant exaltées. Je les ai retrouvées, sur-tout chez MM. Break, Russell, Gore, Barrett, etc. etc.

Vous pensez bien qu'au milieu de ces témoignages d'amitié, j'ai su trouver quelques momens, pour faire des excursions dans les environs de Boston. Ils sont charmans et bien cultivés ; ils offrent les maisons les plus jolies, et les plus agréablement situées. Parmi les collines qui environnent cette ville, on distingue celle de Bunkerhill. Ce nom vous rappele, sans doute, celui d'un des premiers martyrs de la liberté américaine, *Warren*. Je devois un hommage à ses mânes généreuses ; je m'empressai de le leur rendre. On arrive à Bunkerhill par le superbe pont dont je vous ai parlé. Il communique à Charleston, ville qui paroît plutôt faire partie de Boston, que d'être une ville séparée. Elle a été entièrement brûlée par les Anglois, lors de l'attaque de Bunkerhill, et elle est aujourd'hui presqu'entièrement rebâtie en jolies maisons de bois. Vous y voyez le magasin de M. Gorham, qui a été président du congrès.

Bunkerhill, qui domine cetteville , offre un des monumens les plus étonnans de la valeur américaine. On ne peut concevoir que 7 à 800 hommes, mal armés, fatigués, qui ven ient de construire, à la hâte, de misérables re- tranchemens , qui n'avoient point ou peu l'habitude des armes, aient pu, pendant si long temps, résister à l'attaque de milliers d'Anglois, frais, disciplinés, qui se succé- doient. — Cependant telle fut la vigoureuse résistance des Américains, qu'avant de s'en rendre maîtres, les Anglois perdirent, en bles- sés ou tués, plus de 1200 hommes; et observ- vez qu'ils avoient deux frégates qui, croisant leur feu sur Charleston , empêchoient les secours d'aborder. Cependant il est très- probable que les Anglois auroient été obligés de se retirer , si les Américains n'eussent pas manqué de munitions.

L'ami de la liberté ne peut voir cette scène, où sont encore des restes de fortification, sans donner une larme à la mémoire de Warren , sans partager l'enthousiasme qui l'animoit pour la liberté.

Ces émotions renaissent encore à la vue du touchant et expressif tableau de la mort de ce guerrier, peint par M. Trumbull, dont les talens égaleront peut-être un jour ceux des plus fameux maîtres.

Il faut finir cette longue et trop longue lettre. Combien d'objets sur lesquels j'avois encore à vous entretenir ! La cónstitution de cet état, ses impôts, sa dette, ses taxes, etc. Mais je renvoie ces objets au tableau général que j'en ferai pour tous les états.

On porte à plus de 100,000 le nombre de têtes payant l'impôt ; à plus de 200,000 le nombre des arpens de terres labourables, 340,000 en pâturages ; plus de deux millions encore en friche. La marine marchande de Boston monte à plus de 60,000 tonneaux.

LETTRE V.

Voyage de Boston à New-Yorck, par terre.

9 août 1788.

La distance qui sépare ces deux villes est d'environ 260 milles (1). Plusieurs personnes se sont réunies, pour établir une espèce de diligence ou voiture publique, propre à transporter régulièrement les voyageurs de l'une à l'autre ville. On change plusieurs fois de voitures dans cette route. Le voyage dure quatre jours en été; mais les voyageurs sont obligés de partir à quatre heures du matin: chaque journée est de 60 à 66 milles. On paye par mille 3 sous (2), monnoie de Massasuchett; le bagage paye également 3 sous par mille au-delà de quatorze livres pesant, qui sont *gratis*.

---

(1) C'est le mille anglois.

(2) Voyez la table des monnoies américaines, à la suite de l'introduction. Le sou de Massasuchett vaut environ 7 liards de France. — Le schelling ne vaut pas tout-à-fait notre pièce de 24 sous. Il faut 6 schellings 8 sous à l'écu de 6 liv.

Nous partîmes de Boston à quatre heures du matin, dans une voiture à six places, suspendue sur des ressorts.

Nous passâmes par la jolie ville de Cambridge, dont je vous ai parlé. Le pays nous parut bien cultivé, jusqu'à Weston, où nous déjeûnâmes : de-là nous allâmes diner à Worchester, à 48 milles de Boston. — Cette ville est jolie et bien peuplée : l'imprimeur, *Isaïas Thomas*, l'a rendue célèbre dans tout le continent américain. — Il imprime la plupart des ouvrages qui paroissent ; et l'on doit avouer que ses éditions sont correctes et bien soignées. Thomas est le *Didot* des Etats-Unis.

L'auberge où nous eûmes un bon dîner (1), à l'américaine, est une maison en bois, charmante, et joliment ornée. Elle est tenue par M. *Pease*, un des entrepreneurs des diligences de Boston. On lui doit des éloges pour son activité et son industrie ; mais il faut espérer qu'il changera le plan de ses voitures, en ce qui concerne ses chevaux. Ils sont ex-

---

(1) Si je cite quelquefois les dîners et les déjeûners, ce n'est pas un souvenir de gourmand ; mais c'est pour peindre, d'un côté, la manière de vivre du pays, et de l'autre, pour donner le prix des denrées, tant exagéré par M. Chatellux.

cédés par la longueur et la difficulté des courses, ce qui les ruine en très-peu de temps ; et, par une suite nécessaire, la course devient plus longue, les voyageurs arrivent plus tard. Il a adopté une méthode infaillible pour tuer ses chevaux ; ses voitures sont tirées par quatre. Au bout de 15 milles, on change les deux chevaux de trait (1) ; on laisse à la voiture les deux autres, qu'on se contente de raffraîchir, et qui, étant obligés de faire encore 15 milles avec deux nouveaux compagnons, frais et ardens, sont nécessairement forcés par eux (2).

Il faut que la communication entre Boston et New-Yorck ne soit pas considérable encore, ou qu'on ne trouve pas un grand avantage à y établir des diligences ; car, pour finir

_____

(1) Je demandai au cocher combien il payoit pour la pension de ses deux chevaux, qu'il laissoit à la garde du propriétaire d'une maison située au milieu des bois. Il me dit qu'il payoit une piastre par semaine pour les deux, ce qui est environ 7 s. par jour pour chacun.

(2) Je m'apperçus de l'effet de ce mauvais régime, sur ces chevaux, dans un second voyage que je fis à Boston, deux mois après. Ces chevaux, qui, dans le premier voyage, étoient vigoureux et pleins d'embonpoint, me parurent, lors du second, foibles et presque ruinés.

la chaine des diligences jusqu'à New-Yorck, M. Pease a été obligé d'établir une voiture depuis Fairfield jusqu'à New-Yorck.

Cet ordre de choses subsistera, aussi long-temps que l'intérieur de Massasuchet ne se défrichera pas. Ces défrichemens amene-roient l'établissement des communications intérieures, et de bons chemins. — Quant à présent, les terres à quelque distance de la mer étant seules défrichées, les denrées qui vont au dehors, s'exportent par la mer, et la route n'est ouverte que pour les voyageurs qui préfèrent la voie de terre.

Nous couchâmes la première nuit à Spen-ser : c'est un village naissant, au milieu des bois. On n'y voit encore que trois ou quatre maisons; l'auberge n'étoit qu'à moitie bâtie; mais tout ce qui étoit fini avoit cet air de propreté qui plaît, parce qu'il annonce l'ai-sance, et ces habitudes morales et délicates qu'on ne soupçonne pas même dans nos vil-lages. Les chambres étoient propres, les lits bons, les draps blancs, le souper étoit pas-sable; cidre, thé, punch, tout cela pour un schelling et demi, ou 2 sch. par tête : nous étions quatre.

Maintenant, comparez, mon ami, cet ordre
de

de choses avec ce que vous avez cent fois
éprouvé dans nos auberges françoises ; chambres sales et hideuses, lits infectés de punai-
ses, ces insectes que Sterne appeloit des habitans légitimes des auberges, si toutefois,
dit-il, une longue possession est un droit ;
draps mal reblanchis, et exhalant une odeur
fétide, mauvaises couvertures, vin presque
toujours frelaté, et tout au poids de l'or ;
domestiques avides, qui ne sont complaisans
qu'en raison de l'espoir que leur fait naître
votre équipage, rampans envers le voyageur
riche, insolens envers celui qu'ils soupçon-
nent dans la médiocrité : voilà le tourment
éternel des voyageurs en France. Joignez-y
la crainte d'être volé, les précautions qu'il
faut prendre chaque nuit pour prévenir le
vol ; tandis que, dans tous les Etats-Unis,
vous voyagez, sans craintes comme sans
armes (1), et que vous reposez tranquillement au milieu des bois, dans des chambres

(1) Je voyageois avec un François qui, croyant avoir
beaucoup à craindre dans un pays sauvage, s'étoit muni
de pistolets. Les bons Américains sourirent à sa précaution,
et lui conseillèrent de les renfermer dans sa malle. Il eut le
bon esprit de les croire.

Tome I. L

ouvertes ou des maisons fermées sans serrures. Et jugez maintenant quel est le pays
qui mérite le nom de civilisé, et qui offre
le plus l'aspect du bonheur général.

La propreté, vous le savez, mon ami, est
le signe de la propriété, de l'aisance, de
l'ordre, et par conséquent du bonheur. Et
voilà pourquoi vous la trouvez par-tout chez
les Américains, jusques dans les plus petites
choses. Avez-vous observé, dans nos campagnes, l'endroit où hommes et femmes vont
satisfaire leurs besoins? C'est le plus souvent
un trou creusé dans un jardin en plein air:
décence et organe de l'odorat, tout y est
blessé. Avez-vous observé ce même endroit
chez nos délicats Parisiens, chez les grands
seigneurs même, qui s'imaginent suppléer à
la propreté par le luxe? Je frissonne encore
en pensant à tous ces usages dégoûtans. Hé
bien, comparez-les avec ceux des Américains
même des forêts; il n'est pas de maison isolée au milieu des bois, où vous ne voyiez,
au milieu ou dans un coin du jardin, à 30
ou 40 pas de la maison, une cabane très-
propre, souvent même ornée, destinée à cette
opération. On y trouve, dans toutes, un
siège plus bas pour les enfans; attention

paternelle, qui prouve combien on s'occupe ici des plus petits détails d'éducation. Nos délicats souriront dédaigneusement à cet article; mais vous êtes philosophe, mon ami, et vous vous rappelerez ce politique qui. jugeoit, et la bonté d'un gouvernement, et le malheur du peuple, par les excrémens qui infectoient les rues.

Nous quittâmes Spenser à 4 heures du matin : nouvelle voiture, nouvel entrepreneur. C'étoit une voiture sans ressort, une espèce de chariot; le propriétaire nous conduisoit lui-même. Un François qui voyageoit avec moi, commença, dès la première secousse qu'il ressentit, à maudire la voiture, le conducteur, le pays. Attendons, lui dis-je, pour juger; chez un peuple barbare, et à plus forte raison, chez un peuple civilisé, chaque usage doit avoir sa cause. Il y a, sans doute, une raison pour laquelle on préfère un chariot à une voiture suspendue. Je n'avois pas tort. Qnand nous eûmes parcouru 3o milles au milieu des rocs, nous fûmes convaincus qu'une voiture à ressorts y auroit été bien promptement versée et brisée (1). J'admirai

---

(1) J'en vis la preuve dans un second voyage que je fis. Une voiture, qui nous suivoit, cassa.

l'adresse de notre conducteur, et même des chevaux ; ils retiennent parfaitement dans les descentes les plus rapides. En considérant la hauteur de la première, j'imaginai qu'on enrayeroit ; mais on n'enraya point, et je n'ai point trouvé cette coutume en Amérique. Encore une fois, chaque usage a sa cause. Ici elle me parut sensible. Les descentes les plus rapides, comme celle de *Horse-neck*, dont je parlerai ci-après, sont entre coupées de rochers, et couvertes de pierres qui arrétent les voitures, et suppléent l'enrayement.

Il est une observation générale à faire sur le chemin qui conduit de Boston à New-Yorck, et en général sur les chemins de communication entre les différens états. Ils datent presque tous de la paix de 1783. Le ministère anglois, pour écarter leur correspondance, qui lui donnoit de l'ombrage, avoit soin de rendre difficile la communication entr'eux, et ne donnoit en conséquence aucune attention aux chemins. Il portoit encore plus loin cette infernale politique ; il semoit des jalousies et des divisions entr'eux, nourrissoit leurs préjugés réciproques, et encourageoit les haines par des dénominations de mépris ou des sobriquets, comme celui de *Yankees*.

donné aux habitans de la nouvelle Angleterre.

On doit donc excuser le chemin pierreux
et rocailleux de Boston à New-Yorck, quand
on réfléchit que c'est l'ouvrage de quelques
années ; et il est réellement étonnant, qu'au
milieu de tant d'occupations qui appelent
les habitans de Massasuchett ; qu'au milieu
de la disette d'hommes et du numéraire, on
ait, en si peu de temps, pu pratiquer le chemin, tel qu'il est. On parcourt environ 60 à
80 milles entre des rocs qui, pour être pra-
ticables, ont dû offrir des difficultés incroyables. On m'assura qu'un citoyen fort riche
a offert de le rendre, moyennant 50,000
piastres ou 250,000 liv., entièrement praticable, bon et presque uni par-tout, ce qu'on
appele en Angleterre *turnpike road*, ou *chemin à barrières*. Cette somme me paroît légère en la comparant à l'ouvrage à faire.
Cependant je ne doute point que quelque jour
ce projet, ou une autre, ne s'exécute : la nature du terrein en favorisera l'entreprise :
c'est par-tout, ou sable, ou gravier, ou roc.

Les voyageurs sont bien dédommagés de la
fatigue de cette route, par la variété des sites
romanesques, par la beauté des vues qu'elle

offre à chaque pas, par le contraste perpétuel
de la nature sauvage et de l'art qui lutte contre
elle. Ces vastes étangs qui se perdent au milieu des bois ; ces ruisseaux qui arrosent des
prairies nouvellement arrachées à la nature
inculte ; ces jolies maisons éparses au milieu
des foréts, et renfermant des essaims d'enfans
joyeux, bien portans, bien vétus ; ces champs
couverts de troncs dont on confie la destruction au temps , et qui se cachent au
milieu des épis de bled d'Inde ; ces mon-
ceaux énormes d'arbres renversés par le vent,
à moitié pourris, de branches enfumées ; ces
chénes qui conservent encore l'image de leur
vigueur ancienne , mais qui , sciés par le
pied, n'élèvent plus au ciel que des rameaux
nuds et desséchés, et que le premier coup
de vent doit porter à terre : tous ces objets , si nouveaux pour un Européen , le
frappent, l'absorbent, le plongent dans une
réverie agréable. La profondeur des foréts , l'épaisseur et la hauteur prodigieuse
des arbres , lui rappelent le temps où ces
pays n'avoient d'autres habitans que les sauvages.—Cet arbre antique en a vu sans doute ;
ils remplissoient ces foréts. Il n'en existe
pas un seul ; ils ont fait place à une autre

génération. Maintenant le cultivateur ne craint plus leur vengeance ; son fusil, dont autrefois il s'armoit en labourant, reste maintenant suspendu dans sa maison. Seul, au milieu de ces vastes foréts, n'ayant autour de lui que sa femme et ses enfans, il dort, il travaille 'en paix; il est heureux. Si le bonheur doit habiter quelque part, c'est bien dans ces solitudes, où l'orgueil de l'homme n'étant stimulé par rien, il ne peut concevoir de vues ambitieuses : son bonheur dépend de lui seul et de ce qui l'entoure.

Telles étoient les idées qui m'occupèrent pendant la plus grande partie de mon voyage. Elles furent remplacées par d'autres, d'un genre bien différent, que fit naître la vue de ces maisons solitaires, qu'on trouve de deux milles en deux milles, dans les foréts silencieuses du Massasuchett. La propreté les embellissoit toutes. Toutes divisées, comme les maisons d'Angleterre, ayant un étage et souvent des greniers, étoient parfaitement éclairées; le papier en ornoit les murs. Le thé et le café paroissoient sur la table. La toile des Indes paroit la fille de la nature ; et ce qui me ravissoit sur-tout, les visages portoient l'empreinte de l'honnéteté, de la franchise, de la décence ; vertus qui suivent toujours l'aisance. Presque toutes ces maisons étoient habitées par des hommes tout à la fois laboureurs, artisans, et marchands. Ici, c'étoit un cordonnier ; là, un tanneur ; ailleurs, un magasin de marchandises d'Europe et des Indes. Les boutiques sont toujours, dans les campagnes, séparées des maisons. Cette distinction prouve le goût de la propreté, le respect qu'on porte à la vie domestique, et aux femmes ; car les hommes qui ont besoin de l'ouvrier, n'ont, par cette distribution, de rapports qu'avec lui.

Les boutiques, encore plus dans les campagnes que dans les villes, sont assorties de toute espèce de marchandises. Vous y trouvez à la fois des chapeaux, du fer, des cloux, des liqueurs, etc. Cet ordre de choses est nécessaire dans des établissemens qui commencent ; et il est à desirer que ce commerce de détail ne se divise pas. La division, dans les villes, prouveroit qu'elles se peuplent, qu'il y a assez de consommateurs pour occuper chaque profession, chaque négoce, et ce seroit un mal ; car le commerce de détail, si utile quand il s'associe avec les travaux de la terre, et qu'il n'en dispense pas,

ce commerce devient dangereux, si ceux
qui l'exercent, vivent uniquement sur leurs
bénéfices, aux dépens de la culture; l'amour
du gain les conduit à la mauvaise foi, le gain
à la multiplication des jouissances, l'oisi-
veté à des goûts dangereux; en un mot,
leur morale s'altère, et ils altèrent la morale
générale qui accompagne la culture; et dans
un pays, où il y a tant encore à défricher, il
faut se garder d'affoiblir le goût de la culture.

On ne croit pas que le tiers du Massasuchett soit encore défriché. Eh! quand le
sera-t-il entièrement? Il est difficile d'en
prévoir le moment, en considérant les émigrations dont j'ai déjà parlé. — Si tout ce
terrein n'est pas défriché, il est au moins
divisé, et les propriétaires ont soin de renfermer leurs propriétés par des barrières ou
fences, qui entourent même les forêts. Il y
en a de différentes sortes, et la nature de
ces barrières annonce le degré de culture
du pays.

Il y en a qui sont construits avec des bran-
chages: ceux-là sont les moins solides; d'autres, avec des arbres entiers, couchés les
uns sur les autres; une troisième espèce

consiste en quatre morceaux de bois , longs de douze pieds environ , s'appuyant les uns sur les autres , en faisant anglé à leurs extrémités ; une quatrième espèce est composée de morceaux de bois bien travaillés , et emboités dans des tenons. Les barrières qui défendent les jardins , sont semblables à celles des campagnes d'Angleterre. Enfin , la dernière espèce est en pierres entassées à la hauteur d'un ou deux pieds. — Cette dernière barrière est plus durable et moins coûteuse : on la trouve sur-tout dans le Massasuchet.

La gradation de la bonté de ces diverses barrières , est un signe du prix du terrein. Quand il a une valeur , on cherche à le défendre mieux des invasions, non des hommes , mais des animaux ; et quoiqu'il ne produise pas encore, on fait, pour le garantir, des dépenses stériles pour le moment , mais qui doivent produire un jour.

A juger , par la bonté de ces barrières , du prix des terres, on voit que celles de la Pensylvanie , par exemple , ont une valeur supérieure à celles du Massasuchett.

Je continue mon voyage.

De Spenser à Brookfields , on compte 45

milles ou environ ; nous y arrêtâmes pour déjeûner. Le chemin est bon jusqu'à cette dernière ville.

Une ville, comme vous le savez, mon ami, désigne, dans l'intérieur de l'Amérique, un espace de terrein de 8 à 10 milles, où sont éparses 50, 100, 200 maisons. Cette division en villes est nécessaire pour pouvoir rassembler, lors des élections, les habitans disséminés sur un vaste terrein. Si elle n'existoit pas, ils iroient tantôt à une assemblée, tantôt à une autre ; ce qui entraîneroit un grand désordre, et l'impossibilité sur-tout de fixer la population d'un canton, qu'on doit regarder comme l'unique et vraie base de la division : aussi la division exacte des terreins doit-elle être une suite nécessaire d'une constitution libre. Aucun peuple n'a porté sur ce point autant d'attention que les Américains.

La situation de Brookfields est pittoresque. En attendant le déjeûner, je lus la gazette et les journaux. Ces gazettes y sont apportées par les diligences qui vont et viennent. C'est un canal qui distribue sur la route toutes les denrées des ports.

Le déjeûner consistoit en thé, café, viandes grillées, rôties, etc., et coûta dix sous, monnoie de Massasuchett, à chaque voyageur.

Le chemin qui sépare *Brookfields* de *Wil-lebraham plains*, est entièrement au milieu des rocs, et environné de bois.

Nous arrêtâmes à une maison qui se trouve presque seule au milieu des bois : nous y changeâmes de diligence. Une voiture coupée et bien suspendue, attelée uniquement de deux chevaux, parut, et remplaça notre lourd chariot. Malheureusement nous étions cinq, et je ne concevois pas comment nous pourrions tous loger dans cette voiture parisienne. Nous insistâmes pour en avoir une autre. Le conducteur nous répondit qu'il n'y en avoit point, que nous serions très-bien, et que nous irions rapidement avec deux chevaux. Il fallut se soumettre. Nous fûmes donc entassés ; le postillon partit comme un éclair, et, après deux ou trois cens pas, il se tourna de notre côté, en ricanant, et en nous demandant s'il n'avoit pas eu raison. Effectivement le chemin étoit uni et roulant, quoique toujours au milieu des bois. Il nous conduisit, en moins de cinq quarts-d'heure, à *Springfield*, qui est à 10 milles de là. Cette route nous parut véritablement enchantée ; il me sembloit voyager dans cette belle allée du Palais-Royal, qui n'existe plus que dans notre souvenir.

Je recherchai pourquoi cet homme ne vouloit avoir qu'une voiture si gênante, et il me l'expliqua. — Beaucoup de voyageurs, qui viennent de New-Yorck, s'arrêtent à *Newhaven*, ou dans d'autres endroits du Connecticut. Cet homme calculoit qu'en entretenant une voiture à quatre chevaux, souvent elle ne seroit pas remplie; qu'il lui en coûteroit davantage, et qu'il en tireroit moins de profit. J'ai peu vu d'hommes aussi alertes, aussi vifs, aussi industrieux, et cependant il étoit patient. Dans les deux voyages que j'ai faits dans cette partie du Massasuchett, j'ai entendu des voyageurs lui dire des choses très-dures; il ne répondoit point, ou répondoit en donnant de bonnes raisons. J'ai vu la plupart des hommes de la même profession, tenir, en pareil cas, la même conduite, tandis qu'une seule de ces injures eût, en Europe, occasionné des querelles sanglantes. Ce fait me prouve que, dans un pays libre, la raison étend son empire dans toutes les classes.

Springfield, où nous dînâmes, est une ville presque à l'européenne, c'est-à-dire que les maisons sont très-rapprochées les unes des autres. Il y a, sur la colline qui domine cette ville, des magasins à poudre, de munitions et d'armes, appartenant à l'état de Massasuchett. Ce sont les magasins dont le rebelle *Shays* voulut s'emparer, et qui furent heureusement défendus par le général *Shepard* (1).

Nous partîmes après dîner pour Hartford. Nous passâmes, dans un bac, la rivière qui arrose les environs de Springfield.

La forme des bacs n'est pas toujours la même sur toutes les rivières d'Amérique. Ceux de Pensylvanie sont, en général, de

---

(1) On jugeoit, lors du second voyage que je fis dans ces quartiers, à la cour de justice, qui se tenoit dans cette ville, un procès qui avoit rapport à cette insurrection — Un habitant avoit été blessé en attaquant les insurgens; il poursuivoit celui qui l'avoit blessé, pour le faire condamner en des dommages-intérêts. — La cour générale avoit, il étoit vrai, accordé un acte d'amnistie à tous les insurgens ; mais le blessé soutenoit que cet acte ne comprenoit point son droit, son action. Je n'ai pu savoir quel a été le jugement de la cour. Comme je m'arrêtai un instant dans la salle, un des juges, M. Sumner, dont j'ai déjà cité le nom, m'offrit très-poliment de monter à un banc, destiné, je crois, pour les avocats. Je refusai, ne pouvant m'arrêter, cette politesse que les juges font, en général, aux étrangers.

larges bateaux, qui peuvent aisément contenir une voiture à quatre chevaux. Ils vont à rames, quelquefois à voiles.

Sur la rivière de Stamford, le bac est un bateau à fond rond, qui ne peut contenir une voiture. Pour la transporter, on en détache les chevaux, on la roule sur deux planches mises en travers du bateau, on l'arrête sur ces planches avec des pierres mises sous les roues; elle est alors en équilibre : mais le moindre coup de vent ou un autre accident, peut la renverser dans la rivière. Les hommes et les chevaux passent dans un autre bateau. Je ne doute point que ce bac incommode, qui fait perdre beaucoup de temps, qui exposé les voitures, qui force à employer deux bateaux et quatre hommes, ne soit bientôt remplacé par un autre plus simple, plus sûr et moins coûteux.

Je demandai pourquoi on se servoit de cette sorte de bateau. On me dit qu'autrefois on avoit un bac plat; que dans un coup de vent, il fut renversé, et que plusieurs personnes périrent. L'assemblée de l'état ordonna que, dorénavant, il seroit à fond rond : malheureusement on ne l'a pas fait assez grand pour contenir des voitures. On m'assure qu'à la session prochaine, on se propose de solliciter une loi pour avoir un bac plus commode.

J'ai vu, sur la rivière de Merrimak, dans le Newhamsphire, une autre manière de transporter les cabriolets. On les fait arriver par la poupe; les brancards sont dans le bateau, les roues sont dans l'eau.

C'est en considérant les inconvéniens de ces bacs, qu'on sent l'utilité des ponts. — On paye moins pour le passage; on ne perd pas de momens; on passe en tout temps, en toute saison; on n'est pas obligé de descendre de voiture, et de s'exposer à la pluie, au froid ou à la chaleur du soleil, car c'est nne autre observation que je dois faire; les voyageurs prudens descendent de voiture pour passer les bacs, et ils ont raison : s'il arrive un accident, on a, hors de la voiture, certainement plus de chances, pour se sauver.

Dans la route de Boston à New-York, on est obligé de passer quatre ou cinq bacs; les passagers sont forcés de payer, quoique la voiture soit abonnée. C'est une vexation que les entrepreneurs devroient épargner

aux

aux voyageurs, qui sont toujours prêts à soupçonner qu'ils sont trompés, et qui font des difficultés. — Rien de ce qui peut rendre les voyages et les communications faciles, ne doit être négligé.

J'ai passé deux fois à Hartford, et toujours dans la nuit; en sorte que je ne puis en faire une description exacte. Cette ville m'a paru considérable: c'est une ville *rurale*; car la plupart des habitans en sont agriculteurs: aussi l'aisance y règne-t-elle par-tout. On la regarde comme une des plus agréables du Connecticut, pour la société. C'est la patrie d'un des hommes les plus respectables des États-Unis; du colonel *Wadsworth*. Il y jouit d'une fortune considérable (1), qu'il doit entièrement à ses travaux, à son industrie. Parfaitement versé dans la culture, dans la connoissance des bestiaux, dans le commerce des Indes orientales, ayant rendu les plus grands services aux armées américaines et françoises dans la dernière guerre, plein de qualités et de vertus, généralement aimé et estimé, il les couronne toutes par une

---

(1) On apprécie cette fortune entre 60 et 80 mille livres sterlings.

Tome I. **M**

modestie singulière. Son abord est franc; sa
physionomie ouverte et son discours simple;
aussi ne peut-on s'empécher de l'aimer,
quand on le voit, et sur-tout quand on peut
le connoître à fond. Je rends ici l'impression
qu'il m'a faite.

M. Chatellux, en faisant l'éloge de ce
respectable Américain, est tombé dans une
erreur que je dois relever. Il dit (1) qu'il
a fait plusieurs voyages à la côte de Guinée. Il est incroyable que cet écrivain ait
persisté à imprimer ce fait, malgré la prière
que lui avoit faite le colonel Wadsworth
de le supprimer. — « Avancer que j'ai fait
le commerce de Guinée, c'est faire entendre, me disoit-il, que j'ai fait la traite des
noirs : or, j'ai toujours eu la plus grande
horreur pour ce commerce infâme. J'avois
prié, m'ajoutoit-il, M. Chatellux de supprimer, dans l'édition de ses voyages qu'il a
publiés en France, ce fait, ainsi que d'autres
erreurs qui m'avoient frappées dans son édition américaine de cet ouvrage; et je ne puis
concevoir pourquoi il n'a rien rectifié ».

---

(1) Voyages dans l'Amérique septentrionale, par M
Chatellux, tom. 1, p. 25.

Les environs de Hartford offrent la campagne la mieux cultivée ; des maisons jolies, élégantes ; de vastes prairies, couvertes de troupeaux de vaches et de bœufs, qui sont d'une grosseur énorme, et qui fournissent les marchés de New-Yorck et de Philadelphie même. On y voit des moutons semblables aux nôtres, mais qui ne sont pas, comme les nôtres, surveillés par un berger, ou tourmentés par des chiens. On y voit des truies d'une grosseur prodigieuse, toujours entourées d'une nombreuse famille de cochons, ayant au cou des triangles de bois, inventés pour les empêcher de passer au travers des barrières qui entourent les champs cultivés. Les dindons, les oies sur-tout y abondent, ainsi que les pommes de terre et les autres légumes : aussi les denrées de tout genre y sont-elles excellentes et à bon marché. Les fruits seuls n'y partagent pas cette bonté universelle, parce qu'ils sont moins soignés : les pêches y sont en abondance, mais détestables. Les pommes servent à faire le cidre, et on en exporte une grande quantité.

Peindre les environs de Hartford, c'est peindre le Connecticut, c'est peindre les environs de Middletown, de Newhaven. La

M 2

nature et l'art y déploient tous leurs trésors:
c'est véritablement le paradis des États-Unis.
M. Crevecœur, auquel on a tant reproché
de l'exagération, est même au-dessous de la
vérité, dans sa description de ce pays. Ré-
lisez son charmant tableau, et cette lecture
suppléera ce qu'il seroit inutile de répéter
ici.

Cet état doit tous ses avantages à sa situation. C'est une plaine fertile, encaissée entre
deux montagnes, qui rendent, par terre, sa
communication difficile avec les états voisins, qui, par conséquent, éloignent les
craintes et les dangers. Il est arrosé par la
superbe rivière du Connecticut, qui se décharge dans la mer, et dont la navigation est
par-tout sûre et facile. L'agriculture étant la
base des richesses de cet état, elles sont plus
également réparties ; il y a plus d'égalité,
peu de misère, plus de simplicité, plus de
vertus, plus de ce qui constitue le républicanisme.

Le Connecticut semble une ville continuelle. En quittant Hartford, nous entrâmes
dans Weatherfields, ville qui n'est pas moins
jolie, très-longue, et couverte de maisons
bien bâties. On me dit qu'elle avoit vu naître

le fameux *Silas Deane*, un des premiers
moteurs de la révolution américaine. De
maître d'école dans cette place, élevé au rang
d'envoyé du congrès en Europe, il a depuis
été accusé d'avoir trahi cette cause glorieuse.
Est-ce à tort ou avec raison? Il est difficile
de se décider; mais cet Américain a été long-
temps malheureux à Londres; et c'est peindre
la bonté d'ame des Américains, que de raconter que ses meilleurs amis et ses bienfaiteurs sont encore des anciens whigs américains (1).

On me montra, à Weatherfields, la maison
d'un cordonnier, lequel, il y a quelques années, tua sa femme, son enfant, et se tua
lui-même. On le trouva couché sur leurs
corps. Cet homme avoit fait des pertes, croyoit
ne pouvoir les réparer. Résolu de périr, et
ne voulant pas laisser sa femme et son enfant
dans la misère, il partagea la mort avec eux.
Cet exemple de suicide est unique dans ce
pays, car l'aisance y règne; il n'a pu être
donné que par un homme d'un tempérament
mélancolique et sombre.

Pendant mon séjour en Amérique, j'enten-

---

(1) Il y est mort depuis dans la misère.

M 3

dis parler d'un autre suicide à Boston, commis par une jeune personne, que des circonstances malheureuses avoient réduite à opter
entre le déshonneur et la mort. L'impression
que cet événement fit sur tous les esprits, les
discours qu'il occasionna, me prouvèrent
combien peu l'on étoit accoutumé à ces douloureux accidens, qui, presque toujours,
déposent plus contre l'organisation des sociétés, que contre le bon sens des victimes.

Weatherfields est remarquable par ses
champs immenses, uniquement couverts
d'oignons, dont on exporte une prodigieuse
quantité aux Indes orientales, et par son
élégante *meetinghouse*, ou église. On dit que
le dimanche, elle offre un spectacle enchan-
teur, par le nombre de jeunes et jolies personnes qui s'y rassemblent, et par la musique
agréable dont on y entre-mêle le service divin.

Newhaven ne le cède point à Weatherfields
pour la beauté du sexe. Aux bals qui y ont
lieu pendant l'hiver, en dépit de la rigidité
puritaine (1), il n'est pas rare d'y voir une

---

(1) Les personnes qui ont voyagé et résidé dans le Connecticut avant la révolution, trouvent aujourd'hui un grand
changement dans les mœurs. Il y a bien plus de sociabilité

centaine de filles charmantes, ornées de ces
brillantes couleurs qu'on rencontre peu, lorsqu'on avance vers le midi, et habillées avec
une élégante simplicité.

La beauté du sang est aussi frappante dans
l'état de Connecticut, que sa population nombreuse. Vous ne descendez point dans une
taverne, sans y rencontrer par-tout la propreté, la décence et la dignité. Les tables y
sont souvent servies par une jeune fille décente et jolie, par une mère aimable, dont
l'âge n'a point effacé l'agrément des traits,
et qui conserve encore sa fraîcheur; par des
hommes qui ont cet air de dignité que donne
l'idée de l'égalité, et qui ne sont pas ignobles
et bas, comme la plupart de nos aubergistes.

Sur la route, vous rencontrez souvent de
ces belles filles du Connecticut, ou condui-
sant un cabriolet, ou seules, à cheval, galo-
pant hardiment, avec un chapeau élégant
sur la tête, le tablier blanc, et la robe de
toile peinte; usages qui prouvent tout à la
fois la précocité de leur raison, puisque, si
jeunes encore, on les confie à elles-mêmes,

---

et de gaieté; cependant on craint encore d'y voyager le
dimanche.

M 4

la sûreté des chemins, et l'innocence générale. Vous les rencontrez, se hasardant seules
et sans protecteurs dans les voitures publiques. — J'ai tort de dire se *hasardant* ; qui
pourroit les offenser? Elles sont ici sous la
protection des mœurs publiques et de leur
innocence; c'est la conscience de cette innocence, qui les rend si complaisantes et
si bonnes ; car un étranger leur prend la
main, la serre, rit avec elles, sans qu'elles
s'en offensent.

S'il est encore d'autres preuves de la prospérité du Connecticut, c'est le nombre des
maisons nouvelles qu'on bâtit; vous en trouvez peu, mais bien peu en décadence; c'est
encore la quantité de manufactures rurales
qu'on y élève de tous les côtés, et dont je
parlerai ailleurs.

Cependant, dans cet état même, il est
beaucoup de terres à vendre. Quelle en est
la raison ? Une des principales est le goût
pour l'émigration à l'ouest. Le desir de trouver mieux a empoisonné les jouissances
même des habitans du Connecticut. Peut-être
ce goût vient-il encore de l'espoir d'échapper
aux taxes, qui, quoique légères et presque
nulles en comparaison des taxes de l'Europe,
paroissent très-lourdes : peut-être vient-il

enfin de la cherté des terres : je dis cherté,
en en comparant le prix à celui des terres
nouvelles ; et il ne doit point paroître étonnant que les hommes se multipliant rapidement, beaucoup d'entr'eux émigrent d'un
pays où ils se trouvent déjà trop resserrés.

C'est dans cet état du Connecticut que je
rencontrai, dans mon second voyage, plusieurs familles venant du New-Hampshire,
qui s'en alloient lestement au Kentucket.
L'avant-garde étoit composé de deux jeunes
femmes à cheval, et d'un jeune homme qui
les accompagnoit ; elles étoient fraîches et
vigoureuses, décemment habillées ; elles
alloient en avant pour préparer les logis. Une
heure après, parut le corps d'armée ; il consistoit en deux charriots, remplis d'enfans,
qui jouoient sur des matelas, environnés
d'ustensiles de ménage. Ils étoient surveillés
par une vieille femme. A côté des voitures,
marchoient de jeunes femmes et des enfans
plus grands. Où allez-vous, leur demandai-
je? Sur l'Ohio, nous répondoient-ils gaiement.
Nous leur souhaitâmes, de bon cœur, un heureux voyage. Ils avoient à parcourir 1100
milles avant d'arriver au port desiré.

On sent que tout doit favoriser le goût pour

l'émigration, dans un pays tel que les Etats-Unis. Les émigrans sont sûrs de trouver partout des frères, des amis qui parlent leur langue, qui admirent leur courage. Ils sont sûrs de trouver au pays qu'ils cherchent, des hommes qui les accueilleront, les aideront. Les vivres sont d'ailleurs à bon compte sur toute la route ; ils n'ont à craindre ni visites, ni péages, ni droits, ni vexations des officiers de maréchaussées, ni voleurs, ni assassins. Ici l'homme est libre comme l'air qu'il respire. Le goût, pour l'émigration, est tous les jours augmenté par l'annonce répétée dans tous les papiers des diverses familles émigrantes, et du bas prix des denrées dans le territoire de l'ouest. L'homme est moutonnier par-tout. Il se dit : *Un tel a réussi ; pourquoi ne réussirai-je pas? Je suis peu ici, je serai plus sur l'Ohio ; je travaille beaucoup ici ; je travaillerai moins là-bas.* Nous demandâmes à ces bonnes gens la raison de leur émigration. Ah ! messieurs, nous dirent-ils, il fait si froid dans le New-Hampshire, nous ne pouvons nourrir nos bestiaux dans l'hiver. Ils avoient raison pour le froid, ils avoient tort d'un autre côté. On aura des vivres pour les bestiaux, quand on se donnera de la peine pour en avoir , pour multiplier les prairies artificielles , les racines (1) ; mais l'Américain ne veut pas se donner tant de peine.

Je reprends mon voyage. Avant d'arriver à Middletown , où nous déjeûnâmes , nous arrétâmes sur la montagne qui domine cette ville , et l'immense vallée où elle est bâtie. C'est un des plus beaux , des plus riches points de vue que j'aie été à portée d'admirer en Amérique. Je ne pouvois me rassasier de la variété des scènes que ce paysage m'offroit. Middletown est bâti comme Hartford ; rues larges, arbres des deux côtés , maisons jolies.

Nous changeâmes de chevaux et de voiture à Durham ; et après avoir admiré une foule de sites pittoresques , nous vînmes dîner à Newhaven. Son université jouit d'une grande célébrité dans ce continent. Son port en est très-fréquenté ; la société y est , dit-on, infiniment agréable. Newhaven a produit un poëte célèbre , *Trumbull*, auteur de l'immortel poëme de *Macfingal*, qui rivalise, s'il ne surpasse pas en fine plaisan-

(1) J'ai vu , par exemple, dans un jardin du New-Hampshire , des racines de disette qui pesoient de 8 à 10 livres.

terie, le fameux *Hudibras*. — Le colonel
Humphreys, dont M. Chatellux a traduit un
poëme estimé en Amérique, est aussi né
dans cette ville. Le collège est présidé par un
savant respectable, M. *Stiles*.

Il fallut quitter cette charmante ville pour
arriver au gîte du soir, qui nous étoit destiné
à Fairfield. Nous passâmes ce bac incommode de Stratford, dont j'ai déjà parlé.
Assaillis ensuite par un orage violent, nous
en fûmes assez bien garantis dans la voiture,
par un double rideau de cuir qui s'attachoit
endehors : le cocher ne voulut point arrêter;
et, quoique percé par la pluie, il continua
sa route par la nuit la plus obscure. Le ciel
nous préserva d'accident, et j'en fus étonné.

Nous passâmes la nuit à Fairfield, ville
malheureusement célèbre dans la dernière
révolution. Elle éprouva toute la rage des
Anglois, qui la brûlèrent. On voit encore des
vestiges de cette fureur infernale. La plupart des maisons sont rebâties ; mais ceux
qui l'ont vue avant la guerre, regrettent son
ancien état, l'air d'aisance et même d'opulence qui la distinguoit. On me montra celle
du plus riche habitant, où étoient accueillis
tous les gens en place, tous les voyageurs

de distinction , où avoit été plusieurs fois
fêté l'infâme *Tryon* qui commandoit cette
expédition de Cannibales. Oubliant toute
reconnoissance , tout sentiment d'honnêteté
et d'humanité , il traita avec la dernière rigueur la maîtresse de cette maison, qui l'avoit
reçu comme un ami; et après lui avoir donné
sa parole de respecter sa maison , il y fit
mettre le feu.

A Fairfield finit l'agrément de notre voyage.
Depuis cette ville jusqu'à Rye , pendant 33
milles , nous eûmes à lutter contre les rochers, les précipices. Je ne savois lequel
admirer le plus , ou de la hardiesse du conducteur, ou de son adresse ; je ne conçois
pas comment vingt fois il ne brisa pas la
voiture , comment ses chevaux pouvoient se
retenir, en descendant *des escaliers de rochers* ; je dis *escaliers*, et le mot n'est point
exagéré. Il est un de ces rochers ou précipice
remarquable , qu'on appelle *Horseneck*, et
qui offre une chaîne de rocs en pente : si les
chevaux glissoient, la voiture culbuteroit
dans une vallée de 2 à 300 pieds de profondeur.

Ce précipice effrayant a été témoin d'un
acte d'intrépidité du général le plus hardi

qu'ait produit l'Amérique ; je parle du général *Putnam*. Pour le bien concevoir , il
faut se faire une idée du terrein. Imaginez
un plateau , à l'extrémité duquel est une
église, qui domine sur une vallée presqu'à
pic. Pour la commodité des gens de pied ,
venant de la vallée à l'église , on avoit pratiqué , dans l'endroit le plus rapide de la
pente, une centaine de marches en pierre.
Mais pour arriver de la vallée à ce plateau,
les chevaux et les voitures étoient obligés
de suivre une spirale, longuement prolongée
autour de la montagne. Putnam étant avec
une centaine de chevaux , fut surpris à peu
de distance de *Horseneck*, par le gouverneur
Tryon , qui le poursuivoit vigoureusement,
à la tête de 1500 hommes. Arrivé à l'extrémité du plateau, il vit que, s'il suivoit le chemin ordinaire , il seroit infailliblement at-
teint par les Anglois. Résolu de périr ou de
se sauver, il prit sur le champ son parti ; il
se précipita avec son cheval du côté de l'es-
calier de pierre. Soit bonheur , soit l'habitude
qu'ont les chevaux américains de franchir ces
montagnes , il arriva sans accident : on de-
vine bien que les Anglois n'osèrent pas imiter
cette intrépidité ; ils firent le grand tour, et
Putnam leur échappa.

On rapporte encore, en Amérique, avec étonnement, l'intrépidité avec laquelle il tua une louve, d'une grosseur monstrueuse, qui avoit été l'effroi de tout le Connecticut , et qui s'étoit réfugiée dans une caverne impénétrable. Il eut le courage de s'y faire descendre avec une corde, liée autour de son corps , une torche d'une main , un fusil de l'autre ; et il eut le bonheur de tuer cette bête féroce, au moment où elle se lançoit sur lui.

Je ne puis vous citer le nom de Putnam, si célèbre dans les fastes américains , sans être tenté de vous raconter de lui quelques anecdotes peu connues en Europe, et qui vous donneront une haute idée de son intrépidité ; car c'est-là le caractère distinctif de ce fameux guerrier.

S'il avoit l'intrépidité d'un Spartiate, il en avoit le laconisme énergique. Un jour on arrêta, dans son camp, comme espion , un nommé Palmer, Tory , et lieutenant dans les nouvelles levées. Le gouverneur Tryon, qui commandoit ces levées, le réclama comme un officier anglois, et lui représenta combien il seroit criminel de pendre un homme qui avoit un brevet de sa majesté, et à quelle terrible vengeance il s'exposeroit. Putnam lui répondit ces mots :

« Nathan Palmer, lieutenant au service
» de *votre* roi, a été pris dans mon camp
» comme *espion*. Il a été condamné comme
» *espion*; et vous pouvez être sûr qu'il sera
» pendu comme *espion*.

» *Signé*, ISRAEL PUTNAM ».

P ost-script. — *Après midi.*

« Il est pendu ».

Mais le trait d'intrépidité qui surpasse tous les autres, est celui d'avoir osé franchir, dans un bateau, les terribles chûtes de la rivière de Hudson : c'étoit au temps de la fameuse guerre de 1756, temps où Putnam se battoit contre les François et les Sauvages, leurs alliés. Il étoit, par hasard, avec un bateau et cinq hommes sur la rive orientale du fleuve, près des chûtes; les hommes qu'il avoit de l'autre côté de la rivière lui firent entendre, par leurs signaux, qu'un corps considérable de sauvages s'avançoit pour l'envelopper, et qu'il n'avoit pas un moment à perdre. Il avoit trois partis à prendre : rester, combattre et être sacrifié; essayer de passer à l'autre bord, et s'exposer à être fusillé,

fusillé, ou bien se hasarder à franchir les
chûtes, avec la certitude presqu'entière d'y
être englouti. Telle étoit l'alternative où il se
trouvoit. Il ne balança pas, il s'élance dans
le bateau, et si bien lui en prit, qu'un de
ses compagnons, qui s'étoit un peu écarté,
n'eut pas le temps de le rejoindre, et fut la
victime de la barbarie des sauvages. Ils arrivèrent encore assez à temps pour faire feu
sur le bateau, avant qu'il pût s'éloigner;
mais à peine fut-il mis hors la portée du
fusil, par la rapidité du courant, que la mort
que Putnam avoit évitée, se présenta à lui
sous des formes plus terribles. — Des rochers
dont la pointe s'élevoit au-dessus des eaux;
des masses d'arbres engloutis, des goufres
absorbans, des descentes rapides, pendant un
quart de mille, ne lui laissoient pas l'espoir
d'échapper sans miracle. Cependant Putnam,
se fiant à l'appui de la Providence, dont il
avoit si souvent éprouvé la protection, se place
tranquillement au gouvernail, et le dirige
avec le plus grand calme. Ses compagnons le
voyoient avec admiration, terreur, étonnement, éviter, avec la plus grande adresse,
les rochers, les vagues menaçantes, qui
sembloient devoir l'engloutir à chaque ins-

Tome I.   N

tant ; ils le voyoient tantôt disparoissant, tantôt surmontant les flots, et se frayant sa route au travers du seul passage qui existât, jusqu'à ce qu'enfin il eût gagné la surface unie de la rivière qui couloit au bas de la chûte. Les sauvages n'étoient pas moins surpris. Ce miracle les étonna presque autant que la vue des premiers Européens qui abordèrent ces rivages. Ils regardèrent Putnam comme invulnérable, puisqu'il avoit su franchir un torrent violent, que jamais aucun d'eux n'avoit impunément hasardé. Ils crurent qu'ils outrageroient le GRAND ESPRIT, s'ils attentoient aux jours d'un homme, qu'il protégeoit si visiblement (1).

Vous me pardonnerez sans doute cette excursion sur un homme cher aux Américains, qui jouissent encore de sa présence. Je reprends ma route.

Le plateau de Horseneck peut dédommager de leurs fatigues les amateurs des paysages et de la nature, par la vue la plus

_____

(1) Ces détails sont tirés d'un *Essai sur la vie de Putnam*, par le colonel David Humphrey, imprimé à Hartford en 1788, et dédié à la société des Cincinnati. Ces mémoires renferment d'autres anecdotes aussi intéressantes ; ils seront probablement traduits un jour.

étendue et la plus magnifique. La nature y
déploie des beautés et des horreurs. Au milieu de ces sites affreux, vous découvrez
encore des maisons, des figures humaines;
mais elles n'offrent pas l'air d'aisance et de
bonheur qui règne dans le Connecticut.
Cependant à *Horseneck* même, nous dînâmes
passablement; bonne viande, bons légumes,
bonnes gens sur-tout, et famille nombreuse,
ce qui m'étonna; mais ces Américains peuplent par-tout.

En quittant cette place, nous passâmes à
la Nouvelle-Rochelle, colonie fondée, dans
le dernier siècle, par des émigrans françois,
mais qui ne paroît pas avoir prospéré. Peut-
être est-ce le résultat de la dernière guerre;
car cette partie a cruellement souffert du
voisinage des Anglois, dont le quartier-gé-
néral étoit à New-Yorck. Peut-être est-ce à
cause du site pierreux, rocailleux, infertile;
où peut-être encore est-ce la suite de querelles religieuses qui en divisèrent les habitans, même au berceau de la colonie. Les
fondateurs de cette colonie avoient bien mal
choisi leur terrein, sous un autre point de
vue. La mer se glisse au travers de ces rochers, et laisse souvent à sec un fond ma-

récageux, qui exhale un air infect. De-là viennent, sans doute, les fièvres qui, quelquefois, y font des ravages parmi les habitans (1).

Cependant ce pays, presque désert, sera à jamais célèbre, pour avoir donné naissance à l'un des hommes qui s'est le plus signalé dans la dernière révolution ; républicain remarquable par sa fermeté et son sang froid ; écrivain distingué par son style pur et sa logique serrée (2) ; à M. *Jay*, aujourd'hui ministre des affaires étrangères (3).

L'anecdote suivante donnera une idée de la fermeté de ce républicain. Lorsqu'on voulut poser les bases de la paix de 1783, M. Vergennes, stimulé par des vues secrettes, voulut engager les ambassadeurs du Congrès à

(1) A mon second voyage, en octobre, j'y trouvai de ces malheureux, grelotans et rongés par la fièvre, *fever and ague.*

(2) Le talent de M. Jay a brillé sur-tout dans la convention de l'état de New-Yorck ; convention où l'on examina si l'on accepteroit le nouveau plan fédéral. Le gouverneur Clinton, à la tête des anti-fédéralistes, avoit une grande majorité ; mais il ne put résister, ni à la logique de M. Jay, ni à l'éloquence de son collègue, M. Hamilton.

(3) Depuis que cette lettre a été écrite, M. Jay a été nommé chef de la cour suprême des Etats-Unis.

se borner à leurs pêcheries, et à renoncer au territoire de l'ouest, c'est-à-dire, au vaste et fertile terrein qui est au-delà des Alleghenis. Ce ministre exigeoit sur-tout que l'indépendance de l'Amérique ne fût pas une des bases du traité de paix, mais simplement qu'elle fût conditionnelle. Pour réussir dans son projet, il falloit gagner MM. Jay et Adams. M. Jay dit nettement à M. Vergennes qu'il aimeroit mieux perdre la vie que de signer un pareil traité; que les Américains se battoient pour leur indépendance, et qu'ils ne poseroient pas les armes qu'elle ne fût pleinement consacrée; que la cour de France l'avoit elle-même reconnue, et qu'il y auroit de la contradiction dans sa conduite à s'en écarter. Il ne fut pas difficile à M. Jay d'entraîner M. Adams dans son parti; et jamais M. Vergennes ne put vaincre sa fermeté.

Admirons ici l'étrange enchaînement des affaires de ce monde. Le ministre américain, qui forçoit le ministre françois de ployer, qui imposoit des loix au ministre anglois, est le petit-fils d'un François réfugié, dans le dernier siècle, à la Nouvelle-Rochelle. Ainsi le fils d'un de ces hommes que Louis XIV persécutoit avec un acharnement imbécile, faisoit respecter ses décisions dans le palais même de ce souverain, cent ans après le bannissement de son ayeul.

M. Jay fut également inébranlable à tout ce que put lui dire le ministre de l'Angleterre, que M. Vergennes avoit su gagner. Il lui prouva qu'il étoit de l'intérêt des Anglois même que les Américains fussent indépendans, et non dans un état qui les rendît dépendans de leur allié. Il le convertit, et l'emporta; car ce raisonnement détermina le conseil de Saint-James. Quand M. Jay passa en Angleterre pour revenir en Amérique, le lord Shelburne désira le voir. Accusé par sa nation d'avoir plus accordé qu'on ne lui demandoit dans le traité de paix qu'il avoit conclu, il desiroit savoir si, dans le cas où il eût persisté à ne pas céder aux Américains le territoire de l'ouest, ils eussent continué la guerre. M. Jay lui répondit qu'il le croyoit, et qu'il le leur auroit conseillé. Ainsi le sort de l'Amérique actuelle a dépendu d'un seul homme.

On compte 31 milles depuis Rye jusqu'à New-Yorck. Le chemin est bon, uni, sur un sol graveleux. On arrête dans une des meilleures auberges que j'aie trouvées en

Amérique. Elle est tenue par madame *Ave-land*. Nous eûmes un excellent dîner, et il n'étoit pas cher. Deux autres agrémens nous parurent encore plus précieux, et nous firent chérir la maison. La maîtresse avoit un air infiniment gracieux et prévenant, et elle avoit une fille charmante, bien faite, bien élevée, touchant très-bien le *forte-piano*.

Avant que d'arriver à New-York, nous passâmes au travers de ces lieux, que les Anglois avoient si bien fortifiés, lorsqu'ils en étoient les maîtres. On voit encore les redoutes et les différentes fortifications qu'ils avoient construites, et qui attestent à l'œil de l'observateur, la démence de cette guerre *fratricide*.

N 4

LETTRE VI.

Voyage de Boston à New-Yorck, par Pro-
vidence (1).

JE partis le 12 octobre, par une voiture à quatre chevaux. On compte 45 milles de Boston
à Providence. Le propriétaire de la voiture,
sans excéder ses chevaux, nous rendit à six
heures du soir, et nous étions partis à sept
heures et demie : elle me coûta 15 schellings,
monnoie de Massasuchett. La route est généralement bonne ; sol pierreux et graveleux,
quelquefois du sable, annoncé par des bos-
quets de pin. Les campagnes qui bordent la
route, ne me parurent ni fertiles ni bien peu-
plées. J'y vis des masures, des enfans cou-

(1) Quoique ce voyage ait été fait après l'époque à
laquelle ont été écrites les lettres qui suivent, j'ai cru devoir
l'insérer ici, parce qu'il peut servir de pendant à la description du voyage par terre, et qu'étant ainsi rapprochés,
on pourra les comparer plus aisément.

verts de guenilles, cependant ayant de l'embonpoint et des couleurs.

Le silence qui règne, pendant le dimanche,
dans toutes les villes de l'Amérique, régnoit
encore le lundi à Providence. Tout y annonçoit le déclin des affaires. Peu de vaisseaux
se montroient dans son port. On y bâtissoit
cependant deux distilleries, comme si les
manufactures de ce poison n'étoient pas
déjà assez nombreuses dans les États-Unis.
Soit prévention, soit réalité, je crus voir
par-tout le silence de la mort, l'effet du
papier-monnoie. Je crus voir sur les visages,
cet air qu'on prête aux Juifs, et qui est le
résultat de l'habitude de tout commerce
fondé sur la friponnerie, ou au moins sur
la finesse. Je crus voir aussi par-tout les
effets du mépris qu'avoient les autres
états pour cet état, et de la conscience
qu'avoient les habitans, qu'ils méritoient
ce mépris.

Le papier-monnoie étoit, à cette époque,
dans le plus grand discrédit. Une piastre
d'argent valoit dix piastres de papier. — Je
m'informai du prix des denrées; le beurre
valoit 6 à 7 sols la livre; le bœuf, mouton, etc., 2 à 3 sols; le bois de chêne, de

8 à 10 livres la corde. Il y avoit deux prix,
comme vous le devinez bien ; on stipuloit le
mode de paiement.

Je partis de Providence le mardi à onze
heures du matin, par le paquebot de New-
Yorck. Je perdis le lundi, parce que le capitaine n'avoit pas completté son chargement.
Ce n'est pas un des moindres inconvéniens
de cette manière de voyager, que de dépendre de la fantaisie et de l'intérêt d'un capitaine. On peut aller de Providence à New-
Port par terre. — Je préférai le paquebot.
Nous arrivâmes à six heures et demie du
soir, et pendant deux heures, nous eûmes
vent contraire. On compte 30 milles d'une
ville à l'autre. On ne perd jamais la terre
de vue ; mais elle ne m'offrit rien de pittoresque ou de curieux dans les sites. Peu de
maisons, quelques arbres, un fond de sable,
une terre maigre, voilà ce qu'on apperçoit.

L'état de Rhode-Island est regardé, dans
les États-Unis, comme possédant les meilleurs ports. En effet, Newport semble destiné, par la nature, à être un port considérable; le fonds y est bon, et capable de recevoir les plus grands vaisseaux.

Cette ville joua un rôle assez considérable

dans la dernière guerre ; elle étoit florissante
alor . Le séjour successif des armées américaine , angloise (1) et françoise , y jeta
un argent considérable.

Tout a changé depuis la paix (2). La solitude qui y règne , et qui n'est interrompue
que par des grouppes d'hommes oisifs , pas-
sant les jours entiers les bras croisés au coin
des rues ; le délabrement de la plupart des
maisons ; l'appareil misérable des boutiques ,
qui ne présentent que des étoffes grossières ,
des paquets d'allumettes et des paniers de
pommes ou d'autres marchandises de peu
de valeur ; l'herbe qui croît dans la place ,
vis-à-vis la cour de justice ; les rues mal
pavées et boueuses ; les guenilles suspendues
aux fenêtres, ou bien qui couvrent ou des femmes hideuses , ou des enfans étiques , ou des
hommes pâles, haves, dont les yeux enfoncés
et les regards équivoques , mettent mal aise
l'observateur ; tout annonce la misère , le

(1) Les anglois y détruisirent tous les arbres fruitiers et
les autres arbres ; ils se plaisoient à tout dévaster.

(2) Cette ville a dû encore une partie de sa prospérité à la
traite des noirs , qui s'y faisoit avec succès , et qui y est
maintenant éteinte.

règne de la mauvaise foi, et l'influence d'un mauvais gouvernement.

Je visitai le marché. Grand Dieu ! quelle différence à ceux de Boston ou de Philadelphie ! Quelques morceaux de viande médiocre attendoient des acheteurs qui ne venoient point. J'en demandai la raison à un Américain, qui étoit parfaitement instruit de la situation de ce pays. — Il me dit, que la plupart des habitans vivoient de poisson qu'ils alloient pêcher eux-mêmes, de pommes de terres et de quelques autres végétaux, qu'ils arrachoient à peine de leur jardin. — Peu mangeoient de la viande. Les laboureurs n'envoyoient plus de bœufs ni de moutons au marché. Le papier-monnoie, ou plutôt la mauvaise foi, étoit la principale cause de cette misère. Newport me paroissoit ressembler à un tombeau, où des squelettes vivans se disputoient quelques herbes. Il me rappela la peinture faite de l'Egypte, par M. Volney. Il sembloit voir une ville dont la peste et le feu avoient dévoré les habitans et les maisons.

Vous en aurez vous-même une image exacte, en vous rappelant, mon ami, l'impression que fit sur nous la vue de Liège. Rappelez-vous cette foule de mendians, qui

se succédoient sur la route pour nous im-
portuner ; cet amas irrégulier de maisons
gothiques, enfumées, délabrées, ayant des
fenêtres sans vîtres, des toits à moitié découverts. Rappelez vous les figures, ayant à
peine le caractère de l'humanité, montrant
à chaque porte une peau jaune, perçant au
travers d'une couche de noir, occasionnée
par le charbon de terre; une foule d'enfans
en guenilles ; les ponts et les maisons tapissés
de haillons ; enfin, représentez-vous l'asyle
de la faim, de la coquinerie, de l'effronterie
qu'inspire la misère générale, et vous vous
rappelerez Liège, et vous aurez une image
de Newport ; et cependant ces deux places
sont dans une situation heureuse pour le
commerce, et dans un terrain qui n'est pas
infertile. Mais à Liège, les productions du
pays servent à contenter les fantaisies d'une
cinquantaine de fainéans ecclésiastiques,
qui, profitant des antiques préjugés religieux,
se vautrent dans les plaisirs, au milieu de
malheureux qui meurent de faim (1). A New-

___

(1) Lorsque j'écrivois ces lignes, j'étois loin de prévoir
la révolution de Liège. La liberté y déploye ses drapeaux.
Fasse le Ciel qu'elle triomphe et achève son ouvrage!

port, le peuple, trompé par deux ou trois fripons, a lui même causé sa misère, et détruit les bienfaits dont la nature l'avoit gratifié. Il a lui-même sanctifié la mauvaise foi, et cet acte l'a rendu odieux à tous ses voisins, a éloigné de son enceinte le commerce, les affaires; a détruit, par-là même, les canaux qui servoient à l'écoulement de ses productions et à l'importation de ce numéraire, dont l'abondance rendoit ce pays si florissant.

Relisez maintenant, mon ami, la description séduisante que M. de Crevecœur a donnée de cette ville et de cet état; il n'a point exagéré: tous les Américains à qui j'en ai parlé, m'ont vanté sa splendeur ancienne et ses avantages naturels, soit pour la culture, soit pour le commerce, soit pour l'industrie, soit enfin pour toutes les jouissances de la vie. *Je n'ai fait que passer, elle n'étoit déjà plus.* A deux milles de Newport, j'ai vu les débris d'une magnifique maison, qui avoit appartenu à un quaker, et que le feu avoit détruite. De vastes fragmens avoient résisté aux flammes; le jardin en existoit encore, et attestoit, malgré son délabrement, les travaux anciens, les soins, les

dépenses du maître, et la fertilité du terrein.
—Voilà le tableau en abrégé de tout cet état.
Le papier-monnoie y a causé les mêmes
ravages que le feu dans la maison du quaker.
Il a étouffé le commerce externe, l'industrie
et le travail. On ne vend rien, on ne travaille
point, de peur de s'exposer à recevoir son
prix ou son salaire dans cette monnoie discré-
ditée. Le trafic de détail résiste seul, et se
traîne encore, parce qu'il ne se fait qu'argent comptant. Le marchand échappe à la
loi, en ne livrant sa marchandise que contre
du numéraire; mais l'ouvrier, qui n'est jamais salarié qu'après le travail, refuse de
travailler, parce qu'il craint d'être payé en
papier-monnoie.

Je remarquai que les marchandises qui se
vendoient argent comptant, étoient plus
chères et bien inférieures à celles du Massasuchett; c'étoit un effet naturel. Dans un
pays où régnent la misère et la mauvaise foi,
le détaillant du pays fait payer cher son
risque, et le marchand du dehors envoie
des qualités inférieures; parce que le commerçant suppose qu'un peuple misérable et
de mauvaise foi, fait moins d'attention à la
bonté des étoffes.

L'origine de ce papier-monnoie, prouve combien des hommes pervers et déliés peuvent aisément tromper un peuple ignorant.

Deux habitans de cet état, fort accrédités parmi le peuple, avoient, pendant la dernière guerre, acheté une grande quantité de terres. A la paix, les profits diminuèrent, et avec eux, la possibilité de payer le prix de ces terres. Ne voulant pas cependant s'en laisser dépouiller, ils imaginèrent de solliciter une loi qui établissoit le papier-monnoie. Ayant une grande influence parmi le peuple, et par conséquent dans l'assemblée législative, ils firent passer la loi. Ils obtinrent ensuite du gouvernement une grande quantité de ce papier-monnoie, en donnant pour sûreté les contrats de terre qu'ils avoient. Ils profitèrent aussi de la même voie, pour rassembler, dans la campagne, une grande quantité de bétail, le payèrent en papier, l'envoyèrent aux Indes occidentales, furent payés en sucre, en mélasse, qu'ils donnèrent encore en paiement à leurs créanciers, en les leur vendant à un prix énorme. La mauvaise foi la plus insigne prévalut à cette époque dans cet état. On ne vit plus que des procès, où l'on offroit des chiffons

chiffons de papier, pour se délivrer des obligations les plus sacrées.

Le commerçans payèrent de même et les dettes étrangères, et le commerce étranger; et l'on ne permit pas au commerce étranger de payer les habitans de Rhole-Island avec le même papier. Car des citoyens du Massasuchett, qui devoient à cet état, ayant acheté de ce papier, et voulant payer ainsi leurs dettes, les fripons, qui gouvernoient l'état de Rhode-Island, s'apperçurent que, si l'on toléroit ces représailles, leur manœuvre tourneroit au profit de leurs voisins; et en conséquence, ils firent passer une loi, qui défendit aux étrangers de payer les habitans de Rhode-Island en papier-monnoie. Que résulta-t-il de cette friponnerie, sanctionnée par la loi? Une indignation générale contre cet état, le cri universel du commerce; et l'importation cessa. On y transportoit ci-devant des bois des états de l'est; ce transport cessa; le commerce fut même interrompu entre les habitans. La défiance s'empara de tous les esprits; la mauvaise foi étant un moyen général, chacun s'en servit et le craignit; les honnêtes gens fermèrent leur porte. Telle étoit la cause de cette solitude et de

Tome I. O

cette misère que j'avois apperçues. L'argent ne circuloit point, et tout étoit mort. Les fripons eux-mêmes, qui avoient provoqué la loi, sembloient en demander la révocation, pour jouir en sûreté du fruit de leurs friponneries.

D'autres causes se joignirent encore au papier-monnoie, ou plutôt d'autres effets en résultèrent, pour agraver la calamité publique. Il n'y avoit point d'écoles publiques, point d'instruction publique par les gazettes, et presque point de culte public. Les ministres n'avoient point de salaire qui pût les mettre à portée de subsister, ou ils étoient payés en papier-monnoie.

Eh! peut-il exister un culte public, quand on bannit généralement la bonne foi? Peut-on s'occuper d'établissemens d'éducation, quand on foule aux pieds la morale? S'il n'y a plus de morale parmi les hommes, que devient la vertu des femmes? que devient le patriotisme? Peut-on donc parler de patriotisme dans Rhode-Island? La patrie suppose des frères, un intérêt commun; la mauvaise foi fait d'une société, une horde d'ennemis.

Le peuple avoit d'ailleurs trop d'influence sur le gouvernement et sur les magistrats. Les

membres de l'assemblée étoient choisis tous
les six mois, et cette rotation fréquente forçoit les candidats à caresser sans cesse le
peuple. Il élisoit de même les juges tous les
ans, et souvent choisissoit des hommes
ignorans ou pervers, qui rendoient les juge-
mens les plus absurdes et les plus injustes.
Ces juges étant dans la dépendance ou du
peuple ou de ceux qui le dirigeoient, étoient
obligés, pour être continués, de chercher
à leur plaire; aussi la justice étoit-elle ou
vénale ou partiale. Il en résultoit que le
peuple avoit le plus grand mépris pour les
juges, qu'il n'avoit aucun respect pour la
loi, qu'il la bravoit. On n'appercevoit aucune subordination, aucune marque de
respect: l'homme le plus vil insultoit souvent
le ministre de la loi. On voyoit des procureurs
injurier grossierement et avec impunité les
juges.

Je ne concevois pas, d'après ce tableau,
comment on pouvoit vivre tranquille à Newport; car il n'y avoit aucun frein, point de
religion, point de morale, point de loi, point
de magistrats respectés, point de milice.

Le feu prit à une maison; j'y allai pour
étudier le peuple: on couroit, on s'agitoit.

Dans le désordre, les enfans sautoient de plaisir : cependant on travailloit avec ardeur; les pompes arrivèrent, et quoique sans aucun ordre, on parvint à éteindre le feu. Je remarquai avec plaisir cet empressement et ce zèle : ce spectacle me consola ; je pensai que toute vertu n'étoit pas éteinte dans les habitans de cet état.

L'état de Rhode-Island ne se relevera, qu'en ôtant de la circulation le papier-monnoie, qu'en réformant son gouvernement. Il faut que ses magistrats soient hors de la dépendance du peuple, et que les membres de l'assemblée ne soient pas si souvent élus.

Il est inconcevable que tant d'honnêtes gens qui gémissent sous l'anarchie actuelle, que tant de quakers qui composent le fonds de la population de cet état, ne se soient pas encore ligués, pour amener cette réforme (1).

Je ne doute point que, si cette réforme ne s'exécute promptement, cet état ne se

_____

(1) Elle n'est pas éloignée. L'état de Rhode-Island vient de prendre une résolution, pour accéder au nouveau système fédéral. Ce fait prouve que les bons principes prédominent enfin, et que les abus particuliers vont disparoître.

dépeuple. La plupart des colons du Muskingum, près de l'Ohio, sont sortis de son sein. Le colonel *Varnum* étoit à leur tête. Des familles nombreuses se disposent encore à cette émigration. Presque tous les honnêtes gens, dégoûtés de l'anarchie où croupit cet état, quitteroient Newport, s'ils pouvoient vendre leurs propriétés.

Je ne doute point encore que l'exemple de Rhode - Island ne prouve, aux yeux de bien des gens, que le gouvernement républicain est un gouvernement désastreux. On auroit tort de le croire; cet exemple prouve seulement qu'il ne doit point y avoir de rotations trop fréquentes dans le pouvoir législatif; qu'il ne doit point y avoir d'instabilité dans le pouvoir exécutif; qu'il y a autant de danger à mettre les magistrats dans une trop grande dépendance du peuple, qu'à trop affoiblir cette dépendance; il prouve, en un mot, contre la démocratie *pure*, et non contre une démocratie *représentée*; car une représentation de six mois n'est que le gouvernement du peuple même. La représentation n'est alors qu'une ombre qui passe trop vite, pour exister et créer par elle-même. Par conséquent cet exemple ne

.... le système sage d'une
.... durable, plus indépendante, ... le vrai gouvernement
républicain , ... que celui des autres États-
Unis.

Cependant, au milieu de ces désordres, on
n'entend point parler ici de vols, ni de meur-
tres , et pas même de mendicité ; car l'Américain pauvre, ne se dégrade pas jusques-là,
jusqu'à abjurer toute équité, toute honte ;
et c'est le trait qui met encore une différence entre Newport et Liège, que je vous
peignois tout-à-l'heure. L'Américain ne men-
die pas, ne vole pas ; c'est que l'ancien sang
américain coule encore dans les veines des
habitans de Rhode-Island ; c'est que les hommes de la campagne n'éprouvent pas la même
misère, n'ont pas la même mauvaise foi que
ceux des villes. ....

   Condamné, par les vents contraires, à séjourner pendant six jours à Newport, j'y
aurois péri d'ennui, si je n'avois eu livres, plume et encre. La taverne où je lo-
geois, étoit remplie de voyageurs, de marins:
leur conversation, que je pris plaisir à suivre
d'abord, me devint ensuite très-fatiguante,
et je me trouvai très-heureux d'obtenir un

petit cabinet, où je pouvois méditer et écrire, sans être interrompu.

J'eus le temps de réfléchir sur les inconvéniens des voyages par mer, et de me convaincre qu'il valoit bien mieux prendre les diligences. Leur départ est certain, les vents sont incertains. A terre, vous avez presque la certitude de n'être point malade ; vous pouvez l'être sur mer, sur-tout si le temps est gros : à terre, vous reposez chaque nuit dans de bonnes ou médiocres auberges ; sur mer, vous êtes balotté souvent dans une mauvaise cabane : à terre, vous avez la chance de trouver autant de bons que de mauvais dîners ou soupers ; sur mer, vous n'avez souvent que de mauvaise viande et un capitaine bourru. Il est d'ailleurs très-désagréable d'être jour et nuit en compagnie de personnes qu'on ne connoît point, de pouvoir difficilement changer de linge, écrire ou lire. — Cette manière de voyager est sur-tout incommode pour les femmes ; aussi ne leur conseillerai-je jamais de venir par mer à New-Yorck ; la route de terre, quoique rude et souvent désagréable, leur offrira moins d'inconvéniens. Les paquebots ne peuvent être utiles que pour transporter les gros bagages, ou convenables

O 4

que pour les hommes, que l'habitude met au-dessus des inconvéniens.

Newport a d'ailleurs un désavantage considérable, pour ceux qui veulent aller à New-Yorck ; on ne peut en sortir par les vents d'ouest et de sud-ouest, et ils sont fréquens. On ne peut ensuite en sortir dans l'après-dîner ou le soir, parce qu'à 30 ou 40 milles, sont des îles, qui peuvent être dangereuses en cas de tempête.

Je vis à Newport, un nègre de vingt mois, qui répétoit tout ce qu'on lui disoit, entendoit bien, obéissoit, contrefaisoit le singe, dansoit, etc. Il donnoit des marques d'une intelligence extraordinaire. On s'amusoit à le faire obéir au premier mouvement, et surtout à lui faire décomposer ses traits. Cet amusement me parut cruel et inconséquent. Il résulte du mépris qu'on conserve encore pour les nègres, et que les Américains, plus que les autres, doivent abjurer, s'ils veulent être conséquens. Il accoutume les enfans à trop de servilité, et des Américains doivent bannir, même de leurs jeux, l'image de cette servilité.

J'eus occasion, à Newport, d'entendre le docteur *Murray*, célèbre en Amérique par

sa doctrine sur le salut universel (1). Cette
doctrine l'a fait excommunier par toutes les
autres sectes, en sorte qu'à présent, il n'a
point d'église, et qu'il fait le métier de prédicateur ambulant. A Newport, il prêcha
dans la salle, où s'assemble la cour de justice. L'auditoire étoit nombreux. J'y vis des
femmes jolies, avec de vastes chapeaux à la
mode, et bien mises ; ce qui m'étonna, car jusqu'alors je n'avois vu que des figures hideuses
et des guenilles. La plupart des hommes qui
assistoient à ce sermon, avoient cependant
l'air misérable. Le docteur débuta, en priant
ses auditeurs de n'être point étonnés de la
singularité du lieu, où il les rassembloit, pour
adorer l'Eternel, parce qu'il pouvoit être
adoré par tout, étant par-tout. Il lui adressa
une prière très-longue, que chacun entendit

____

(1) M. Châtellux parle, dans ses voyages, à l'article de
Portsmouth, dans le New-Hampshire, d'un particulier,
appelé, je crois, dit-il, André, qui étoit célèbre par ses
prédications sur la même doctrine. Je n'ai jamais entendu
citer le nom de cet André, et je serois d'autant plus porté
à croire que ce voyageur s'est trompé de nouveau, que
Murray étoit alors ministre au Cap-Anne, et très-connu
dans le New-Hampshire.

Voyez les voyages de M. Châtellux, tome 1er, pag. 183.

debout; ce qui me paroissoit fort génant. Je n'ai jamais bien conçu pourquoi les réformateurs de l'église, qui ont tant reformé d'abus, ont gardé celui de se tenir debout par respect.

Après quelques chants, le docteur entama sa doctrine sur le salut, sur le purgatoire, etc. Il prétendit prouver que Dieu aimoit tout le monde, et qu'il vouloit sauver tout le monde, au moins ceux qui étoient droits de cœur. Mais quand il vint à la question, s'il sauveroit ceux qui ne croyoient pas au Christ, il s'enveloppa dans des distinctions que je ne pus comprendre, et il me parut qu'il excluoit du salut, ceux qui ne croyoient pas à la Bible. Cependant, pour les consoler, il promit à ces incrédules, qu'ils ne seroient point dans un enfer éternel, mais dans le purgatoire.

Ce qui distinguoit ce docteur des autres ministres, n'étoit pas seulement sa doctrine, mais sa manière de déclamer; il faisoit beaucoup de gestes; il avoit des inflexions théâtrales. — Il avoit tantôt un style trivial et comique, et tantôt un style empoulé; il entremêloit sa doctrine d'historiettes, qui me parurent plaire au peuple. Au surplus, il ne

demandoit aucune rétribution, et prêchoit
gratis, ce qui peut-être plaisoit davantage.

Les vents de sud-ouest soufflant constamment, je fus retenu, jusqu'au samedi 18, à
Newport. Enfin, nous mîmes à la voile sur
le minuit. Le capitaine ne voulut pas partir
plutôt, parce qu'il craignoit de toucher, dans
l'obscurité, sur *Block-Island*. Le vent et la
marée nous faisant faire 9 à 10 milles par
heure, nous marchions rapidement, et je
croyois arriver dans la nuit suivante à New-
Yorck ; je le désirois d'ailleurs, car le mouvement trop rapide du vaisseau m'avoit
rendu malade ; mais le capitaine ne voulut
pas satisfaire mon impatience. Il craignoit
l'espèce de gouffre, appellé *hell's gates* ou
portes d'enfer, qui est à 8 milles de New-
Yorck, et en conséquence, à huit heures
du soir il jetta l'ancre. A six heures du matin
on la leva, et nous arrivâmes à ces terribles
portes d'enfer. C'est une espèce de passage
très-étroit, pratiqué par le rapprochement
des terres de New-Yorck et de Long-Island,
embarrassé par des rocs qui sont cachés par
la haute-mer. Le tournoiement de ce gouffre
est peu sensible, lorsque la marée est basse ;
mais il n'est pas surprenant que des vaisseaux

qui ne connoissent pas cette route, s'y perdent à marée haute. On m'a cité une frégate
angloise de 40 canons, qui, dans la dernière
guerre, y avoit péri. On voit que ces portes
d'enfer sont un nouvel obstacle à la navigation de ce détroit. Du reste, il n'est pas
rare de parcourir, en été, en moins de vingt
heures, ces 200 milles, quand on est favorisé
par la marée et par le vent ; mais on a toujours une plus grande chance, en venant de
New-Yorck, qu'en y allant.

Quand on approche de cette ville, les
côtes de cet état et celles de Long-Island se
rapprochent, et présentent le spectacle le
plus agréable. Elles sont ornées de jolies
maisons, bien champêtres. Long-Island est
célèbre, comme on sait, par sa culture.

Le prix du passage, quand on vient de
Providence et qu'on est nourri, est de 6 piastres et demie, ou 34 livres 2 sols 6 deniers.

Je dois dire un mot des paquebots de cette
partie de l'Amérique, et des facilités qu'ils
offrent.

Quoique, dans mon opinion, il soit plus
avantageux et souvent moins dispendieux de
préférer la voie de terre, cependant je dois
des éloges à la propreté et à l'ordre qui ré-

gnent dans ces paquebots. Celui qui m'amena,
contenoit, dans la cabane, quatorze lits en
deux rangs, l'un sur l'autre : chacun avoit
sa petite fenêtre. La chambre étoit très-bien
aérée, en sorte qu'on ne respiroit point cet
air nauséaboud, qui infecte les paquebots
de la Manche. Elle étoit bien vernissée; on
avoit pratiqué à la poupe deux enfoncemens
très-commodes, pour servir de lieux privés.
Le capitaine, deux hommes, et un nègre
cuisinier, formoient tout l'équipage. Les
vivres y étoient bons. Je n'eus à me plaindre
que des lenteurs ordinaires aux marins.

Il n'est pas de petite ville sur toute cette
côte, qui n'ait des paquebots semblables,
allant à New-Yorck, comme Newhaven,
New-London, et tous ont la même propreté,
les mêmes embellissemens, offrent les mêmes commodités aux voyageurs. On peut
assurer qu'il n'y a rien de semblable dans
l'ancien continent.

J'arrivai à temps à New-Yorck. Une tempête violente, qui dura vingt-quatre heures,
se déclara deux heures après. Un Européen
s'imagine, la première fois qu'il est témoin
de ces terribles ouragans, que la maison de
bois qui le renferme, ne pourra résister à
leurs fureurs.

LETTRE VII.

Sur New - Yorck.

Août 1788.

JE relis, mon cher ami, la description donnée par M. Crevecœur, de cette partie des Etats-Unis; et après en avoir comparé tous les articles avec ce que j'ai vu, je dois vous avouer, que tous les traits de son tableau sont fidèles.

Rien de plus magnifique que la situation de cette ville, entre les deux majestueuses rivières du nord et de l'est. La première la sépare des Jerseys. Elle est si profonde, que les vaisseaux de ligne y mouillent. J'ai, dans ce moment, sous mes yeux, un navire françois de 1200 tonneaux, destiné au commerce des indes orientales, qui vient s'y réparer. Deux inconvéniens s'y font cependant éprouver; la dérive des glaces dans l'hiver, et les vents violens de nord-ouest. Les bâtimens remontent, à l'aide de la marée, jusqu'à Albany, ville située à 170 milles de New-Yorck.

Albany est sur la rivière des Mohawks, qui

se jette dans la rivière du nord ; c'est la principale ville de ce pays , dont M. Crevecœur
a donné un tableau si séduisant , et dont il
a transformé les hivers si rigoureux , dans
une saison si délicieuse, pour des hommes
qui n'aiment que les plaisirs de la nature.

Albany le cédera bientôt, pour la prospérité, à une ville bâtie à quelque distance de
la rivière de Hudson. Sur le sol qu'elle couvre,
on ne voyoit, il y a quatre ans, qu'une simple ferme ; aujourd'hui l'on y voit des cen-
taines de bonnes maisons, un hôtel-de-ville,
des fontaines publiques. Plus de 50 navires
appartiennent à ses habitans , et exportent
aux îles et jusqu'en Europe les productions
américaines. Deux vaisseaux baleiniers sont
du nombre ; ainsi cette ville nouvelle , dont
on doit la fondation à des quakers, a déjà le
commerce le plus florissant. Leurs bâtimens
n'hivernent point inutilement, comme ceux
d'Albany, dans leurs ports. Ils commercent,
pendant cette saison , dans les indes occidentales.

Pough-keepsie, sur la même rivière, ville
où s'est assemblé la fameuse convention, qui
a adopté le nouveau plan fédéral , a doublé
de population et de commerce. L'inertie des

habitans d'Albany, pour le commerce étranger, peut être attribuée à la richesse de leurs terres. La culture les absorbe, et ils n'aiment pas à se livrer aux hasards des mers, pour une fortune qu'ils peuvent aisément tirer du sol fertile qui les environne.

La fertilité de ce sol, la quantité de terres à défricher, les avantages qu'elles offrent, attirent des émigrans de ce côté. Des établissemens s'y forment, mais lentement, parce que les autres états présentent, sinon d'aussi bonnes terres, au moins des avantages pour la culture, inconciliables ici avec la longueur et le froid excessif des hivers.

Si cette partie de l'Amérique vient à se peupler, la rivière du nord offrira le plus beau canal pour l'exportation de ses denrées. Navigable pendant plus de trois cens milles, depuis son embouchure dans l'océan, elle communique, par la rivière des Mohawks, avec les lacs Oneyda, Ontario, et par conséquent avec le Canada. Les chûtes qui s'y rencontrent, et sur-tout la fameuse chûte du Cohos, pourront être un jour vaincues par les canaux, si faciles à construire dans un pays, où se trouvent beaucoup d'hommes et un vaste numéraire.

Par

Par la rivière de Hudson, on communique, d'un autre côté, avec le Canada, par les lacs George et Champlain.

C'est cette situation qui doit rendre New-Yorck l'entrepôt du commerce des pelleteries de tous les états du Nord, au moins tant que subsistera ce commerce, qui suppose et la durée de l'existence des peuples sauvages, et de grandes étendues de terrein non défriché.

Par la rivière de l'Est, l'état de New-Yorck communique avec Long-Island et tous les états du nord. Elle offre des ports excellens, des attérages profonds. Les vaisseaux de ligne y viennent mouiller près de ses quais, et y sont à l'abri de ces vents, qui causent quelquefois de si terribles tempêtes sur ces côtes (1).

Cette communication, par la rivière de l'Est, n'offre qu'un obstacle, mais il est terrible; c'est celui du *tournant* dont je vous ai parlé, de ces fameuses *portes d'enfer*.

_____

(1) Le 19 août 1784, New-Yorck éprouva un ouragan affreux, qui déracina des arbres, emporta des toîts, renversa des barrières, détruisit une grande partie de la batterie de cette ville.

Tome I.   P

M. Crevecœur n'en a pas donné une description tion assez étendue ; je crois devoir y suppléer. C'est le choc des deux marées qui forme cette espèce de gouffre, appelé *pot*, qui attire avec tant de force, engloutit et précipite, au fond de l'abîme, les vaisseaux que l'ignorance ou l'imprudence des pilotes n'éloigne pas de son attraction perfide. Dans certaines marées, ce *pot* offre le bruit d'eaux bouillantes dans une vaste chaudière.

Au côté opposé à cet entonnoir vorace, est un récif de rochers, appelé *frying pan*, ou *poële à frire*. Ce nom lui a été donné à cause du bruit horrible que font les vagues qui viennent s'y briser; c'est le bruit de l'eau, jetté sur une pelle rouge, ou dans de l'huile bouillante.

Les vaisseaux qui ont franchi le *Siphon* que j'ai décrit, sont souvent précipités et brisés sur ce récif.

Ce n'est pas tout : un troisième danger attend les bâtimens qui ont eu le bonheur d'échapper aux deux premiers. Dans une direction oblique, entre les écueils, s'élèvent à fleur d'eau des rochers, appelés *hog's back.*

Le croirez-vous ? malgré tant d'obstacles

multipliés, des vaisseaux de ligne même ont eu l'audace de franchir ces écueils. On cite, entr'autres, l'*Expériment*, vaisseau de 50 canons ; poursuivi par des vaisseaux détachés de la flotte de M. d'Estaing, lorsqu'il bloquoit Sandy-Hook, son commandant eut l'intrépidité de hasarder ce passage, jusqu'alors marqué par des naufrages terribles pour des navires de sa force.

Cette heureuse situation de New-Yorck, vous explique les causes de son grand commerce ; et de la préférence que les Anglois lui ont toujours donnée sur les autres ports d'Amérique. Entrepôt des denrées du Connecticut et des Jerseys, il verse dans leur sein toutes les denrées européennes et des indes orientales.

Il est difficile d'avoir les calculs de l'exportation et de l'importation de cet état. Le colonel Lamb, qui est à la tête de la douane, enveloppe toutes ses opérations du plus grand mystère. C'est une suite de l'esprit hollandois, qui domine encore dans cette ville. Le Hollandois cache ses gains, son commerce, et ne vit que pour lui. Cependant je me suis procuré quelques états, que vous trouverez dans le tableau général du commerce des Etats-Unis.

Les Anglois ont une grande prédilection pour cette ville et pour ses denrées ; aussi son port est-il toujours couvert de leurs vaisseaux : ils préfèrent son bled même. Les marchands américains en font venir de Virginie , qu'ils leur vendent pour du bled de l'état de New-Yorck.

La présence du congrès et du corps diplomatique , et le concours d'étrangers , ont beaucoup contribué à y étendre les ravages du luxe. Les habitans de cette ville sont loin de s'en plaindre ; ils préfèrent l'éclat des richesses et les jouissances , à la simplicité des mœurs et aux plaisirs purs qu'elle procure.

L'usage de fumer n'a pas disparu dans cette ville, avec les autres usages qu'y ont apportés ses premiers fondateurs, les Hollandois. On y fume sur-tout des *cigars*, qui viennent des îles espagnoles : ce sont des feuilles d'un tabac odoriférant, de la longueur de six pouces, qu'on fume sans l'aide d'aucun instrument.

Cet usage révolte un François. Il peut

parotre désagréable aux femmes, en altérant la pureté de l'haleine ; au philosophe, il paroîtra condamnable, puisque c'est un besoin superflu.

Cependant il a un avantage ; il accoutume à la méditation , e fait éviter la loquacité. Un fumeur fait une question ; la réponse ne vient que deux minutes après, et elle est fondée. La cigar rend à l'homme le service que le philosophe tiroit du verre d'eau qu'il buvoit, quand il étoit en colère.

Le grand commerce de cette ville et la facilité d'y vivre, augmentent la population de cet état avec une grande rapidité. Vous pouvez juger de cette population croissante, par la célérité avec laquelle elle a réparé ses pertes. En 1773, on comptoit dans cet état, 148,124 blancs; en 1786, le nombre étoit de 219,996 (1).

(1) POPULATION DE NEW-YORCK.
NOMBRE DES HABITANS.

	1756.	1776.	1786.
Mâles au-dessous de 16 ans.	20,660	.... :	54,807
jusqu'à 60 ans.	19,825	....	52,927
Au-dessus.	2,767	....	4,731
TOTAL.	43,252	....	112,465

P 5

...York se peuple aux dépens ... Quarante-cinq familles de quakers des environs de Burlington, ont émigré récemment dans le comté de Montgomméry. Un riche habitant de ce comté, leur donne des terres, à condition de lui payer au bout de sept ans, 6 sous sterling ou 12 sous de France par acre chaque année. Il prête même une paire de bœufs pendant ce temps, à ceux qui émigrent.

C'est à la campagne que ces quakers émi-

POPULATION DE NEW-YORCK.

Nombre des habitans.

	1756.	1776.	1786.
Femmes			
Au-dessous de 16 ans.	18,984	. . . . .	51,766
Au-dessus.	20,997	. . . . .	55,765
Femmes.	39,981	. . . . .	107,531
Hommes.	43,252	. . . . .	112,465
Total blanc	83,233	148,124.	219,996
Esclaves.			
Mâles.	7,564	. . . . .	9,521
Femmes	5,978	. . . . .	9,368
Total	13,542	19,883.	18,889

Indiens payant taxe. 12

grent ; car leur simplicité s'accorderoit peu
du luxe qui règne dans cette ville. Cependant les quakers y ont une société assez nombreuse, et qui conserve bien la sévérité des
mœurs et de son institution.

S'il est une ville du continent américain
où le luxe anglois se déploie, c'est New-Yorck.
Vous y retrouverez ses goûts. Dans la parure
des femmes, vous voyez briller les étoffes de
soie, les gases, les chapeaux et même les
frisures recherchées. Les équipages sont
rares, mais ils sont élégans. Les hommes ont
plus de simplicité dans leurs habits ; ils dédaignent encore les colifichets ; mais ils se
dédommagent à table de cette simplicié.
Là paroissent les vins les plus précieux.

Le luxe forme déjà dans cette ville une
classe d'hommes bien dangereuse : c'est celle
des célibataires. Les dépenses des femmes
font redouter le mariage.

Le thé forme, comme en Angleterre, la
base des principales parties de plaisir de cette
ville. C'est au thé qu'on invite un étranger ;
c'est le thé que vous allez boire dans le joli
jardin de M. Cummings, le *florida gardens*
de New-Yorck. Il est situé sur la rivière du
Nord : la vue en est charmante. Mais quelle

différence de ce jardin à ceux qui servent
à l'amusement des Anglois et des François !
J'y ai vu des coins superbes ; on en fait des
confitures.

Les fruits, quoique plus soignés dans cet
état, sont loin de la beauté et de la bonté
de ceux d'Europe. J'y ai vu, en septembre,
à la campagne, des arbres tout à la fois
chargés de pommes et de fleurs. J'y ai vu
des pêchers plier sous le poids des fruits;
mais les pêches n'en valoient rien. Est-ce
l'excessive abondance qui nuit à leur qualité?
Est-ce la chaleur excessive? Les pêches écla-
tent souvent, et ne mûrissent pas.

M. Crevecœur a raison de vanter l'abondance et la bonne qualité des denrées à New-
Yorck, en légumes, viandes, et sur-tout en
poisson. Il est difficile de réunir tant d'avantages.

Le lait, dont on fait une grande consommation, y a cependant un goût désagréable.
On m'assure qu'il est occasionné par *l'ail*,
qui est très-répandu dans les campagnes, et
sur-tout dans celles de Long-Island.

New-Yorck est des villes du nord et du
milieu, celle où les denrées nécessaires à
la vie sont le plus chéres. Je vous en présente

ici un tableau , qui vous en donnera quelqu'idée (1)

Beaucoup d'articles , ceux du luxe sur-
tout, sont en général plus chers ici qu'en

---

(1) Voici le prix général, en monnoie françoise , des denrées.—Bœuf, 6 sous la livre. — Lait, pinte 8 sols. — Thé
Bohea, 40 sous la liv.—Souchong , 12 l.—Verd , 16 l.—Le
prix du thé verd a beaucoup augmenté , parce que la consommation augmente. En 1787, il ne coûtoit que 12 livres.
Le pain de fine fleur, pesant 2 livres , 5 onces, 6 à 7 sous.—
La bierre ordinaire bonne , 3 s. la pinte.— Le porter , de 12
à 15 liv. la douzaine de bouteilles.—Le prix de la journée
des manœuvres , maçons et charpentiers , depuis 4 livres
jusqu'à 6 livres. L'ouvrier américain travaille bien. Les
domestiques mâles gagnent de 25 à 30 livres par mois ,
et sont bien nourris. La corde de bois de chêne coûte en été,
24 livres ; en hiver, 30 livres. La corde est de 8 pieds anglois de longueur , 4 pieds de haut , 4 pieds de largeur. On
divise la corde en quarts ; le quart de 6 liv. 10 sols. Un quart
est porté par une petite voiture , traînée par un cheval. La
voiture est garnie de quatre bâtons , dont deux armés de
chaînes en haut , et l'espace entre ces quatre bâtons fait le
quart. Le bois est déchargé des bâtimens qui l'apportent,
mesuré en présence d'un inspecteur, qui reçoit 1 sou par
corde. *L'hicory* est plus cher , presque du double ; mais il
est aussi bien préférable au chêne ; il est plus compact,
plus pesant : il conserve mieux le feu , s'allume plus vîte ,
répand une chaleur plus forte , n'a point une flamme scin-
tilllante. —On brûle ici beaucoup de charbon.

Europe et en France. Un perruquier coûte 20 schellings (1) au mois, ou environ 12 liv. —Le blanchissage coûte à raison de 4 schellings ou 5o sous par douzaine de pièces, etc.

J'ai entendu des François se plaindre de ce prix excessif, et le taxer de friponnerie et de mauvaise foi. — Ils ne voient pas que là où l'emploi est rare, il est cher; que là où la main-d'œuvre est rare, elle est chère. Le perruquier n'a pas autant de pratiques qu'à Paris; il les fait donc payer plus cher. Chacun blanchit chez soi; la blanchisseuse ne lave donc que le linge des étrangers; puis les ouvriers, les savons sont chers; ces derniers s'importent.

Les étrangers sont très-portés à former cette accusation de friponnerie; mais auparavant de la hasarder, ils devroient s'expliquer ce que c'est bon marché et cher dans le commerce; ils devroient aussi citer des faits précis. J'ai beaucoup entendu répéter cette accusation, et on m'a cité peu de faits.

Les étrangers qui, ayant vécu long-temps dans ce pays, taxoient les Américains de finesse et de friponnerie, m'ont avoué qu'il

(1) Le schelling est un peu plus de 12 sols de France.

falloit circonscrire cette accusation aux villes, et que dans les campagnes, on trouvoit véritablement de la bonne foi.

La plupart des personnes qui faisoient ces plaintes, étoient des François, et ils croyoient qu'on étoit plus injuste à leur égard qu'à celui des Anglois. Quand le fait seroit vrai, je n'en serois pas étonné. Les François que j'ai vus, étoient éternellement occupés à exalter le service que leur nation avoit rendu aux Américains, à contrarier les goûts et les coutumes de ces derniers, à décrier leur gouvernement politique, à exagérer les faveurs accordées par le gouvernement françois aux Américains, et à diminuer celles du co. grès et des états envers les François.

Une des plus grandes erreurs des voyageurs, c'est de calculer le prix commun des denrées d'un pays, d'après les prix d'auberge ou de pension. C'est une fausse base ; il faut prendre, pour les villes, le prix du marché, le prix que paient l'artisan, le bourgeois, et ce prix est presque de moitié inférieur à celui qu'on paie dans les auberges et dans les pensions. Cette base seroit encore fausse, si on l'appliquoit aux campagnes. Là, souvent, les denrées qui ne donnent presque

pas de peine à recueillir, et qui sont abondantes, n'y ont presqu'aucune valeur. Il en
est cependant que des circonstances rendent
très-chères. Par exemple, la viande fraîche
doit être plus chère dans un pays où les
maisons de campagne sont très-éparses, que
dans une ville où des besoins de tous les
jours font établir des boucheries régulières.
Ces réflexions me semblent nécessaires pour
mettre en garde contre les estimations des
denrées d'un pays, données par les voyageurs. Il est encore d'autres circonstances
qui influent sur les prix. Celle, par exemple,
de la guerre, dont M. Chatellux ne tenoit
aucun compte, quand il exageroit la cherté
des denrées d'Amérique.

Cette cherté étoit bien plus grande à New-
Yorck, lors de la guerre. Le prix des denrées
y est diminué presque de moitié. Cependant,
en cet état même, on voit qu'il se rap-
proche pour les denrées, du prix des villes
du second ordre en Europe.

La pension par semaine, et presque tous
les étrangers et les membres du congrès
sont en pension, étoit de 4 à 6 dollars, 21 à
32 livres; et on payoit le vin de France à
part.

Le prix des travaux de gens de loi, est dans une proportion bien plus forcé; il est, comme en Angleterre, excessif.

Mais les médecins n'ont pas le même avantage, à cet égard, que les gens de loi. La bonne santé dont on jouit généralement ici, les rend peu nécessaires, et cependant ils sont assez nombreux.

J'ai causé avec quelques-uns d'entr'eux; je leur ai demandé quelles étoient les maladies les plus communes. Ils m'ont dit que c'étoient les fièvres bilieuses; que la plupart des maladies étoient occasionnées par les froids excessifs et par le défaut de soins. — Il y a peu de maladies ici, m'ajoutèrent-ils; l'air y est sain, malgré le voisinage de la mer et la position insulaire de la ville. Les habitans y sont assez tempérans. Les gens aisés ne sont pas assez riches pour se livrer à ce luxe et à ces débauches qui tuent en Europe tant d'individus, et il n'y a pas de pauvres, le poisson et la viande y étant à très-bon compte.

Que les hommes qui doutent des effets prodigieux de la liberté sur l'homme et sur son industrie, se transportent en Amérique; de quels miracles ils seront témoins! Tandis

que presque par-tout en Europe, les villages
et les villes tombent en ruines, plutôt que
d'augmenter ; ici des édifices nouveaux s'élèvent par-tout. New-Yorck avoit été en partie
consumé par le feu, lors de la dernière guerre ;
les traces de ce terrible incendie disparois-
sent. L'activité qui règne par-tout, annonce la prospérité qui se prépare. Par-
tout on élargit, on étend les rues. Des
bâtimens élégans, dans le genre anglois,
remplacent les maisons à pignons, à échan-
crures, des Hollandois. On en retrouve encore
quelques-unes dans ce dernier style. Elles
causent quelques plaisirs à l'œil de l'observateur européen ; elles lui retracent l'origine de cette colonie ; et les mœurs de ceux
qui les habitent, portent aussi l'empreinte
des anciennes mœurs belgiques...

Je me promène le long de la rivière du
Nord. — Quels changemens rapides en peu
de semaines ! — La rivière est reculée de
200 pieds. ; et par une mécanique fort
simple, on construit une espèce d'encaisse-
ment, composé des arbres les plus gros,
séparés entr'eux, couchés en travers, empi-
lés les uns sur les autres, attachés ensemble
par de forts montans. — On conduit cette

digue flottante à l'endroit où elle doit être fixée, et où souvent il y a 40 pieds d'eau. Arrivée à sa destination, on l'enfonce en la surchargeant de pierres énormes, entassées dans des bateaux. Puis on s'empresse de combler l'espace rempli d'eau qu'elles laissent derrière elles. De toutes parts des maisons s'élèvent, des rues se forment. Je ne vois par-tout qu'ouvriers comblant, enfonçant le terrein, bâtissant, pavant, établissant des pompes publiques.

Au même temps on élève un hôtel pour le congrès ; on repare l'hôpital. Il étoit dans le plus mauvais état, délabré. Pas un malade ne pouvoit y être logé. C'étoit presque un bâtiment abandonné. On en a rendu l'administration aux quakers, auxquels on l'avoit précédemment ôtée, par la haine qu'on leur portoit. Ils ont arrêté aussi-tôt de le réparer, et les réparations s'exécutent avec la plus grande vigueur.

Ce bâtiment est vaste, en briques, parfaitement bien situé, le long de la rivière du Nord. Il jouit de tous les avantages. Air le plus salubre, qu'on peut renouveller à volonté ; eau en abondance ; vaste terrein pour la promenade des malades ; vue magnifique et agréable ; hors de la ville , et cependant à la porte ; assez loin , pour que l'air de l'hôpital ne soit point dangereux ; assez près, pour qu'on puisse aller commodément visiter les malades et les y porter.

C'est encore aux quakers, à ces hommes qu'on a tant calomniés , et dont je vous parlerai plus au long par la suite , qu'on doit l'ordre qui s'observe dans la maison de travail dont ils ont la surveillance.

C'est encore à leur zèle que l'on doit cette société qui s'est formée ici , pour *l'abolition de la traite des noirs et de l'esclavage.* Comme je consacre à cette matière importante un article particulier , je m'abstiendrai de vous en parler ici.

Une société , dont le titre est plus fastueux, et dont les services sont moins réels, s'est élevée depuis quelques temps. Elle a pour objet d'étendre les sciences et toutes les connoissances utiles ; mais elle s'assemble peu , ne travaille point. Elle a cependant 800 pounds à la banque , lesquels restent oisifs. Le gouverneur Clinton en est le président, et il n'est rien moins qu'un homme savant.

Cette société réussira difficilement ici ; les Hollandois n'aiment pas les lettres.

Mais

Mais quoique cette ville ne renferme pas beaucoup de savans, la présence du congrès y attire momentanément, au moins de toutes les parties de l'Amérique, les hommes les plus célèbres. J'y ai vu sur-tout MM. *Jay*, *Maddison*, *Hamilton*, *King*, *Thornton*. — Je vous ai déjà parlé du premier.

Le nom de M. Maddison, célèbre en Amérique, est très-connu en Europe, par les éloges mérités qu'en a faits son compatriote et son ami M. Jefferson. Quoique jeune encore, il a rendu de grands services à la Virginie, à la confédération américaine, et en général à la liberté et à l'humanité. — Il a beaucoup contribué, avec M. White, à la réforme du code civil et du code criminel de son pays ; il s'est sur-tout distingué lors des conventions pour l'acceptation du nouveau plan fédéral. La Virginie balança long-temps à y adhérer. M. Maddison détermina en sa faveur les membres de la convention, par son éloquence et par sa logique. Ce républicain paroît ne compter pas plus de 33 ans. Il avoit, lorsque je le vis, un air fatigué ; peut-être étoit-ce l'effet des travaux immenses, auxquels il s'étoit livré dans ces derniers temps. Son regard annonçoit un censeur ;

Tome I.

Q

sa conversation déceloit un savant, et sa
contenance étoit celle d'un homme qui a la
conscience de ses talens et de ses devoirs.

On parla beaucoup, pendant le dîner auquel il m'invita, du refus qu'avoit fait la
Caroline du nord, d'adhérer au nouveau plan.
La majorité contre étoit de 100. M. Maddison
ne croyoit pas que ce refus eût aucun poids
sur l'esprit des Américains, ni qu'il arrêtât les
opérations du nouveau congrès. — Je lui dis
que, si ce refus ne portoit pas un coup funeste au congrès en Amérique, il le lui
porteroit en Europe; qu'on ne se donneroit
pas la peine d'y apprécier les motifs de ce
refus, le peu d'importance de cet état dans
la confédération; qu'on verroit, dans ce refus, un germe, une cause de division, peut-
être longue, et de nature à retarder les opérations du congrès, et que certainement
cette idée arrêteroit la résurrection du crédit
de l'Amérique.

M. Maddison attribuoit ce refus à l'attachement de la plupart des habitans pour le
papier-monnoie, et pour le *tender act*, et à
l'influence d'un parti que dirigeoit le gouvernement de cet état, et qui, probablement,
s'enrichissoit par ce moyen; il étoit très-porté

à croire que cette diposition de la Caroline du nord ne dureroit pas long-temps.

M. Hamilton est le digne émule, et compagnon des travaux de M. Maddison. — Sa figure annonce un homme de 38 à 40 ans. — Il n'est pas grand. — Sa contenance est décidée. — Son air est ouvert et a quelque chose de martial. — Il étoit aide-de-camp du général Washington, qui avoit en lui la plus grande confiance, et il la méritoit. — Depuis la paix, il a repris la profession d'avocat, et il s'est sur-tout consacré à la carrière publique. Appelé dans le congrès, il s'y est distingué par son éloquence et par la solidité du raisonnement. Parmi les ouvrages sortis de sa plume, on a distingué une foule de lettres, insérées dans *le Fédéralise*, dont j'aurai occasion de vous parler par la suite, *et les lettres de Phocion*, en faveur des loyalistes. M. Hamilton les avoit combattus, avec succès, pendant la guerre. Lorsque la paix lui succéda, il fut d'avis qu'il ne falloit pas les désespérer par une persécution rigoureuse, et il eut le bonheur de ramener au parti de la douceur ses compatriotes, qu'avoit animés le juste ressentiment des maux causés par les loyalistes. — Le triomphe de ce jeune

orateur a été la convention de New-Yorck.—
Le parti des anti-fédéralistes étoit nombreux
dans cette ville. Quand les membres qui com-
posèrent la convention partirent pour Pough-
keepsie , les trois quarts étoient contre le
nouveau systéme.— M. Hamilton, joignant ses
efforts à ceux du célèbre Jay , eut le bonheur de convaincre, même les plus opiniâtres,
que le refus de New-Yorck entraîneroit les
plus grands maux pour cet état et pour la
confédération.— Le plan fut donc agréé.—
La fête qui suivit la ratification à New-Yorck,
fut magnifique. Le vaisseau *le Fédéral*, qu'on
y promena , fut appelé *Hamilton* , en l'honneur de cet éloquent orateur.

Il a épousé la fille du général Schuyler ,
femme charmante , qui joint aux graces
toute la candeur et l'ingénuité d'une Américaine.

Je trouvai, au dîner auquel il m'invita, le
général Mifflin , qui s'est distingué par son
activité dans la dernière guerre. A la vivacité d'un François , il me parut joindre le
caractère le plus obligeant.

M. *King* , que je vis à ce dîner , passoit
pour l'homme le plus éloquent des Etats-
Unis. Ce qui me frappa dans lui , c'étoit sa

modestie. Il paroissoit ignorer ce qu'il valoit.
— M. Hamilton avoit l'air déterminé d'un
républicain ; M. Maddison, l'air méditatif
d'un profond politique.

Dans ce dîner, comme presque dans tous
les autres que j'ai faits en Amérique, j'ai
toujours vu porter la santé de M. la Fayette.
Les Américains le citent, avec plaisir, comme
un de leurs libérateurs, le chérissent comme
leur meilleur ami. Il mérite leur tendresse
et leur estime ; ils n'ont pas de meilleur
patron en France. Sa générosité à leur égard
ne s'est jamais démentie ; elle s'est montrée
dans toutes les occasions publiques, et encore mieux dans des circonstances particulières, où le le bienfait reste inconnu. Ce
n'est pas faire l'éloge peut-être de la France
et des François qui ont été en Amérique ;
mais il est le seul qui ait secouru les malheureux incendiés à Boston (1) ; le seul qui
ait constamment sa porte ouverte à tous les
Américains.

Le docteur Thornton, intimement lié avec
tous les Américains que je viens de citer,
court une autre carrière ; celle de l'huma-

_____

(1) Il donna 300 louis.

nité. Quoique par son extérieur, il n'ait pas l'air d'appartenir à la société des amis, il en a les principes et pratique la morale, et surtout à l'égard des noirs. Il m'a raconté tous les efforts qu'il a faits, et qu'il fait encore pour accélérer l'exécution d'un vaste projet qu'il a conçu à leur égard. Persuadé que jamais il n'existera une sincère union entre les blancs et les noirs, même en admettant ces derniers à tous les droits politiques, il propose de les retransporter et de les établir en Afrique. Ce plan effraie au premier aspect; mais en l'approfondissant, on en sent et la nécessité et les avantages. Je ne veux pas les citer ici; je les réserve pour ma lettre sur l'état des noirs dans cette contrée. M. Thornton, qui paroit, par sa vivacité et ses manières agréables, appartenir à la nation Françoise, est né à Antigues. Sa mère y a une plantation; et c'est là, qu'au lieu de s'endurcir, comme presque tous les planteurs, sur le sort des nègres, il a puisé cette humanité, cette compassion pour eux, dont il est si tourmenté. Il me dit qu'il auroit mis ses nègres en liberté, s'il en avoit été le maître; mais que ne le pouvant pas, il les traitoit en hommes; que par ce moyen, également suivi par son père, on ne recrutoit point de noirs sur son habitation.

Je ne veux pas finir cette lettre, sans vous parler d'un autre Américain, dont les talens en finances sont bien connus ici. C'est le colonel Duer, secrétaire de la trésorerie. Il est difficile d'allier à une grande facilité pour les calculs, des vues plus étendues et une pénétration plus rapide, dans les projets les plus compliqués. A ces qualités, il joint celles de l'ame; et c'est à son caractère obligeant, à son zéle, que je dois une foule de renseignemens précieux sur l'état des finances de ce pays, que je vous communiquerai par la suite.

Je manquerois encore à la reconnoissance, si je ne citois pas ici les bons procédés, à mon égard, du président du congrès, M. Griffin. — Il est Virginien, d'une belle taille, d'une figure agréable, et qui annonce de l'esprit; il est affable, poli, doux. — Je vis au premier dîné où je fus invité, sept à huit dames, toutes parées avec des grands chapeaux, des plumes, etc. etc. Je remarquai, avec peine, beaucoup de prétentions dans quelques-unes de ces femmes. L'une jouoit la femme étourdie et vive; une autre, la femme à sentimens. — Cette dernière avoit beaucoup de minauderies et de grimaces. Deux d'entr'elles avoient le sein fort découvert. — Je fus scandalisé de cette indécence dans des républicaines.

Un président du congrès est loin de l'appareil qui entoure les monarques européens, et tant mieux. Il n'est pas stable, et tant mieux encore. Il n'oublie jamais qu'il est simple citoyen, et qu'il le redeviendra. — Il ne donne pas de fastueux dîners, et tant mieux encore, il a moins de parasites, il peut moins corrompre.

. Je remarquai qu'à cette table on s'affranchissoit de bien des usages observés ailleurs. — Point de présentations fatigantes ; point de ces toasts si désespérans dans une nombreuse société. — Lorsque les dames se furent retirées, on but peu de vin. — Ces traits suffisent pour vous donner une idée de la tempérance de ce pays ; tempérance, vertu par excellence des républicains.

Je dois vous dire, en terminant cette lettre, un mot de la situation des finances de New - Yorck, et de l'état en général. La facilité de lever l'impôt sur le commerce étranger, et qui est si florissant, le

met à portée de payer exactement, et les
dépenses du gouvernement, et l'intérêt de
sa dette privée, et sa part à la liste civile
du congrès. On croit que ses revenus s'élèvent annuellement à 80,000 pounds, monnoie
de New-Yorck, c'est-à-dire, 41 à 42,000 louis
d'or.

Les dépenses particulières de la ville et
du comté de New-Yorck, se sont montées,
en 1787, au quart de cette somme, c'est-
à-dire, à 10,100 pounds. Je vous en joins ici
l'état.

	pounds.	sch.	den.
Salaires,	37	10	
Elections,	62	12	
Pompes et puits,	204	8	4
Routes et rues,	734	2	1
Maison des pauvres,	3791	14	4
Bridewell, ou maison de correction,	899	11	4
Lampes,	1439	19	
Garde de nuit,	1931	2	
Prisonniers,	372	18	10
Réparations d'édifices publics,	342	15	11
Quais,	25		
Ville de New-Yorck,	137	19	
Comté de New-Yorck,	130	9	
	10100	11	

Le bon état des finances de cette ville, son

exactitude à acquitter les intérêts de sa dette, contribuent beaucoup au crédit de son papier-monnoie ; car il y en a, et les fractions vont même jusqu'à un schelling ; et ce papier est reçu au marché contre les denrées, pour la même valeur que la monnoie de billon. Mais ce papier perd 8 pour cent, lorsque vous l'échangez contre de l'argent, soit pour voyager, soit pour payer au-dehors.

La banque de New-Yorck jouit d'une bonne réputation dans le Continent ; elle est administrée très-sagement. Son caissier ou directeur est M. *Willian Seton*, auquel M. Crevecœur a adressé ses lettres ; et ce qui vous donnera une bonne idée de son intégrité, c'est qu'il ait été choisi pour cette importante place, malgré son dévouement connu pour la cause de l'Angleterre. Cette banque reçoit et paie, sans frais, pour les négocians et les particuliers qui veulent ouvrir un compte chez elle.

LETTRE VIII.

Voyage de New-Yorck à Philadelphie.

JE partis de New-Yorck le 25 août 1788, à six heures du matin. J'avois retenu une place dans la diligence appelée : *New line of stages to Philadelphia* (1), ce qui, à la lettre, signifie : *Nouvelle ligne de voitures à Philadelphie*. Cette dénomination est fondée sur ce que ce n'est pas la même voiture qui vous transporte de New-Yorck à Philadelphie; on en change sept à huit fois dans la route.

Avant d'arriver à la voiture, il me fallut passer la rivière du Nord, dans un bateau non ponté (2). On débarque à Paulus-Hook,

---

(1) Il part tous les jours, excepté le dimanche, de Philadelphie et de New-Yorck, deux voitures de chaque ligne ; l'une, qui doit vous rendre dans le jour, et l'autre, dans un jour et demi.

(2) Il y a quatre ferrys ou bacs à passer en allant de New-Yorck à Philadelphie, outre le passage en bateau de la rivière du nord. Il n'est pas douteux que tôt ou tard on ne subs.

où l'on trouve la voiture. On compte deux milles pour ce passage; on paie 6 sols, monnoie de New-Yorck.

Cette voiture est à quatre roues; c'est une espèce de chariot ouvert, aux côtés duquel sont des doubles rideaux en cuir et en laine, qu'on baisse quand il pleut ou que le soleil incommode, et qui se relèvent lorsqu'on veut jouir de l'air et du spectacle de la campagne. Ces voitures sont assez mal suspendues; mais le terrain qu'elles ont à parcourir, étant de sable et de gravier, on n'en ressent aucune incommodité. Les chevaux qui les traînent sont bons, et vont avec assez de rapidité. Ces voitures ont quatre bancs, et peuvent contenir douze personnes; le bagage léger se met sous les pieds; les malles s'accrochent derrière; mais on n'en peut pas mettre un grand nombre. C'est la seule manière de voyager, et ce n'est pas un mal. On n'y a point de chevaux de poste, et ce n'est pas un mal. Les particuliers qui ne

tituera sur les rivières qui en sont susceptibles, des ponts à ces bacs, qui sont souvent dangereux. Je fus bien près de périr un jour, dans un de ces bacs, sur la rivière d'Hackensack.

veulent pas prendre le stage, ont un cabriolet avec un cheval.

Que les François qui ont voyagé par ces voitures, les comparent à celles dont on se sert en France; à ces lourdes diligences, où sont étouffées huit ou dix personnes; à ces cabriolets des environs de Paris, où deux personnes, étroitement resserrées, sont privées de l'air, par le sale conducteur qui tourmente sa malheureuse haridelle; à ces *guinguettes* traînées à peine par deux chevaux, où l'on est dans une attitude oblique, génante, génée, où l'on respire un air empoisonné, etc.; et ces voitures ont à parcourir les plus beaux chemins, font la lieue à l'heure. Ah! si les Américains avoient de pareils chemins, avec quelle rapidité ils voyageroient, puisque, malgré les inconvéniens de leur route, on achève dans un jour, les 96 milles ou 32 lieues qui séparent New-Yorck et Philadelphie. Ainsi, ne remontant pas au-delà d'un siècle et demi, contrariés par mille obstacles, les Américains sont déjà supérieurs à des peuples qui existent depuis quinze siècles.

On trouve dans les diligences ou stages, des hommes de toutes les professions; ils

se succèdent avec beaucoup de rapidité.
L'un, qui ne va qu'à 15 milles, cède sa place
à un voyageur qui va plus loin. La mère
monte dans le stage avec sa fille, pour aller
dîner à 10 milles, d'où elle sera ramenée par
un stage. Ce sont donc, à chaque instant,
de nouvelles connoissances que vous faites.
La fréquence de ces voitures, la facilité d'y
trouver des places, même pour un court
espace , le prix fixe et bas , invitent les
Américains à voyager. Ce prix est de 3 sous
par mille.

Ces voitures ont un avantage particulier;
elles entretiennent l'idée de l'égalité. Le membre du congrès est à côté du cordonnier,
qui l'a élu, et fraternise avec lui ; ils causent
ensemble avec familiarité. On ne voit prendre
à personne l'air d'importance que vous ne rencontrez que trop souvent en France. Par exemple, dans ce dernier pays, *un homme comme
il faut*, rougiroit de voyager par les diligences;
c'est une voiture ignoble ; on ne sait avec
qui l'on se trouve, tandis qu'il est du bon
ton de *courir la poste*. Les voitures particulières humilient donc ceux qui sont condamnés à la triste *turgotine*. De cette inégalité,
résultent l'envie , le goût du luxe, de l'os-

tentation, l'avidité du gain, l'habitude de moyens coupables pour s'enrichir. C'est donc un bien pour l'Amérique, que la nature des choses empêche cette distinction de voitures particulières.

L'homme du peuple, d'ailleurs, j'entends l'artisan ou l'ouvrier, qui se trouve dans ces voitures avec l'homme en place, se compose, se tait, ou tâche, s'il prend part à la conversation, de monter au niveau des autres; il s'instruit au moins. L'homme en place en a moins de fierté, et parvient mieux à connoître l'esprit du peuple.

Je parcourus dans une semblable voiture, tous les Jerseys. Le fils du gouverneur Livingston y étoit. Je ne m'en serois pas apperçu, tant il avoit l'air honnête et simple, si, de temps en temps, les maîtres des tavernes où nous abordions, ne l'avoient pas salué avec un air de familiarité respectueuse. On me dit que le gouverneur lui-même se servoit souvent de ces voitures. Vous aurez une idée de cet homme respectable, qui, tout à la fois, écrit, gouverne et laboure, en apprenant qu'il se fait honneur de s'appeler *fer. mer de Jersey.*

Les avantages que présentent ces voitures,

engagent les femmes à s'en servir. Elles y
sont souvent seules, et sans être accompagnées d'aucune personne de leur connoissance; elles n'ont point à craindre d'insolence,
ou ce langage équivoque et souvent libertin
des jeunes gens ; langage qui n'est que trop
commun dans les voitures françoises ou
même angloises. Ce mélange d'hommes et de
femmes dans les voitures, ne peut qu'entretenir la pureté des mœurs, et prouver
qu'elles sont respectées. Si elles ne l'étoient
pas, les femmes s'en abstiendroient. —Les
hommes sont plus entraînés au libertinage
d'esprit, quand ils sont seuls.

Les stages d'Amérique sont donc de vraies
voitures politiques. Je m'imagine bien que
nos petits-maîtres de France leur préfére-
roient une voiture coupée, bien suspendue;
mais ces voitures roulent, ou dans les pays
à Bastilles, ou dans ceux qu'afflige une très-
grande inégalité, et par conséquent la misère.

J'ai entendu des François blâmer encore
l'usage de changer si souvent de voitures;
mais cet usage est fondé en raison, et a des
avantages. Ce n'est pas, en effet, le même
homme qui fait courir la diligence; ce sont
différens patticuliers, demeurant dans les
différentes

différentes villes où passe la route, qui s'arrangent entr'eux pour fournir chevaux et
voitures. Un habitant de New-York conduit
la diligence jusqu'à Newarks; un habitant de
Newarks la continue jusqu'à Elisabeth Town.
Souvent c'est le maître de la voiture qui la conduit, ou il la fait conduire par son domestique. Il est sûr alors que ses chevaux ne seront
pas excédés de fatigues, et que sa voiture
sera menagée; ce qui ne seroit pas toujours,
si la voiture et les chevaux étoient conduits
par des étrangers. Ces mêmes chevaux et
cette voiture ramènent des voyageurs qui
reviennent, et cet arrangement met ainsi
les propriétaires des stages à portée de se
contenter d'un très-bas prix. Il ne m'en coûta
que 10 livres 10 sous, pour faire environ 32
lieues de France (1), tandis qu'il m'en eût
coûté en France, environ 32 livres, en y

___

(1) Il est vrai que ce bon marché étoit dû à une circonstance momentanée, à la concurrence de deux particuliers
qui avoient établi chacun une ligne de stages et qui cherchoient à s'écraser; mais de cette concurrence résultoit que
le public étoit mieux servi. En novembre 1788, les propriétaires des deux stages convinrent de porter le prix à 4 piastres
au lieu de 2, c'est-à-dire, à 11 livres.

comprenant les petites vexations des postillons, ce qu'on ne connoît point ici.

Il est vrai que par cet arrangement, les voitures ne prennent pas de gros bagages ; mais ce n'est pas un mal : les voyageurs n'emportent que le nécessaire, c'est-à-dire, un très-petit paquet. Ils sont donc forcés d'être simples ; en voyageant, ils ne s'entourent donc point, comme les Européens, d'une foule de besoins gênans : un Américain voyage avec son peigne et son rasoir, une couple de chemises et de cravates.

La route de New-Yorck à Newarck est en partie au milieu des marais. Je la trouvai véritablement étonnante ; elle rappelle cette industrie infatigable des anciens Hollandois, dont parle M. Crevecœur ; toute construite en bois, avec tant de peine et de constance, au milieu des eaux, sur un terrein mouvant, elle prouve à quel point peut s'élever la patience de l'homme qui veut vaincre la nature.

Mais, malgré le desséchement de tant de parties marécageuses, si fréquentes dans les deux Jerseys, il en reste encore plus à dessécher. Ces eaux stagnantes corrompent l'air, qui est sensiblement infect, et donnent naissance à ces mosquites, dont on est si cruellement tourmenté, et à cette fièvre épidémique, dont j'ai déjà parlé, qui fait tant de ravages en été ; fièvre connue aussi en Virginie et dans les états du midi, et surtout dans les parties voisines de la mer. On ne s'en délivre radicalement qu'en allant dans l'intérieur, vers les montagnes, et surtout dans les états de l'Est.

On m'assura que la partie supérieure des Jerseys étoit exempte de ces inconvéniens, des fièvres et des mosquites. Mais elle est ravagée comme l'autre, par un fléau politique, plus terrible encore ; c'est le *papier-monnoie*. — Le papier-monnoie est encore dans les Jerseys ; comme disent les Américains, un *legal tender*, c'est-à-dire, qu'on est forcé de le recevoir, malgré la perte, comme un paiement légal.

Je vis, dans ce voyage, combien d'inconvéniens et d'abus résultoient de cette monnoie fictive. Un voyageur qui avoit acheté à New-Yorck de ce papier, à 25 pour 100 de perte, voulut le donner en paiement à ce prix. Le maître de la taverne exigea un escompte de 50 pour 100. J'observai la physionomie de ce dernier ; il avoit le sang-froid et les yeux faux et obliques d'un fripon.

R 2

Il me paroît qu'il entendoit fort bien le trafic de ce papier déshonoré ; il le payoit à bas prix , et le revendoit le double à New-Yorck ; genre d'industrie abominable , en ce qu'il est fondé sur la mauvaise foi , et que l'avantage du trafiquant ne s'obtient qu'au détriment général ! aussi ce trafic corrompt tout à la fois les mœurs privées , et détruit le bien public. Il fait de l'agioteur l'ennemi de tous ses concitoyens ; il fait une science de la tromperie ; il accoutume l'homme à vivre, non d'un travail honnête et utile aux autres; mais d'un travail déshonnête et funeste.

Il résultoit encore de la circulation de ce papier, qu'une défiance générale s'étoit établie par-tout. L'argent étoit soigneusement renfermé, et ne paroissoit point. On ne pouvoit ni vendre sa terre, ni emprunter sur sa terre : dans l'un et l'autre cas, les vendeurs et prêteurs craignoient d'être payés par un papier, dont la dépréciation pouvoit encore augmenter. L'ami même n'osoit se fier à son ami ; car on avoit vu des exemples de la perfidie la plus révoltante en ce genre. Le patriotisme n'étoit donc plus, par une conséquence nécessaire ; les défrichemens s'arrêtoient par-tout , le commerce déclinoit ;

j'étois réellement affligé en considérant tous ces maux. Comment, disois-je au fils du gouverneur des Jerseys qui voyageoit avec moi ; comment peut-il exister du papier-monnoie au milieu d'un pays si riche ? Les Jerseys fournissent des denrées en abondance à l'état de New-Yorck et à celui de Philadelphie ; ils en tirent donc sans cesse de l'argent. Or, est-ce à un état qui est créancier des autres, qui touche sa créance en argent, à se servir d'une ressource qui n'est faite que pour les peuples pauvres, dénués d'argent ou de moyens d'en avoir ? Comment les membres de votre législation n'ont-ils pas fait ces réflexions ? Comment ne se sont-ils pas opposés à cet acte de *legal tender* ? La raison en est simple, me répondit-il : à la fin de la guerre affreuse que nous avons essuyée, la plus grande partie de nos concitoyens étoit ruinée, écrasée de dettes ; elle a vu, dans le papier-monnoie, le moyen de s'en délivrer plus aisément, et elle a eu une assez grande influence sur ses représentans pour les forcer à passer cet acte. Soit, lui dis-je ; mais le mal existe maintenant : on le voit, l'artifice tourne contre ses auteurs ; car ceux qui ont payé en papier, sont aussi

R 3

payés dans cette monnoie décriée ; ils voient
qu'elle déshonore leur pays , qu'elle dessèche
leur agriculture , leur commerce dans leurs
sources ; comment donc n'emploient-ils pas
leur influence pour faire révoquer ce *legal
tender* ? Un grand intérêt s'y oppose, me répondit-il, l'intérêt des *stocks-jobbers* ou agio-
teurs. Ils prolongent ce malheureux jeu , le
plus qu'ils peuvent , pour faire plus de
dupes , et gagner davantage. Nous n'attendons de ressources que de la nouvelle constitution , qui ôtera aux états le pouvoir de
mettre en circulation du papier - monnoie.
Mais tous les honnêtes gens en désirent l'extinction , et l'or reparoîtra en abondance.
Ce fut ainsi qu'il reparut à l'extinction du
papier continental.

. Les ennemis de la liberté tirent de ces faits
l'induction, que le peuple , dans les républiques ; peut , momentanément , vouloir,
et faire ordonner une injustice quand elle
lui est profitable ; et c'est une induction qu'a-
doptent avec empressement les partisans
des monarchies. Mais cet inconvénient n'est
pas l'effet du gouvernement républicain ,
mais bien de l'ignorance ; car il n'est point
d'injustice ordonnée par la majorité du peu-

ple, qui, tôt ou tard, ne retombe sur cette
majorité ; et, par conséquent, quand elle la
veut, quand elle l'ordonne, c'est par ignorance ; elle ne voit pas qu'elle s'égorge de
ses propres mains. Par exemple, ne pourroit-on pas dire ici à la majorité des peuples
du Jersey : Vous êtes tous débiteurs, vous
voulez payer vos dettes avec un chiffon de
papier, et duper vos créanciers. Soit ; mais
quand ce systéme de mauvaise foi sera établi, qu'en résultera-t-il ? Il vous faut vivre ;
vous ne pouvez vivre qu'en vendant vos bestiaux, vos denrées : on vous les payera en
papier. Si vous voulez multiplier vos défrichemens, augmenter vos entreprises, il vous
faudra des avances ; vous n'en trouverez qu'en
papier ; c'est-à-dire, dans une monnoie décriée. Vous vous trouverez donc réellement
écrasés du fardeau qui a écrasé vos créanciers : suivez un systéme contraire, n'ayez
point de *legal tender* ; laissez les choses aller
leur train ; le crédit étant intact, le commerce,
l'agriculture augmenteront ; vous trouverez
plus d'emplois, par conséquent plus de
moyens de payer vos dettes.

Je ne sais ; mais il me semble que chez un
peuple calculateur, ce raisonnement eût dû

faire impression. Le peuple ignorant ne le goûtera pas; il jouit du présent, ne songe point à l'avenir ; il trouve fort commode de s'affranchir aujourd'hui avec un chiffon de papier ; il ne voit pas que le couteau dont il égorge aujourd'hui son créancier, servira à l'égorger lui-même demain. Le papier-monnoie, dont je parle, étoit donc l'effet d'une cupidité aveugle.

Il reste à examiner maintenant, si cette cupidité ignorante ne peut pas être plus aisément éclairée dans une république que dans une monarchie. Reste à examiner si ces erreurs, si ces écarts de mauvaise foi, sont plus communs dans les républiques que dans les monarchies. Or, personne ne peut balancer sur ce problème; le peuple américain l'a résolu, en approuvant unanimement l'article de la nouvelle confédération, qui ôte à tous les états le droit de faire circuler du papier-monnoie.

De Newarks, nous allâmes dîner à New-Brunswick, et coucher à Trenton. Le chemin est assez mauvais entre ces deux dernières villes, sur-tout quand il a plu ; il me parut mal entretenu, et difficile à entretenir. Nous passâmes par Princetown. Cette partie des

Jerseys est très-bien cultivée ; et M. Crevecœur n'a point exagéré le tableau intéressant qu'il nous en a donné — Toutes les
villes en sont très-bien bâties , soit en bois,
soit en pierres, soit en briques. Ces lieux
sont célèbres dans les fastes militaires , et
sont assez connus , pour que je me dispense
d'en parler. Sur cette route , les aubergistes
sont plus chers que dans le Connecticut ou
le Massasuchett. A Trenton , en revenant,
je payai, pour mon dîner, 3 schellings 6 sous,
monnoie de Philadelphie , c'est - à - dire ,
5o sous.

Ce prix paroîtra cher pour l'Amérique ,
quand sur-tout on se rappellera , qu'on boit
peu de vin dans ces auberges , et que le dîner
n'est composé que de provisions du pays.
Mais il faut bien, comme je l'ai déjà dit ,
se garder de juger du prix général des denrées , par ce prix des auberges.

Nous partîmes de Trenton à sept heures
du matin, et nous passâmes la Delaware
au Ferry ou Bac.

La Delaware , qui sépare les Jerseys de
la Pensylvanie , est une vaste et superbe rivière , navigable pour de grands vaisseaux ;
mais sa navigation est interceptée par les

glaces pendant deux ou trois mois de l'année.
Les navires n'y sont point attaqués de ces
vers , qui , dans les rivières du Sud, piquent
et détruisent les vaisseaux. La mer , en y
portant ses eaux , y amoncèle le sable du
côté des Jerseys.

Le coup-d'œil , du milieu de la rivière , est
infiniment agréable : à la droite , vous ap-
percevez des moulins et une manufacture
élevée par M. Morris ; à la gauche , vous
voyez deux petites villes charmantes , qui do-
minent sur la rivière.

Les bords de cette rivière sont encore très-
sauvages. On voit, dans la forêt qui les couvre,
de superbes arbres (1) et quelques maisons ,
qui ne ressemblent pas , pour la simple élégance, à celles du Massasuchett : cependant
les individus qui l'habitent ont l'air de jouir
de l'aisance. Je vis sortir d'une de ces *Lo-
ghouses* une femme d'une énorme embon-

_____

(1) Dans le second voyage que je fis à Philadelphie , je
remarquai que cette forêt étoit remplie de jeunes arbres. Il
ne seroit pas difficile de la repeupler , si l'on pouvoit empêcher les bestiaux d'y aller ; mais les Américains ne s'occupent que d'abattre , loin de songer à repeupler les forêts , quoique dans certains endroits ils sentent déjà le
besoin de bois.

point ; elle étoit habillée d'une jolie toile de coton.

Nous déjeunâmes à Bristol , ville qui est située vis-à-vis Burlington. Ce fut-là où le fameux Penn planta d'abord ses tabernacles. Mais on lui représenta que la rivière , dans cet endroit, n'offroit point de mouillage aussi bon et aussi sûr que près du lieu déjà habité par les Suédois , et où Philadelphie a depuis été bâtie ; il résolut donc de l'acheter d'eux , leur donna des terres en échange dans les derniers , et quitta Bristol. Après avoir traversé la *Shamony* sur un pont nouveau , et la ville de Francfort , nous fûmes rendus à deux heures à Philadelphie , par une très-belle route , percée au milieu de champs bien cultivés , ornés de ces belles maisons , qui annoncent le voisinage d'une grande ville.

LETTRE IX.

Voyage à Burlington, et visite à M. Temple Franklin.

27 août 1788.

A peine avois-je passé quelques heures à Philadelphie, qu'une affaire particulière me força d'aller à Burlington, sur les bords de la Delaware. C'est une jolie petite ville ; elle est plus ancienne que Philadelphie. Il y a beaucoup d'amis ou de quakers ; elle en étoit autrefois le rendez-vous général.

De-là je me rendis à la maison de campagne de M. Temple Franklin : c'est le petit-fils du célèbre Franklin, et aussi connu en France par son amabilité, que par ses connoissances et ses qualités.

Sa maison est à cinq milles de Burlington, au milieu des bois, dans un terrein sabloneux, et couvert d'une forêt de pins. Cette maison est simple ; le jardin en est bien tenu, les bois s'abattent, la vue se dégage insensiblement. Cet Américain a une fort bonne bibliothèque. Ce lieu semble destiné pour la retraite d'un philosophe.

J'y dînai avec cinq ou six François. La conversation tomba sur l'Amérique, et sur les Américains. On dit beaucoup de mal de leur défaut de lois, de leur papier-monnoie, de leur mauvaise foi. —Je défendis les Américains, ou plutôt je priai qu'on m'éclairât par *des faits*; car j'étois bien déterminé de ne plus croire aux opinions des individus.

Vous voulez des faits, me dit l'un de ces François qui existoit depuis trois ans en Amérique, je vous en citerai. Je dis que c'est un pays misérable. Dans le Jersey, où nous sommes, il n'y a point d'argent, il n'y a que du papier-monnoie.

L'argent est renfermé, répondit M. Franklin ; voudriez-vous qu'on fût assez dupe pour l'échanger contre un chiffon décrié?—Attendez que la loi ait retiré le papier-monnoie.

On ne peut pas trouver à emprunter sur les meilleures sécurités. —Je le crois, dit M. Franklin ; on craint d'être remboursé en papier-monnoie. Ces faits prouvent, non le défaut d'argent, mais la prudence des capitalistes, et l'influence des débiteurs sur la législation.

On passa à un autre point. — La Loi est arbitraire et souvent injuste. — Par exemple, il y a une loi qui met un impôt d'une piastre sur le second chien, et l'impôt va en augmentant, en raison du nombre des chiens. Ainsi, un laboureur qui a besoin de chiens, est privé de leurs secours. — Il n'en a pas besoin, dit M. Franklin. Les laboureurs n'ont des chiens que pour leur plaisir, et s'il est quelque chose qui puisse être taxé, c'est bien le plaisir. — Les chiens nuisent aux moutons; loin d'être utiles pour les garder, ils les tuent même dans ces cantons. J'ai vu un chien égorger un de mes moutons, et j'ai été un des premiers à solliciter la loi, parce que nous étions infestés de ces chiens. Pour s'en délivrer, on a mis un impôt, et cet impôt a produit des effets salutaires. L'argent de l'impôt est destiné à indemniser celui qui perd des moutons étranglés par des chiens.

Mon François revint à la charge. Mais ces impôts sont si lourds! — Vous allez en juger, reprit M. Franklin. J'ai une propriété de 5 à 600 arpens de terre; les taxes que j'ai payées, l'année dernière, se sont montées en tout à *huit pounds* de papier - monnoie, qui, réduits en argent , valent (1) *six pounds* , ou environ 80 livres à 14 livres le pound.

Rien de si concluant que toutes ces répliques. Je parie bien, cependant, que ce François les ayant oubliées, ira répéter encore en France, que, dans les Jerseys, les impôts sont lourds, que la taxe des chiens est affreuse, etc. etc.

Burlington n'est séparé de Bristol que par la rivière. Il s'y fait quelque commerce. On y trouve des capitalistes assez riches. La jeunesse y a cet air de santé et de décence qui caractérise la secte des quakers.

---

(1) Je connois un particulier qui a , près de *Trenton* , une pièce de 300 arpens, dont 100 environ défrichés. Il paye environ 2 ou 3 pounds de taxe.

LETTRE X.

Visite à la ferme d'un quaker.

28 août 1788.

EN revenant de Burlington, j'allai avec M. Shoemaker, qui m'y avoit conduit, chez M. Richardson, son beau-père, laboureur, dont la ferme est près de Middletown, à 22 milles de Philadelphie.

M. Shoemaker est un jeune homme de trente ans; il n'a pas été élevé dans la secte des amis. Il m'avoua que dans sa jeunesse, il étoit bien loin de leurs principes; qu'il avoit vécu dans les plaisirs; que s'en lassant ensuite, il réfléchit un jour sur sa conduite, et résolut d'en changer. Il étudia les principes des quakers, et devint bientôt membre de cette société, malgré les railleries de ses amis. Il avoit ensuite épousé la fille d'un laboureur quaker, et c'étoit à sa ferme que j'allai. Je voulois voir ce qu'étoit un vrai fermier américain.

Je l'avoue, je fus charmé, et de ceux qui l'habitoient, et de la propreté et de l'ordre de la maison. Cette famille est com-posée

posée de trois garçons et de sept filles. —
Une seule est mariée. J'en vis trois qui pouvoient l'être; elles étoient jolies, et joignoient
à un air très-décent, de l'aisance dans les
manières. Leur mise étoit simple : le dimanche on porte la toile fine, les autres jours, la
plus commune. Ces filles aident leur mère
dans le ménage. Cette mère avoit beaucoup
d'activité, malgré son embonpoint; elle tenoit, dans ses bras, une jolie petite fille, de
cinq à six mois, qui étoit caressée tour à tour
par tous les enfans. C'étoit une vraie famille patriarchale. Le père étoit sans cesse
occupé aux champs. Nous causâmes des
bleds, de la société des *amis* (1), de celle
des amis des noirs de France. Il me montra
différens livres composés par les amis.

Non, je n'ai jamais été édifié comme je
le fus dans cette maison. C'étoit l'azyle de
l'union, de l'amitié, de l'hospitalité. Sous
les auspices du beau-frère, je fus cordiale-
ment traité; on m'y donna un bon lit, draps
bien blancs, courte-pointe élégante.

_____

(1) Il faut se souvenir que les quakers s'appellent entr'eux
les amis, et que le nom de quakers ne leur est donné que
par les autres sectes.

Tome I. S

Les armoires, le secrétaire, les chaises, les tables, étoient de bois de noyer bien poli, bien luisant.

Le jardin à côté de la maison, fournissoit les légumes, les végétaux, les fruits.

Dix chevaux remplissoient l'écurie. Le maïs de l'année dernière, encore attaché à sa tige, étoit en un grand tas dans une petite cabane, dont les planches étoient à distance, et laissoient circuler l'air. Les granges étoient remplies de bled, d'avoine, etc. Des vaches fournissoient du lait délicieux à la famille, et l'on en faisoit des fromages excellens, qui se vendoient ensuite à la ville. Les moutons fournissoient la laine, dont étoit fait le drap qui couvroit le maître et les enfans. Ce drap étoit en partie fabriqué à la maison, en partie par un tisserand qui, étoit dans le voisinage. Il étoit ensuite porté au moulin à foulon, qui n'étoit pas loin. Tout le linge étoit fait à la maison.

Voilà ce qui occupoit perpétuellement la mère et les filles, tandis que les garçons étoient au champ. Je parcourus tout le domaine de ce bon laboureur; il avoit une pièce de 4 à 500 arpens, dont partie sur les bords de la Crique *Shamony*; cette pièce étoit bien boisée, et non encore défrichée. M. Shoe-maker me montra l'emplacement, où ce digne cultivateur se proposoit de bâtir une ferme pour son fils aîné. — Vous voyez, me dit-il, l'aisance de ce laboureur; il a beaucoup d'argent. Son père étoit un pauvre Ecossois; il est venu en Amérique, il s'est livré à la culture; et par son économie, son industrie, il a amassé une grande fortune; il a marié ses enfans. Celui-ci est de même très-riche. — Mais comment vend-il ses denrées? — Les grains, me dit-il, sont vendus au meûnier du voisinage; les légumes, le beurre, le fromage, sont envoyés une fois la semaine à la ville voisine.

J'allai voir ce meûnier du voisinage. Je me rappellai les éloges que M. Crevecœur a faits des moulins américains. Celui-ci les méritoit, pour la propreté qui y régnoit, pour l'intelligence qui en avoit distribué les différens départemens. — Il y avoit trois meules; l'une pour fabriquer la farine du commer-ce (1); l'autre pour la farine moins fine (2), destinée pour le pays; la troisième meule

_____

(1) *Fine flower.*
(2) *Middling.*

S 2

étoit de relais. On n'emploie que des meules de France pour la fine farine. Ces meules viennent par Bordeaux ou par Rouen. On a, dans ces moulins, multiplié les rouages et les machines pour épargner la main-d'œuvre et exécuter toutes les opérations, comme monter le bled, le nettoyer, monter la farine là où elle doit être étendue, la faire tomber dans la chambre, où elle doit être renfermée dans des barils, etc.

Ces barils sont marqués, au moulin même, du nom du meûnier, et la marque indique la qualité de la farine. Les inspecteurs la visitent au port, quand elle est destinée pour les étrangers, et la condamnent, si elle ne leur paroît pas marchande.

Comme il y a loin de ces réglemens à ceux de France! Vous vous rappelez, mon ami, qu'il y a deux ou trois ans, on assujétit les manufacturiers de toile peinte à faire estamper leur toile. Souvent l'estampillateur ne daignoit pas se transporter; il falloit lui envoyer la marchandise.

Je vis ensuite la maison du meûnier, où sa femme et ses voisines travailloient à des habits pour les enfans. Les maisons sont en général, ici comme dans le Massassuchett, séparées du moulin et de l'attelier du travail.

Les meûniers sont ici marchands de farine. Celui que je vis à Middleton, me parut bien entendre ce commerce, et y gagner. Les moulins sont l'espèce de propriété qui rend un revenu plus constant.

Je revins par un chemin tout-à-fait agréable à Philadelphie. J'y fus à peine, que je sentis des douleurs violentes dans l'estomac. Mon médecin les attribua à l'imprudence d'avoir mangé une douzaine de poires de rousselet, sans boire ni vin ni eau-de-vie. J'en fus cruellement tourmenté pendant deux jours. Je vomis de l'eau, je vomis le thé. La rhubarbe, que j'essayai, ne me guérit pas davantage. Je ne fus soulagé que par une boisson faite avec de l'eau-de-vie, du sucre et de l'eau. Uu remède m'en eût promptement délivré; mais on n'en fait point usage en Amérique; le nom même fait rougir. C'est une de ces fausses délicatesses angloises, qu'on devroit bien bannir. J'appris d'un François, avec qui j'avois diné à New-Yorck, et qui logeoit dans le même hôtel que moi, qu'il avoit essuyé la même indisposition, pour avoir bu de l'eau trop froide. Si j'entre dans ces détails, c'est parce qu'ils peuvent être utiles aux Européens qui voyagent dans cette contrée.

LETTRE XI.

Visite du bon Warner Miflin.

30 août 1788.

J'ÉTOIS malade , Warner Miflin vint me voir : vous connoissez Warner Miflin; vous avez lu l'éloge touchant qu'en fait *le Cultivateur américain.* C'est lui qui , le premier, affranchit tous ses esclaves ; c'est lui qui , sans passe-port, traversa l'armée du général Howe, et lui parla avec tant de fermeté et de dignité; c'est lui qui , ne craignant point les effets de la haine des Américains contre les quakers , alla, toujours sans passe-port, et au risque d'être traité d'espion , se présenter au général Washington , pour justifier à ses yeux la conduite des quakers; c'est lui qui , au milieu des fureurs de la guerre , également ami des François , des Anglois, des Américains, portoit des secours généreux à ceux d'entr'eux qui souffroient... Eh bien , cet ange de paix et de bienfaisance vint me voir « : Je suis Warner Miflin , me dit-il; j'ai lu le livre où tu défens la cause des amis , où tu prêches les principes de bienfaisance universelle ; j'ai su que tu étois ici , et je viens te voir ; j'aime d'ailleurs ta nation. J'ai été , je l'avoue , fort prévenu contre les François. Elevé dans les principes des Anglois à cet égard , je les haïssois. Lorsque je les ai vus , une voix secrète m'a dit que je devois chasser de mon cœur ce préjugé , que je devois les connoitre , les aimer ; je les ai donc recherchés , je les ai connus, et j'ai trouvé , avec plaisir , dans eux , un esprit de douceur et de bienveillance universelle , que je n'avois point rencontré chez les Anglois».

Je ne vous rapporterai point toute sa conversation, ni celles que j'ai eues depuis avec ce digne quaker ; elles ont fait la plus profonde impression sur moi. — Quelle humanité ! quelle charité ! il semble qu'aimer les hommes, que chercher à les obliger , soit sa seule existence, son seul plaisir. Il ne s'occupe que des moyens de faire, de tous les hommes , une seule famille : il n'en désespére point. Il me parla d'une société de quakers, qui existoient à Nîmes , des frères d'Amérique et d'Angleterre qui alloient les visiter : il les regardoient comme des instrumens qui devoient servir à propager le

S 4

quakérisme par-tout. Je lui parlai des obstacles , de la corruption de nos mœurs ,
de la puissance du clergé. Eh ! mon ami ,
me dit-il , le bras du Tout-Puissant n'est-
il pas plus fort que le bras des hommes ?
Qu'étions-nous , quand la société naquit en
Angleterre ? Qu'étoit l'Amériqne il y treize
ans , quand Benezet s'éleva contre l'esclavage des nègres ? Faisons toujours le bien ,
ne craignons point les obstacles , et le bien
se fera.

Songez, mon ami , que tout cela se disoit
sans prétention , sans affectation. Les paroles couloient de l'ame de ce bon quaker ;
il disoit ce qu'il sentoit, ce qu'il avoit cent
fois pensé ; il épanchoit son ame et non son
esprit. Il réalisoit ce qu'il me disoit des effets
prodigieux de cette voix , de cet esprit intérieur , dont les quakers parlent tant ; il en
étoit animé.—Son ame se peignoit dans la sérénité de sa physionomie, et dans son geste
agréable; car bien des quakers ont un geste,
quoiqu'on ait bien soin , dans les caricatures,
de nous peindre les quakers roides et sans
mouvement.

Ô ! qui peut voir , qui peut entendre un
homme aussi élevé au - dessus de la nature

humaine , sans réfléchir sur soi , sans chercher à l'imiter , sans rougir de ses foiblesses !
Que sont les plus beaux écrits devant une vie
aussi pure , une conduite aussi constamment
dévouée au bien de l'humanité ! Et que je
me suis trouvé petit en le contemplant ! Et
l'on viendra calomnier la secte à laquelle
appartient un homme aussi vénérable ! on
viendra la peindre comme le centre de l'hypocrisie , de la mauvaise foi ! Il faut donc
supposer, ou que Miflin joue l'humanité , ou
qu'il est de concert avec des hypocrites , ou
qu'enfin il est aveugle sur leur compte. Jouer
l'humanité , consentir à sacrifier ses intérêts,
à être bafoué , ridiculisé , à partager son bien
entre les malheureux, affranchir ses nègres,
et le tout par hypocrisie, ce seroit , à coup
sûr , une hyprocrisie très-mal calculée ; et
l'hypocrisie fait mieux ses calculs. Ensuite ,
si vous supposez cet homme intact et vrai,
pouvez-vous supposer qu'il s'entende avec
des fripons? ce seroit une contradiction absurde. Et enfin , en entendant cet homme
plein de sens, et doué d'un jugement solide,
raisonner avec tant de force , pouvez-vous
croire qu'il ait, toute sa vie, été dupe d'une
bande de fripons, lorsque, d'ailleurs, il a

été de leurs conseils les plus secrets, et un de leurs chefs? Oui, mon ami, je le répète, l'attachement d'un ange tel que Warner Miflin à la secte des quakers, est la plus belle apologie de cette société.

Werner Miflin m'a prié d'aller voir son amie ; c'est miss *Ameland*, qu'il devoit épouser sous quelques jours. — Je l'ai vue ; c'est un ange bien digne de ce respectable quaker. Quelle douceur ! quelle modestie ! et en même-temps quel agrément dans la conversation ! Miss Ameland aimoit autrefois le monde, faisoit des vers, de la musique, dansoit. Elle a renoncé, jeune encore, à tous ces amusemens, pour embrasser la vie d'une anachorète, au milieu du monde même. Elle a persisté dans son projet, malgré les plaisanteries, et elle va, avec son mari, faire des heureux dans ses terres de l'état de Delaware.

LETTRE XII.

*Enterrement d'un quaker, et assemblée
des quakers.*

Du dimanche 31 août 1788.

J'ASSISTAI à l'enterrement de Thomas Hol-
well, un des anciens dans la société des quakers. Jacques Pemberton m'y conduisit. Je
trouvai une foule d'amis rassemblés aux
environs de la maison du défunt, et attendant en silence le moment où son corps pa-
roîtroit. Il parut ; il étoit dans un cercueil
de bois de noyer, sans aucun drap ni ornement, porté par quatre amis. Suivoient des
femmes, qu'on me dit être ses plus proches
parentes, et ses petits-enfans (1). Quelques-
unes de ces femmes avoient le visage couvert d'un mouchoir. Tous ses amis suivirent
en silence, deux à deux. J'étois du nombre,

(1) Aucune n'étoit habillée en noir : les quakers regardent ce témoignage de douleur comme un enfantillage.
Le congrès a rendu, m'a-t-on dit, une ordonnance qui
défend de porter le deuil. Les Cincinnati portent le deuil,
en mettant un crêpe au bras.

avec Jacques Pemberton. J'observai qu'il n'y
avoit aucune place marquée ; que, jeunes
et vieux, tous se méloient également ; mais
que tous avoient également un air grave et
attentif. On arriva au cimetière, qui est dans
la ville, mais qui n'est pas entouré de maisons. J'y vis, près de quelques fosses, de
petits morceaux de pierre noire, espèce de
monument, où l'on me dit que le nom du défunt étoit gravé. La plupart des amis ne les
voient qu'avec peine : ils disent que l'homme
doit vivre dans la mémoire des amis, non
par de vaines inscriptions, mais par ses bonnes
actions. J'arrivai à la fosse, profonde, comme
à l'ordinaire, de 6 à 7 pieds. On déposa le
corps sur les bords. Vis-à-vis étoient des fauteuils de bois, où je vis s'asseoir les trois ou
quatre femmes qui m'avoient paru les plus
affectées.

Les amis assemblés autour du corps, res-
tèrent cinq à six minutes dans la méditation.
J'observois tous les visages : pas un qui ne
portât le caractère de gravité que devoit ins-
pirer cette cérémonie, mais point de signe de
douleur. Cet intervalle de temps étant écoulé,
on descendit le corps dans la fosse. On l'avoit
déjà couvert de terre, lorsque s'avança, près

de la fosse, un homme qui planta sa canne
dans la terre, y fixa son chapeau, et commença un discours relatif à cette triste cérémonie. Il trembloit de tout son corps (1).
Il avoit les yeux égarés. Peu habitué encore
au langage des quakers, je n'entendis pas
d'abord trop bien ce qu'il disoit ; ensuite
je me familiarisai, et je compris mieux.
Son discours rouloit sur les tribulations de
cette vie, sur la nécessité de recourir à
Dieu, etc. Quand il eut fini, une femme se
jetta à genoux, fit une prière très-courte ;
les hommes ôtèrent leurs chapeaux (2), et
chacun se retira ensuite.

Je l'avoue, je fus d'abord surpris du tremblement du prédicateur : nous sommes tellement accoutumés, d'après notre philosophie
européenne, à considérer ces effets comme
ceux de la charlatanerie, et à y joindre l'idée

_____

(1) J'ai su, depuis, que cet ami, prêcheur très-esti-
mable, étoit attaqué de la consomption ; qu'il avoit une
constitution fort délicate ; que, prié par les anciens, de se
corriger de ce tremblement, il avoit répondu l'avoir essayé,
mais inutilement.

(2) Quoique les quakers n'ôtent point leur chapeau en
entrant dans leur église, cependant ils regardent cette
cérémonie, comme une marque de respect envers la Divinité.

du ridicule, que j'eus beaucoup de peine à
me défendre d'une pareille impression : cependant j'en vins à bout; je me rappelai
qu'il m'étoit cent fois arrivé à moi-même,
lorsque j'étois échauffé sur un sujet, et en-
trainé dans une discussion intéressante, de
me laisser emporter hors de moi, de ne plus
rien voir, de ne plus rien entendre, et d'é-
prouver cette espèce de tremblement. J'en
conclus qu'un pareil tremblement pouvoit
être naturel, et devoit sur-tout saisir un
homme continuellement occupé de méditations, sur l'Éternel, sur la mort, sur la vie
future. — Si jamais des objets frappans peuvent plonger dans des extases, ce sont certainement ceux qui concernent la vie future.
On a prétendu que les charlatans en avoient
aussi : je ne sais; mais il me semble que le
mensonge doit percer aisément dans l'homme
qui n'est pas réellement inspiré, et par un
grand objet.

J'allai de-là au meeting, ou à l'assemblée
des amis. Le silence le plus profond y fut
observé pendant près d'une heure. J'étois
vis-à-vis d'un banc plus élevé que les autres,
que je sus depuis être le banc des ministres
ou des prédicateurs; car les quakers ont

aussi leurs ministres, et telle est la manière
dont ils s'ordonnent. Lorsqu'un ami a parlé
plusieurs fois, lorsqu'il a annoncé des dispositions et du zèle, plutôt que du talent,
le comité des ministres et des anciens, qui
s'assemble toutes les semaines, le recom-
mande au *Monthly-Meeting*, ou à l'assemblée
de mai, qui, si elle le trouve convenable, le
place au rang des ministres. Un des amis,
qui étoit dans ce banc, se leva, prit la parole, dit quatre mots, s'arrêta pendant une
minute, prononça ensuite quatre autres
mots, et son discours fut en entier prononcé
de la même manière. Cette méthode est assez
généralement suivie parmi les prédicateurs
des quakers.; car un autre, qui parla ensuite, observa les mêmes intervalles.

Soit effet de l'habitude, soit raison, cette
manière décousue ne me parut pas propre à
produire un grand effet; car le sens de la
phrase est perpétuellement interrompu, or
on est obligé de deviner ou d'attendre; et
on se fatigue de l'un, et on s'ennuie (1) de
l'autre.

---

(1) Senèque, en parlant des différentes manières de prononcer des discours philosophiques, fait ; sur celle-ci, des

Cependant, ne jugeons point avec trop de précipitation, et voyons ce qui peut avoir porté les quakers à cet usage. Sûrement la manière des orateurs anciens, et de nos prédicateurs, est mieux imaginée, pour produire sur le peuple les grands effets de l'éloquence. Ils parlent tour-à-tour à l'esprit et à l'imagination, aux passions et à la raison ; ils plaisent pour émouvoir, ils plaisent pour convertir ; c'est par le plaisir qu'ils cherchent à vous entraîner. Voilà l'éloquence nécessaire aux hommes blasés, énervés, qui veulent s'épargner la peine de penser. Les quakers n'ont point ce caractère ; ils s'habituent de bonne heure à la méditation, à la contemplation ; ils s'accoutument à puiser dans eux-mêmes de grandes vérités, ils sont hommes *de beaucoup de réflexion, et de peu de mots;* ils n'ont donc pas besoin de prédicateurs à

---

réflexions bien judicieuses. — *Sic itaque habe, istam vim dicendi rapidam atque abundantem aptiorem esse circulanti quàm agenti rem magnam ac seriam , docentique æquè stillare illam nolo quàm currere. Nec extendat aures, nec obruat. Nam illa quoque exilitas et inopia minùs intentum auditorem habet tædio interruptæ tarditatis ; faciliùs tamen insidit quod expectatur, quàm quod prætervolat.*

Epist. 40.

phrases

phrases sonores et à longs sermons ; ils dédaignent l'élégance comme un amusement inutile, et les longs sermons leur paroissent disproportionnés aux forces de la nature humaine, et peu propres à remplir l'objet du saint ministère ; car il ne faut pas accabler à la fois l'esprit d'un si grand nombre de vérités, si l'on veut qu'elles germent ; et l'objet du ministère étant de convertir, il doit chercher plus à faire réfléchir, qu'à éblouir ou amuser. La manière des prédicateurs quakers étoit nouvelle pour moi ; aussi beaucoup d'idées m'échappèrent : ce que j'entrevis, c'est qu'ils prêchoient une morale saine, dans le langage de l'écriture. Mais, je l'avoue, ceux qui aiment l'éloquence de nos orateurs, ne doivent point fréquenter les meetings des quakers. *Non est hic panis omnium.* Je me réserve, au surplus, pour les juger mieux, de les entendre encore quelquefois.

J'observai les visages des hommes et des femmes ; ils avoient un air de gravité qui souvent étoit mêlé de teintes de tristesse. Je ne sais si c'est encore préjugé ; mais j'aimerois, dans ceux qui adorent la divinité, un air moins sombre, plus affectueux, plus aimable. Cet air dispose à s'aimer les uns et

Tome I.   T

les autres, à aimer son culte; cet air retiendroit beaucoup de jeunes gens; que trop de sévérité effarouche: et pourquoi, d'ailleurs, quand on a une bonne conscience, prier Dieu d'un air fâché?

La prière, qui termina l'assemblée, étoit fervente; elle fut prononcée par un ministre qui tomba à genoux; les hommes se levèrent en ôtant le chapeau, et chacun se retira après avoir serré la main de son voisin.

Quelle distance de ce culte simple à celui des catholiques ! La réforme a dû aller en décroissant. Vous trouverez toujours moins de formes, en descendant du catholicisme au luthéranisme, du luthéranisme au presbytérianisme, du presbytérianisme au quakérisme ou au méthodisme : c'est ainsi que la raison de l'homme va toujours en se perfectionnant.

J'ai souvent été étonné en considérant cette simplicité du culte des quakers, l'air de tristesse et d'ennui, qui semble, aux yeux d'un Européen, l'accompagner, et qui par conséquent doit en dégoûter les jeunes gens et les jeunes personnes, sur-tout lorsqu'ils voient plus de gaieté, plus de luxe, plus de mode, plus de brillant, autorisés par les autres cultes; j'ai, dis-je, été étonné que

cette secte se soutint encore, et fît même des
prosélites. En en recherchant les causes, on
les trouve dans l'habitude qui assouplit l'ame
à toutes les positions , même aux plus désa-
gréables ; à l'esprit de corps, qui se pique
de ne pas déserter les principes qu'il a em-
brassés , et qui les défend , même lorsqu'ils
sont faux : esprit d'autant plus influant ici ,
qu'il n'est aucune secte qui ait porté plus loin
l'idée de l'égalité , idée si flatteuse pour l'homme ; à *l'esprit de famille*, qui rend une religion héréditaire ; à l'esprit d'intérêt , qui
craint de se perdre, en quittant la religion de
ses pères. Il faut sur-tout attribuer cet effet singulier à l'image du bonheur domestique dont
jouissent les quakers. Renonçant à tous les
plaisirs extérieurs, aux spectacles , à la musique , aux promenades, ils sont tout à leurs
devoirs, à leurs femmes, à leurs enfans, à
leur commerce : aussi sont-ils aimés de leurs
femmes , chéris de leurs enfans , respectés
de tous leurs frères. Tel est le spectacle qui
ramène souvent au sein du quakérisme des
hommes qui l'ont plaisanté dans leur jeunesse. Quand l'âge de la réflexion vient, on
porte naturellement les yeux sur les hommes

d'une vie exemplaire , et on adopte leur doctrine et leur pratique.

L'histoire des quakers prouvera la fausseté d'un principe qui a souvent été avancé en politique : c'est que pour retenir une masse d'hommes dans l'ordre, il falloit un culte *sensible*, et qu'on l'attachoit d'autant plus , que ce culte le rapprochoit plus du spectacle. Voilà ce qui a enfanté ou justifié le plein - chant, les concerts spirituels, nos processions, nos ornemens, etc. Deux à trois cents mille quakers n'ont aucune de ces momeries , et cependant ils observent l'ordre.

Ce fait, si frappant, m'a conduit à une autre conclusion , dont on a jusqu'à présent contesté la solidité : c'est la possibilité d'un *peuple déiste* (1). Un peuple déiste, et se conformant à l'ordre , sera le miracle de la religion politique. Eh ! pourquoi n'existeroit-il pas , lorsque les lumières seront plus universellement répandues , lorsqu'elles auront

_____

(1) Ni les Anglois ni les Américains n'attachent à ce mot la même idée qu'un François. Ils regardent un déiste comme une espèce de matérialiste. J'entends par déiste un homme qui croit en Dieu , et à l'immortalité de l'ame.

pénétré les derniers rangs de la société ? Quelle distance y auroit-il entre les quakers et les déistes, se rassemblant pour entendre un discours sur l'immortalité de l'ame, et pour prier Dieu dans un langage plus simple?

LETTRE XIII.

Visite d'une maison d'amélioration (1) *ou de correction.*

Du lundi premier septembre 1788.

Je viens de voir l'hôpital, appelé *Bettering-House*, ou maison de correction de Philadelphie : j'étois accompagné par M. Shoemaker, un des directeurs. Je vous ai déjà parlé de cet ami.

Cet hôpital est situé en pleine campagne, dans une des parties de Philadelphie qui n'est pas encore couverte de maisons.

Cette campagne est déjà divisée en rues régulières. Fasse le Ciel que ces rues pro-

_____

(1) Je traduis ainsi le mot *Bettering*, parce que cet hôpital, contre l'effet ordinaire des hôpitaux, y rend les prisonniers meilleurs.

jettées ne soient jamais qu'imaginaires ! Si elles se parent un jour de maisons, ce sera un malheur pour les hôpitaux, pour la Pensylvanie, pour l'Amérique entière.

Cet hôpital, bâti en briques, est composé de deux vastes corps de bâtiment, dont l'un est destiné pour les hommes, et l'autre pour les femmes. Il y a une séparation dans la cour, qui leur est commune.

Cette institution a divers objets. — On y reçoit les pauvres, les malades, les orphelins, les femmes en couche, les personnes attaquées de maladies vénériennes. — On y renferme aussi les vagabonds, les mauvais sujets, et les filles de mauvaise vie.

Il existe donc aussi, me direz-vous, jusques dans le sein de Philadelphie même, ce commerce dégoûtant de maladies, plutôt que de plaisir, qui, depuis si long-temps, empoisonne notre continent ! Oui, mon ami, cette lèpre afflige les deux ou trois villes maritimes les plus considérables du nouveau continent. Elle étoit presque inconnue avant la révolution; mais le séjour des armées étrangères l'y a naturalisée, et c'est un autre fléau que l'Amérique libre nous doit. Mais ce trafic ne se fait pas aussi scandaleusement qu'à

Paris et à Londres ; il est restreint, géné, avili, et presque imperceptible. L'on doit dire, à l'honneur des Américains, qu'il n'est alimenté que par les émigrans ou voyageurs européens ; car la sainteté du mariage est encore universellement respectée en Amérique ; et les jeunes gens se mariant aisément et de bonne heure, ne sont pas tentés d'aller se déshonorer, en s'empoisonnant dans un lieu de prostitution.

Je reviens à l'hôpital que je vous décrivois.

Il y a des salles particulières pour chaque espèce de pauvres ou de malades, et chaque salle a un surveillant ou surveillante.

Cet hôpital étoit riche et bien tenu avant la guerre ; les quakers composoient alors la plus grande partie des administrateurs. La guerre et le papier-monnoie introduisirent un autre ordre de choses. Pendant la guerre, l'assemblée législative résolut de n'admettre, dans l'administration, que des personnes qui auroient prêté le serment d'*allegiance*, ou de foi, au gouvernement républicain. Les quakers en furent dès-lors exclus ; l'administration tomba dans des mains qui n'étoient pas pures ; l'esprit de déprédation se manifesta ; le papier-monnoie fit encore plus de

mal. Des créances de cet hôpital furent rem-
boursées, c'est-à-dire perdues par cette opération. Il y a environ un an, sur le rapport
des inspecteurs des hôpitaux, l'assemblée
législative, considérant les abus qui s'étoient
glissés dans l'administration des hôpitaux,
n'imagina pas de meilleur moyen pour les
réformer, que de confier celui-ci de nouveau
aux quakers. Le vœu public confirma cette
disposition. Sans aucun ressentiment pour
l'affront qu'on leur avoit fait pendant la
guerre, et ne songeant qu'au bien qu'ils
pouvoient, qu'ils devoient faire, les amis
acceptèrent l'administration, et l'exercèrent,
comme auparavant, avec zèle et désintéressement. Ce changement produisit l'effet
qu'on en attendoit; l'ordre se rétablit insensiblement.

Il y a plusieurs administrateurs nommés,
qui, à tour de rôle, sont obligés de visiter
chaque jour cet hôpital. Six médecins y sont
attachés, et font le service gratuitement.

J'avois vu des hôpitaux en France; j'avois
vu ceux de Paris, ceux de quelques provinces; je ne connois que celui de Besançon
qui puisse être mis en comparaison avec
celui de Philadelphie. Chaque malade ou

chaque pauvre a son lit bien garni, mais sans rideaux, et c'est un bien. Chaque salle est éclairée par des fenêtres opposées, qui répandent une grande lumière, cette lumière une des consolations de l'homme confiné, et dont les tyrans sont, par ce principe, cruellement avares. Ces fenêtres facilitent, d'un autre côté, la circulation de l'air. La plupart ouvrent sur les champs; et comme elles ne sont pas fort élevées, et qu'elles sont sans grilles, il seroit facile aux prisonniers qui voudroient s'échapper, de remplir leur dessein. Mais il n'entre dans la tête d'aucun. Ce fait prouve que les prisonniers même y sont heureux, et prouve, par conséquent, la bonté de l'administration.

Les cuisines sont proprement tenues, et n'exhalent point cette odeur fétide et nauséabonde des meilleures cuisines de France. Les salles à manger, qui sont au rez-de-chaussée, sont également propres et bien aérées; la propreté et le bon air règnent partout. Un jardin, assez grand, qui est à l'extrémité de la cour, fournit les végétaux et les herbes nécessaires pour la cuisine. Je fus étonné d'y trouver une foule de plantes et d'arbustes étrangers. Ce jardin est très-bien

soigné, bien cultivé ; beaucoup de personnes
y travaillent pour leur amusement ; on élève,
dans la cour, une grande quantité de cochons,
car , en Amérique , le cochon fait , avec
le bœuf, les honneurs de la table, pendant
toute l'année.

Je vous décrirai difficilement les sensations qui , tour à tour , assiégèrent , réjoui-
rent , affligèrent mon ame , en parcourant
les différentes salles de cet hôpital. Un hôpital, quelque bien administré qu'il soit,
m'offre toujours un spectacle déchirant. Il
me paroît si doux , pour l'homme qui est
malade, d'être seul, traité chez soi, par sa
femme, ses enfans, ses voisins, d'être, de
temps en temps , consolé par eux , que je
ne regarde que comme de vastes sépulcres,
les hôpitaux, où sont rassemblés une foule
d'individus , étrangers les uns aux autres,
séparés de ce qu'ils ont de plus cher, ou
peut-être n'ayant plus personne qui leur soit
chère. Et qu'est l'homme dans ce dernier
état ? La feuille détachée de l'arbre , et qui
est entraînée dans le torrent ! le cadavre qui
ne tient plus à rien , et qui est voisin de sa
dissolution !

Mais ensuite cette idée fait place à une

autre. — Puisque les sociétés sont condam-
nées à avoir des villes immenses ; puisque
le produit nécessaire de ces villes est la misère et le vice, ces maisons sont donc des
asyles de bienfaisance ; car, que devien-
droient, sans ces institutions, la plupart
des individus, qui, n'ayant plus de refuge,
y en trouvent un ; tant de femmes aveugles,
sourdes, dégoûtantes par leurs nombreuses
infirmités ? Elles seroient abandonnées, et
périroient bientôt. Telle fut la réflexion qui
se présenta à moi, lorsque j'entrai dans la
première salle. J'y vis des figures hideuses ;
et je ne sais pourquoi le hideux, chez les
femmes, a quelque chose de plus horrible
que chez les hommes. Peut-être est-ce l'effet
de la réminiscence du contraste : on est
accoutumé à chercher des graces, des char-
mes dans les femmes ; elles semblent faites
pour le plaisir ; et ici l'horreur tient la place
du plaisir : peut-être aussi les infirmités des
femmes ont-elles réellement un caractère
plus dégoûtant ; peut-être encore l'humeur
acariâtre, grondeuse de la plupart de ces
femmes, vient-elle renforcer l'impression désagréable.

Quoi qu'il en soit, je vis, dans cet hôpi-

tal, tout ce que la misère et la maladie
peuvent rassembler; j'y vis des femmes souf-
frantes sur un lit de douleur; d'autres, dont
la figure pâle, l'air maigre, et les boutons,
attestoient la funeste incontinence; d'autres
qui attendoient, en gémissant, le moment
où le Ciel les délivreroit d'un fardeau qui
devoit les déshonorer; d'autres tenant dans
leurs bras le fruit, non d'un hymen légitime, mais d'un amour trahi. Pauvres inno-
centes créatures, nées sous l'étoile du malheur! pourquoi faut-il que, si jeune, l'homme
soit prédestiné au malheur! Bénissons le Ciel
au moins de ce qu'il est un pays, où la bâtar-
dise n'est pas un obstacle au bonheur ni au
droit de citoyenneté. Je voyois, avec plaisir,
ces malheureuses mères caresser leurs enfans, écarter de leurs joues les mouches qui
les fatiguoient.

Il y avoit peu d'enfans dans la salle des petits
orphelins : ils étoient très-bien portans; ils
avoient presque tous de l'embonpoint, et l'air
gai et content. Un autre directeur, que j'y
trouvai, leur distribuoit des gâteaux, qu'il
avoit achetés dans son chemin. Ainsi, les
directeurs des hôpitaux pensent à leurs malades, loin d'eux, s'occupent de leur bien-

être ! Il est donc une terre où l'ame d'un directeur d'hôpital n'est pas une ame de bronze !

Et les nègres et les négresses sont ici confondus avec les blancs, couchent dans les mêmes salles. Cette vue m'édifia ; il sembloit qu'un baume adoucissoit mon sang. J'entrevis une négresse, de 30 ans environ, qui, à côté de son lit, filoit avec beaucoup d'activité. Ses yeux sembloient attendre que le directeur lui dît un mot de consolation : elle l'obtint, et il me sembla que de l'entendre, elle étoit au ciel. J'aurois été plus heureux, si ce mot eût dépendu de moi ; j'en aurois dit plusieurs. Pauvres nègres ! combien nous leur devons de réparations pour tout le mal que nous leur avons fait, que nous leur faisons encore ! et ils nous aiment !

Le bonheur de la négresse n'étoit pas cependant égal à celui que je vis briller sur le visage d'une jeune fille aveugle, qui sembla tressaillir, en entendant parler à ses côtés le bon directeur. Il lui demanda de ses nouvelles ; elle lui répondit avec délectation. Elle prenoit son thé sur une petite table, où son service étoit proprement arrangé. — Son thé ! — Mon ami, vous êtes étonné de ce luxe dans un hôpital ; c'est qu'il y a de l'humanité dans cet hôpital, et qu'on n'y entasse pas les individus, pour les étouffer. On y donne le thé à ceux dont la conduite est satisfaisante : ceux qui, par leur travail, se font des épargnes, les consacrent à se donner des jouissances. — Mais, pourquoi du thé ? pourquoi de l'eau chaude ? pourquoi pas plutôt un verre de vin ? — Mon ami, le thé est un repas, et un repas compliqué ; il offre diverses jouissances, et un verre de vin n'en offre qu'une bien courte ; et l'homme aisé tient aussi aux jouissances qui se prolongent. Je vis une vieille femme qui prenoit son thé avec du beurre et du jambon, et elle disoit qu'elle ne se portoit pas bien.

Moi, qui crois aux pernicieux effets des eaux chaudes, je desirerois que le thé eût un substitut ; mais il est difficile à trouver : puis le pouvoir de l'habitude est si grand ! le rompre offre tant de tourmens ! le préserver est si peu coûteux ! C'est un calcul fait, le repas le moins cher (1) est certainement

_____

(1) Et voilà pourquoi, dans les villages anglois, les journaliers même boivent plutôt du thé que de la bierre. Pour boire de la bierre dans un village, il faut la faire

un repas de thé, et sur-tout dans un pays où le beurre est infiniment moins cher qu'en Europe, et où le sucre l'est moins aussi. C'est ce qui doit déterminer l'administration de cet hôpital à en accorder à tous les prisonniers, comme les médecins le proposent. Le thé qu'on y boit est du thé bohea, moins sujet à attaquer les nerfs que le thé verd.

Je remarquai dan cet hôpital, que les femmes y étoient en bien plus grand nombre que les hommes ; et parmi ces derniers, je vis peu de ces figures hideuses, si communes dans nos hôpitaux de Paris : figures où se peignent le crime, la misère, l'insolence. Ils avoient l'air décent. Plusieurs demandèrent au directeur d'être élargis, et ils le furent. Je vis avec plaisir qu'ils lui parloient avec respect. —

Mais, en quittant cette maison, ont-ils des ressources ? Ils en ont dans leurs bras, me répondit le directeur, et ils peuvent être oc-

---

soi-même, et en une certaine quantité ; il faut acheter une certaine quantité de drêche. Or, un journalier n'a pas 6 liv. à donner sur le champ ; il préfère donc la boisson qu'il peut acheter en détail, et qui lui coûte seulement quelques sous, ou un schelling.

cupés utilement en sortant. — Mais les femmes? Leur condition n'est pas si heureuse, et voilà ce qui multiplie les filles de mauvaise vie, et prolonge leur désordre. C'est pour prévenir cet inconvénient qu'on propose, d'établir un genre d'ouvrage pour les filles, d'en amasser le produit, et de le leur donner en sortant, ou bien, si elles préfèrent de rester ici, en travaillant, de le leur placer avantageusement.

Ce projet s'exécutera, je n'en doute point; les quakers sont ingénieux et persévérans, quand il s'agit du sort des malheureux. Mon ami, l'auteur de ce projet étoit mon directeur; je le voyois aimé, respecté, ne s'occupant que des choses utiles, et il n'avoit que 30 ans! et l'on s'étonne que je vante une secte qui produit de pareils prodiges!

Je la peindrai par un trait. En sortant, nous bûmes une bouteille de cidre. Comparez ce frugal repas, aux festins somptueux des sur-intendans des pauvres de Londres, de ces honnêtes inspecteurs, qui, pour arrêter 6 liv. de réparations à faire, dépensent six guinées en un repas. Vous ne trouverez point chez les quakers, ces vols infâmes faits à l'indigence, ces trahisons à la bienfaisance. Riches

ches et pauvres, bénissez-les donc. Riches, parce que leur probité n'enfle point les taxes ; pauvres, parce que leur humanité désintéressée veille sans cesse autour de vous.

La dépense de cette maison monte à 3 schellings environ, monnoie de Pensylvanie, par malade, chaque semaine (1) : c'est 6 sous par jour pour chaque malade. Vous savez que dans l'hôpital de Paris, le plus fidelement, le plus économiquement administré, chaque journée coûte plus de 17 sous. Et quelle différence dans le traitement !

---

(1) Le schelling vaut 14 sous.

Tome I. V

LETTRE XIV.

Hôpital des Fous.

Du 1er septembre 1788.

Je l'ai vue, cet hôpital des fous, que M. de Crevecœur a si justement vanté, et que l'humain M. Mazzei ne regarde que comme une curiosité qui ne vaut pas la peine d'être vue. Le bâtiment est beau, élégant, bien tenu. Il y règne par-tout une propreté ravissante, dans les salles des malades, comme dans les chambres particulières. Le buste de Franklin me frappa dans la bibliothèque. Je demandai pourquoi il étoit là? C'est, me répondit-on, que cet homme respectable a été un des premiers fondateurs de cet établissement. Cette bibliothèque n'est pas nombreuse, mais elle est bien choisie: j'y vis, avec plaisir, la quatrième édition, en Anglois, des Elémens de l'histoire naturelle et de la chymie, de mon jeune maître et ami, M. Fourcroy. —

La salle, au premier étage, est consacrée aux hommes: il y avoit cinq à six malades.

Le nombre des femmes, logées au second, n'étoit pas plus considérable. Ces malades n'avoient point l'air misérable, ils sembloient être chez eux. Je descendis au-dessous de la première salle, pour voir les fous, qu'on appelle *lunatiques* ; il y en avoit environ quinze ; nombre égal à-peu-près d'hommes et de femmes. — Chacun est renfermé dans une cellule, où il y a lit, table et une grande ouverture, donnant sur une cour, garnie d'une grille et d'un contre-vent. A la porte est une autre ouverture par laquelle on voit ces infortunés ; entre deux cellules est un poële pratiqué dans la muraille, pour les échauffer dans l'hiver.

On me dit qu'il n'y en avoit aucun de méchant, que la plupart étoient des *mélancoliques religieux*, des femmes à qui l'amour avoit fait perdre la raison ; un autre étoit devenu fou de chagrin. J'y vis un prisonnier qui me parut plongé dans une profonde méditation, une fille, jeune et passablement jolie, dont le regard étoit doux, et qui me rappela la *Silvia* de Sterne ; elle nous parla avec une douleur intéressante. L'infidélité d'un officier anglois, dont elle aimoit encore à prononcer le nom, l'avoit réduite à cet état douloureux.

Ces fous sont traités avec la plus grande douceur; on les laisse se promener dans la cour;
ils sont visités constamment deux fois la semaine, par deux médecins. Le docteur Rush,
l'un d'eux, a imaginé de faire mettre une es-
carpolette dans la cour, pour leur exercice.

Quelle différence entre cette méthode humaine et le régime attroce auquel nous
condamnons les fous en France. On les en-
ferme, et ils ne manquent guères de devenir
plus fous qu'ils n'étoient..... Les Turcs, au
contraire, dit le philanthrope Bernardin de
Saint - Pierre, les respectent singuliére-
ment...... Ils s'empressent de leur présenter
à manger, et ils leur font toutes sortes de ca-
resses. On n'entend jamais dire qu'ils aient
offensé personne. Nos fous, au contraire,
sont dangereux, parce qu'ils sont misérables.
Etudes de la nature, tom. 3, pag. 314.

La vue de ces malheureux m'affecta plus
encore que celle des malades. Le dernier des
maux est, suivant moi, l'emprisonnement,
et je ne conçois pas qu'on puisse guérir un
être malade, en prison (1); car le renferme-

(1) Ce mot me rappelle encore ces vastes prisons, où
l'on entasse les pauvres malades en France, sous prétexte de

ment est une maladie prolongée. L'exercice,
la promenade, la vue des campagnes, le mur-
mure d'un ruisseau, le chant des oiseaux,
me paroissent, avec le régime des végétaux,
le meilleur moyen de guérir les fous. Il est
vrai que cette méthode attache autour d'un
seul malade deux ou trois personnes ; car enfin ce malade peut avoir ses accès.

---

les guérir. « Un malade du peuple, dit le philosophe que
je viens de citer, n'a guères besoin que de bon bouillon ; sa
famille profiteroit de la viande qui serviroit à le faire »…..
Les hôpitaux sont sujets à bien d'autres inconvéniens. Il s'y
forme des maladies d'un caractère particulier, souvent plus
dangereuses que celles que les malades y apportent…… Il
en résulte encore de plus grands maux pour le moral. Une
personne, qui a de l'expérience, m'a assuré que la plupart
des criminels qui finissent leurs jours au gibet ou aux ga-
lères, sortoient des hôpitaux ». — *Etudes de la nature*, tome 3,
pag. 313.

Ce systême de traitement pour les pauvres malades n'est
pourtant pas sans des inconvéniens qui méritent d'être pesés.
Voyez, à cet égard, le savant et judicieux ouvrage d'un
médecin qui, aux connoissances et à la pratique de son art
dans les hôpitaux, joint les lumières d'un philosophe, et
l'enthousiasme, pour la liberté, d'un démocrate, de mon
digne ami, le docteur Chambon. — Cet ouvrage a pour
titre : *Moyens de rendre les hôpitaux plus utiles à la nation*. —
A Paris, rue et hôtel Serpente.

V 3

L'impossibilité de suivre cette méthode, pour un grand nombre, a fait préférer celle qui est en usage à l'hôpital de Philadelphie. Il faut des serrures, des cadenats, là où les hommes sont rares. Mais pourquoi avoir établi les cellules de ces malheureux au-dessous du rez-de-chaussée? L'insalubre humidité les pénètre. Le docteur Rush, si humain, si éclairé, me dit qu'il avoit tout tenté pour faire changer cet ordre, qu'il n'avoit pu réussir ; que cette maison avoit été bâtie dans un temps où l'on ne croyoit pas qu'on dût prendre tant de peines pour loger des fous. Il me dit qu'il résultoit de-là un autre inconvénient, c'est que les fous étant au-dessous de la salle des malades, les éveilloient au milieu de la nuit, et retardoient leur guérison. Je remarquai qu'aucun de ces fous n'étoit déshabillé, ni indécemment. Ainsi ce peuple conserve, au milieu de sa folie, son caractère primitif d'honnêteté et de décence (1). Plusieurs de ces malades guérissent cependant.

Je n'ai pu sortir de ce lieu, sans être tourmenté d'une réflexion amère . . . . . le plus brillant génie peut finir ainsi ses jours ! Si

(1) Il y a des exemples du contraire, mais bien rares.

Swift n'eût pas été riche , il eût traîné ses derniers jours dans un hôpital. O vous , qui veillez sur les hôpitaux , portez donc dans votre ministère toute la douceur possible ; c'est peut-être un bienfaiteur de l'humanité que vous traitez!

LETTRE XV.

Sur Benjamin Franklin (1).

GRACES soient rendues au Ciel! il existe encore , ce grand homme , si long-temps le précepteur des Américains , et qui a si glorieusement contribué à leur indépendance. La mort avoit menacé ses jours. Nos alarmes sont dissipées , la santé lui est rendue. Je viens de le voir , de jouir de sa conversation , au milieu de ses livres , qu'il appelle encore ses meilleurs amis. Les douleurs que lui cause la cruelle infirmité qui le tourmente , la pierre , n'altèrent point la sérénité de son visage , ni le calme de ses entretiens : ils pa-

---

(1) Dans l'éloge de ce grand homme, fait à la société de 1789, par M. la Rochefoucaud, on voit son nom constamment écrit ainsi : *Franklyn.* C'est une erreur.

V 4

roissoient si agréables à nos François, qui vivoient dans son intimité! Que ne leur paroîtroient-ils pas ici, où son ancien rôle diplomatique ne lui impose plus le masque de cette réserve gênante qui glaçoit quelquefois ses convives. Franklin, au milieu de sa famille, paroît être un de ces patriarches qu'il a peints, dont il copioit le langage avec tant de naïveté. Il semble un de ces anciens philosophes, qui, de temps en temps, descend de la sphère élevée, où son esprit le porte, pour instruire de simples mortels, en se prêtant avec indulgence à leurs foiblesses.

J'ai trouvé, en Amérique, une foule de politiques éclairés, d'hommes vertueux; mais je n'en ai point vu qui me parussent posséder à un si haut degré que Franklin les caractères du vrai philosophe. Vous les connoissez, mon ami : amour du genre humain, qui devient le besoin de tous les instans de la vie, zèle infatigable pour le servir, lumières étendues, simplicité dans les manières, et pureté dans les mœurs; ce portrait n'établiroit pas une ligne de séparation assez marquée entre lui et les politiques patriotes, si je n'ajoutois un trait caractéristique; c'est que Franklin, au milieu de la vaste scène où il jouoit un si

brillant rôle, avoit les yeux sans cesse fixés
sur un théâtre bien autrement vaste, sur le
ciel, sur la vie future; le seul point de vue
qui puisse soutenir, désintéresser, agrandir
l'homme sur la terre, et qui en fasse un vrai
philosophe. Toute sa vie n'a été qu'une étude,
qu'une pratique constante de la philosophie.
Je veux vous en donner une esquisse, d'après
les traits que j'ai recueillis ici. Comme son
histoire a été fort défigurée, cette esquisse
pourra servir à rectifier quelques-unes de ces
anecdotes mensongères qui circulent en
Europe.

Franklin, né à Boston en 1706, étoit le
quinzième enfant d'un homme qui, après
avoir été teinturier, avoit établi une fabrique de savon. Il vouloit y former cet
enfant, qui prit un dégoût insurmontable,
et qui lui préféroit la vie et le métier de
matelot. Son père aima mieux le mettre en
apprentissage chez un autre de ses enfans,
imprimeur à Boston. Il composoit une gazette. Le jeune Benjamin, après avoir servi
la presse, alloit distribuer cette gazette aux
souscripteurs. Trois traits auroient dû donner alors la mesure de son ame, et faire
prédire ce qu'il deviendroit un jour.

Il essaya son génie dans des fragmens qu'il adressoit à son frère, en déguisant son écriture. Ils plurent généralement; et ce frère, qui le traitoit plutôt en maître qu'en parent, devint bientôt jaloux de lui, et lui suscita tant de tracasseries, que Benjamin Franklin fut obligé de le quitter et d'aller chercher fortune à New-Yorck.

Benjamin avoit lu un traité du docteur Tryon, sur le régime pythagoricien; fortement convaincu par ses raisonnemens, il s'abstint de la viande pendant long-temps, et ne se réconcilia avec son usage, qu'à là vue d'une morue qu'il prit en pleine mer, et dans l'estomac de laquelle il trouva plusieurs petits poissons. Il en conclut que puisque les poissons se mangeoient, les hommes pouvoient bien se nourrir des animaux. Cette diète pythagoricienne économisoit l'argent de l'apprentif imprimeur; il s'en servoit pour acheter des livres; car la lecture fut sa première et la constante passion de toute sa vie.

Le puritanisme déployoit alors sa désolante austérité dans le Massasuchett; il paroît que le jeune Franklin sut de bonne heure en apprécier les simagrées. Comme son père faisoit précéder ses repas de longues oraisons et de bénédictions sur tous les plats, il voulut le corriger par ce trait plaisant. Il étoit occupé, à l'entrée de l'hiver, à saler des provisions : Père, lui dit-il, vous devriez faire la bénédiction une fois pour toutes, sur ce tonneau de viandes, *ce seroit une grande économie de temps*.

Benjamin se peignit dans ce dernier trait, dont le principe étoit la base de sa politique.

Sorti de la maison paternelle, presque sans argent, sans recommandation, ne s'appuyant que sur lui-même, mais fier et jouissant de son indépendance, il fut accueilli par des accidens qui l'éprouvèrent, sans le décourager. Errant dans les rues de Philadelphie, avec six francs environ dans sa poche, inconnu à tout le monde, mangeant avec avidité un pain, en en tenant deux sous son bras, étanchant ensuite sa soif dans les eaux de la Delaware, qui auroit pu reconnoître dans cet ouvrier misérable, un des législateurs futurs de l'Amérique, l'ornement du nouveau monde, un des chef de la philosophie moderne, et un ambassadeur couvert de gloire dans la contrée la plus riche, la plus puissante, la plus éclairée de l'univers? Qui

auroit pu croire que la France, que l'Europe
éleveroit un jour des statues à cet homme, qui
n'avoit pas de quoi reposer sa tête ? Ce trait
rappelle celui de J. J. Rousseau ; ayant pour
toute fortune six liards, harrassé de fatigue,
et tourmenté par la faim, il balançoit s'il sa-
crifieroit sa petite pièce à son repos ou à son
appétit ; finissant ce combat par l'achat d'un
petit pain, il se livra au sommeil en plein
air, et dans cet abandon de la nature et des
hommes, il jouissoit encore de l'une et mé-
prisoit les autres. Le Lyonnois, qui dédai-
gnoit Rousseau, parce qu'il étoit mal vêtu,
est mort inconnu, et l'homme mal vêtu a
des autels aujourd'hui. Ces exemples doivent consoler les hommes de génie que le sort
a réduit à une semblable position, et qui
sont obligés de lutter contre les besoins.
L'adversité les forme ; qu'ils persévèrent, et
la même récompense les attend.

Philadelphie ne fut pas le terme des malheurs de Benjamin Franklin, il y fut trompé,
joué par le gouverneur Keith (1), qui, avec

_____

(1) M. la Rochefoucaud, en parlant, dans son éloge de
Franklin, de son voyage en Pensylvanie, dit que cette province, dont le législateur, *quoique fanatique*, avoit obéi là

de belles promesses pour son établissement futur, promesses qu'il ne réalisa jamais, parvint à le faire embarquer pour Londres, où notre philosophe arriva sans moyens, comme sans recommandation. Heureusement il savoit se suffire à lui-même ; son talent pour la presse, où il n'étoit surpassé par personne, lui procura bientôt de l'occupation. Sa frugalité, la régularité de sa conduite, et ses discours lui valurent l'estime et la vénération de ses camarades, et sa réputation à cet égard existoit encore cinquante ans après dans les imprimeries de Londres.

Un emploi que M. Denham lui promit dans sa patrie, l'y ramena en 1726. Le sort lui préparoit une nouvelle épreuve ; son protecteur mourut, et Benjamin Franklin fut obligé de nouveau, pour subsister, de re-

---

liberté, se trouvoit à cet égard dans une situation plus propre à recevoir le bienfait des lumières.

Je ne conçois pas comment cette épithète de fanatique est échappée à M. la Rochefoucaud pour caractériser Penn. — Le fanatisme se caractérise par deux traits, l'intolérance ou le despotisme des opinions, et la chaleur dans la persécution ; et Penn admettoit tous les cultes, et n'en persécutoit aucun.

courir à la case. Son expérience, et quelques secours le mirent à portée d'élever lui-même une imprimerie et une gazette. A cette époque commencent ses succès, et le bonheur qui ne l'abandonna plus dans le cours de sa vie. Il épousa miss Read, à laquelle il étoit attaché par une ancienne inclination, et qui méritoit toute son estime. Partageant ses idées économiques et bienfaisantes, elle fut le modèle des femmes vertueuses, comme des bonnes citoyennes.

Jouissant d'une fortune indépendante, Franklin put enfin se livrer à ses idées pour le bien public. Sa gazette lui fournissoit un moyen régulier et constant pour instruire ses concitoyens. Il y donna tous ses soins; aussi étoit-elle singulièrement recherchée par-tout; l'on peut assurer qu'elle contribua beaucoup à soutenir dans la Pensylvanie ces excellentes mœurs qui y règnent encore aujourd'hui.

Je possède une de ces gazettes, composée en partie par lui, et sortie de ses presses (1).

_____

(1) Elle est du 13 janvier 1763. — J'y vois d'abord une longue liste de lettres restées à la poste de Philadelphie. C'est une excellente coutume dont la vieille France ne s'est

C'est une relique précieuse, un monument,
que je voudrois placer en un lieu révéré,
pour apprendre aux hommes à rougir du
préjugé qui leur fait mépriser l'utile et importante profession *des gazettiers*. Ils sont, chez

---

pas encore doutée. On se contente d'y garder les lettres à la
poste, de les brûler après un certain temps, et avec quelques
formalités. On n'a pas encore imaginé d'instruire ceux à qui
elles sont adressées, par la publication de leurs noms dans
les gazettes.

J'y trouve un avis pour retrouver une de ces filles transportées aux colonies pour crime, et qui s'étoit enfuie. Elle
n'avoit que vingt ans. — Ce fait me rappelle la critique bien
ingénieuse que Franklin fit de cette coutume à un ministre
d'Angleterre qui avoit envoyé un certain nombre de ces criminels. Franklin offrit de lui envoyer quelques serpens à
sonnettes, pour en peupler les jardins du roi.

J'y trouve semblables avertissemens pour des nègres esclaves, échappés ou à vendre. — Franklin n'étoit pas alors
président d'une société instituée pour l'abolition de la traite.

J'y trouve une excellente pièce, sous le titre de *The Tri-
nobantian*, pour exhorter le peuple à la paix, et pour combattre le système, très-accrédité alors, qu'il falloit, pour
prospérer, ruiner entièrement les François.

« Croyez-moi, mes compatriotes, leur disoit Franklin, ce
n'est pas l'augmentation de la puissance françoise que nous
avons à craindre, c'est une rechûte dans nos vices et dans
notre corruption ».

Cette pièce a bien le cachet de Benjamin Franklin.

un peuple libre, ses meilleurs amis, ses premiers précepteurs, et lorsque le talent se joint chez eux au patriotisme, à la philosophie, lorsqu'ils se servent de ce canal pour répandre sans cesse les vérités, pour dissiper les préjugés, les haines, pour ne faire du genre humain qu'une seule famille; ces gazettiers philosophes sont des curés, des missionnaires, des anges députés par le Ciel pour le bonheur des hommes.

Eh! qu'on ne me cite pas, pour ridiculiser cette profession, l'abus qu'en font les méchans, pour défendre le vice, le despotisme, les erreurs. L'éloquence et l'art de la parole doivent-ils être proscrits, parce que des scélérats en possèdent les secrets?

Mais un ouvrage qui contribua davantage encore à répandre dans l'Amérique la pratique de la frugalité, de l'économie, des bonnes mœurs, c'est l'*Almanach du pauvre Richard*, ou *le bonhomme Richard* : vous le connoissez ; il eut une grande vogue en France ; elle a été plus considérable en Amérique. Franklin le continua pendant vingt-cinq ans, et il en vendoit annuellement plus de dix mille exemplaires. Dans cet ouvrage, les vérités les plus grandes sont traduites dans

un

un langage simple, à la portée de tout le monde.

Ce fut en 1736 que Benjamin Franklin débuta dans la carrière publique. Il fut nommé secrétaire de l'assemblée générale de Pensylvanie, et fut continué dans cet emploi pendant plusieurs années.

En 1737, le gouvernement Anglois lui confia l'administration générale des postes dans l'Amérique septentrionale. Il en fit tout à la fois un établissement lucratif pour le fisc, utile pour les habitans. Il lui servit sur-tout à répandre par-tout ses utiles gazettes.

Depuis cette époque, pas une année ne s'écoula, sans qu'il proposât et fît exécuter quelques projets utiles pour les colonies.

C'est à lui qu'on y doit l'établissement des compagnies contre les incendies; ces compagnies si nécessaires dans les pays où les maisons sont bâties en bois, où les incendies peuvent ruiner complétement les individus; tandis qu'au contraire ces compagnies sont désastreuses dans les pays où les incendies sont peu fréquens, peu dangereux.

C'est à lui qu'on doit l'établissement de la société philosophique de Philadelphie, de

Tome I.   X

sa bibliothèque, de son collège, de son hôpital, etc.

Franklin, persuadé que les lumières ne pouvoient se répandre qu'en les recueillant d'abord, qu'en rassemblant les hommes qui les possédoient, a toujours été très-ardent pour encourager par-tout l'existence des clubs littéraires et politiques. Dans un de ces clubs qu'il fonda, voici les questions qui étoient faites au candidat :

Aimez-vous tous les hommes, de quelque profession ou religion qu'ils soient?

Croyez-vous qu'on puisse persécuter ou décrier un homme pour de pures opinions spéculatives, ou pour le culte qu'il professe?

Aimez-vous la vérité pour elle-même? emploirez-vous tous vos efforts pour la connoître, et la faire connoître aux autres?

On reconnoîtra encore l'esprit de ce club dans les questions qui se faisoient lors des séances.

Connoissez-vous quelque citoyen qui ait recemment développé son industrie? Savez-vous en quoi la société pourroit être utile maintenant à ses frères, et à tout le genre humain? Est-il arrivé quelque étranger en ville? la société pourroit-elle lui être utile?

Connoissez-vous quelqu'un qui débute , et ait besoin d'encouragemens? Avez-vous observé quelques défauts dans les nouveaux actes de la législature, auxquels on puisse remédier? Comment la société pourroit-elle vous être utile?

Les soins qu'il donnoit à ces institutions littéraires ou humaines, ne l'arrachèrent ni aux fonctions publiques dont il fut revêtu pendant dix ans , comme représentant de la cité de Philadelphie à l'assemblée générale , ni à ses recherches et à ses expériences en physique.

Ses travaux à cet égard sont bien connus ; je ne vous en entretiendrai donc point. Je me bornerai à un trait qui a été peu remarqué : c'est que Franklin dirigeoit toujours ses travaux vers cette sorte de bien, qui, sans procurer un grand éclat à son auteur, procuroit de grands avantages à tous les citoyens. C'est à ce goût populaire qui le caractérisoit , que l'on doit l'invention des conducteurs électriques, de sa cheminée économique ; ses dissertations si philosophiques sur le moyen d'empêcher les cheminées de fumer , sur les avantages des toits en cuivre, tant de moulins à papier qu'il établit, et

contribua lui-même à établir dans la Pensylvanie, etc. (1).

Sa carrière politique, et la manière dont
il l'a remplie, vous sont également connus;
je les passerai donc sous silence; mais je ne
dois pas taire sa conduite dans la guerre
de 1756.

A cette époque, Benjamin Franklin jouissoit d'une grande réputation dans les colonies angloises. Il fut nommé, en 1754, l'un
des membres du fameux congrès qui se tint
à Albany, et dont l'objet étoit de prendre
toutes les mesures nécessaires pour prévenir
l'invasion des François. Il y présenta un excellent *plan d'union et de défense*, qui fut
accueilli par le congrès, et rejetté à Londres par le bureau des colonies, sous pré-

_____

(1) Le docteur Franklin me dit qu'il en avoit établi environ dix-huit; et c'est une observation qu'il me fit avec
quelque vivacité, relativement à ce qui est dit dans l'ouvrage
des États-Unis, sur le papier qui s'y fabrique. Il me parut
surpris que nous l'ignorassions.

Son petit-fils, M. Temple Franklin, fait sans doute un
recueil de toutes les lettres utiles qu'il a publiées sur les effets
salutaires et pernicieux des divers procédés dans les arts.
Elles sont répandues dans les journaux américains et anglois,
et la collection en sera précieuse.

texte qu'il étoit trop démocratique. Il est probable que, s'il eût été suivi, les colonies n'auroient pas été exposées aux ravages de la guerre affreuse qui suivit. Benjamin Franklin remplit dans cette guerre plusieurs missions importantes; on le voit tantôt chargé de couvrir les frontières nord-ouest de la Pensylvanie, bâtir des forts, lever des troupes, etc. On le voit ensuite, à son retour à Philadelphie, commander un régiment de milice; on le voit lutter contre le gouverneur, pour le forcer à donner son consentement à un bill qui taxoit la famille de Penn, propriétaire d'un tiers de la Pensylvanie, laquelle refusoit de payer sa part aux impôts; on le voit passer à Londres comme député, et emporter au conseil privé cette victoire contre cette famille puissante.

L'art que Benjamin Franklin porta dans ces négociations, et les succès qu'il eut, étoient un avant-coureur du succès plus important qu'il obtint dans la guerre de l'indépendance, lorsqu'il fut envoyé en France.

A son retour dans sa patrie, il a obtenu tous les honneurs que méritoient les services importans qu'il a rendus à l'Amérique libre. Sa vieillesse et ses infirmités lui font un devoir de renoncer maintenant à cette carrière publique, qu'il a parcourue avec tant de gloire. Il vit, retiré avec sa famille, dans une maison grande, mais simple, qu'il a bâtie sur cette place où il aborda soixante ans auparavant, et où il erroit sans asyle et sans connoissances. Il y a établi une presse, une fonderie de caractères. D'imprimeur, il étoit devenu ambassadeur ; après avoir quitté l'ambassade, il revient à ses presses chéries, forme dans cet art précieux, M. Bache, son petit-fils. Il le met à la tête d'une entreprise qui sera infiniment utile; c'est une édition, au plus bas prix possible, de tous les auteurs classiques, c'est-à-dire des auteurs moraux, dont les livres doivent être des manuels pour les hommes qui veulent s'éclairer et se rendre heureux, en faisant le bonheur des autres.

C'est au milieu de ces saintes occupations que ce grand homme attend la mort avec tranquillité. Vous jugerez de sa philosophie, sur ce point, qui est la pierre de touche de la philosophie, par la lettre qu'il écrivoit, il y a trente ans, sur la mort de Jean Franklin, son frère, à mistriss Hubbard, sa bru.

MON CHER ENFANT,

« Je m'afflige avec vous ; nous venons de perdre un parent qui nous étoit cher et bien précieux. Mais c'est la volonté de Dieu et de la nature que ces corps mortels soient mis de côté, lorsque l'ame est sur le point d'entrer dans la vie réelle ; car celle-ci n'est qu'un état *embryon*, pour ainsi dire ; c'est une préparation à la vie. Un homme n'est pas complétement né jusqu'à ce qu'il soit mort. Nous plaindrions-nous donc de ce qu'un nouveau né prend place parmi les immortels ? Nous sommes des esprits. Que les corps nous soient prêtés, tant qu'ils peuvent nous procurer des plaisirs, nous aider à acquérir des connoissances, ou à secourir nos semblables, c'est un effet de la bonté de Dieu, et il nous prouve de même sa bienveillance, en nous délivrant de nos corps, lorsqu'au lieu de plaisirs, ils ne nous causent que des douleurs, lorsqu'au lieu d'être utiles aux autres, nous ne pouvons que leur être à charge. La mort est donc un bienfait de la Divinité ; nous-mêmes nous préférons souvent à la douleur une mort partielle ; c'est ainsi que nous faisons couper un mem-

bre qui ne peut être rendu à la vie. En quittant notre corps, nous nous délivrons de
toute espèce de peine. Notre ami et nous,
sommes invités à une partie de plaisir qui
doit durer éternellement. Il est parti le premier; pourquoi le regreterions-nous, puisque nous devons bientôt le suivre, et que
nous savons où nous le rejoindrons? »

Addition à la lettre précédente, imprimée en décembre 1790

Franklin a joui enfin cette année de ce
bienfait de la mort qu'il attendoit, et je vais
consigner ici les réflexions que j'ai imprimées
dans mon Patriote François, du 15 juin 1790,
et sur cet évènement, et sur le décret rendu
par l'assemblée nationale à cette occasion.

Je dois vous rappeller le discours que
M. Mirabeau l'aîné prononça.

MESSIEURS,

« Franklin est mort. . . . . Il est retourné
au sein de la Divinité, le génie qui affranchit l'Amérique et versa sur l'Europe des
torrens de lumières!

Le sage que deux mondes réclament,
l'homme que se disputent l'histoire des

sciences et l'histoire des empires, tenoit sans doute un rang élevé dans l'espèce humaine.

Assez long-temps les cabinets politiques ont notifié la mort de ceux qui ne furent grands que dans leur éloge funèbre; assez long-temps l'étiquette des cours a proclamé des deuils hypocrites. Les nations ne doivent porter le deuil que de leurs bienfaiteurs. Les représentans des nations ne doivent recommander à leur hommage que les héros de l'humanité.

Le congrès a ordonné dans tous les états confédérés un deuil de deux mois pour la mort de Franklin, et l'Amérique acquitte en ce moment ce tribut de vénération pour l'un des pères de sa constitution.

Ne seroit-il pas digne de vous, messieurs, de nous unir à cet acte vraiment religieux, de participer à cet hommage rendu à la face de l'univers, et aux droits de l'homme et au philosophe qui a le plus contribué à en propager la conquête sur toute la terre? L'antiquité eût élevé des autels à ce puissant génie, qui, au profit des humains, embrassant dans sa pensée le ciel et la terre, sut dompter la foudre et les tyrans. L'Europe éclairée et libre doit du moins un té-

moignage de souvenir et de regrets à l'un
des plus grands hommes qui aient jamais
servi la philosophie et la liberté.

Je propose qu'il soit décrété que l'assemblée nationale portera, pendant trois jours,
le deuil de Benjamin Franklin».

L'assemblée nationale a accueilli avec ac-
clamation, et décrété à l'unanimité la pro-
position de M. de Mirabeau.

L'honneur que l'assemblée nationale fait
à la mémoire de Franklin, réfléchira glorieusement sur elle. Il donnera l'idée de la
distance immense qui la sépare des autres
corps politiques; car combien de préjugés
ne falloit-il pas vaincre pour venir déposer
les regrets de la France sur le tombeau d'un
homme qui, de la profession d'ouvrier imprimeur et de colporteur de livres, s'étoit
élevé au rang des législateurs, et avoit contribué à placer sa patrie au rang des puis-
sances de la terre ! Et cet acte sublime,
l'assemblée nationale l'a prononcé non-seulement sans hésiter, mais avec cet enthousiasme qu'inspirent le nom d'un grand
homme, le regret profond de l'avoir perdu,
le devoir d'honorer ses cendres, et l'espoir,
en l'honorant, de faire naître d'autres vertus,

d'autres talens distingués ! Ah ! puisse cette
assemblée, pénétrée de la grandeur de l'hommage qu'elle vient de rendre au génie, à la
vertu, à l'amour pur de la liberté, de l'humanité ! puisse-t-elle ne jamais le dégrader,
en cédant aux sollicitations des hommes qui
voudront obtenir le même honneur un jour,
pour les mânes ambitieuses d'individus qui,
prenant le talent pour le génie, des con-
ceptions obscures pour des idées profondes,
le desir d'abaisser les tyrans pour l'amour de
l'humanité, les hommages d'un peuple vo-
latile pour les hommages d'un juge éclairé
et désintéressé, croient pouvoir aspirer aussi
à l'honneur d'un deuil national.

Cet espoir sans doute peut enflammer
l'homme de génie, l'homme de bien ; mais
vous, qui secrètement aspirez à vous placer
à côté de Franklin, examinez sa vie, et
ayez le courage de l'imiter. — Franklin eut
du génie ; mais il eut des vertus, mais il
étoit simple, bon, modeste sur-tout. Ah !
quel talent peut se passer de modestie ! Il
n'avoit pas cette orgueilleuse âpreté dans la
dispute qui repousse dédaigneusement toutes
les idées des autres ; il écoutoit. — Il écoutoit, entendez-vous, lecteur ? Et pourquoi

ne nous a-t-il pas laissé quelques idées sur
l'art d'écouter? Il répondoit aux idées de
ceux qui lui parloient, et non aux siennes.
— Je l'ai vu, il y a dix-huit mois, entendre
patiemment des jeunes gens qui, pleins de
frivolité, d'orgueil, s'empressoient de faire
parade devant lui de quelques connoissances
supercielles. Il savoit les apprécier, mais il
ne les humilioit pas même par cette bonté
qui suppose toujours une distance fatigante.
Se mettant sans faste à leur niveau, il causoit avec eux, sans avoir l'air de les instruire.
Il causoit, et c'est le causer seul qui attire
et peut faire digérer l'instruction : a⬛rétée,
on la repousse. Franklin avoit des connoissances, mais c'étoit pour le peuple ; il étoit
sans cesse tourmenté de l'idée de son ignorance, et du devoir de l'éclairer. Il ne son-
geoit qu'aux moyens de baisser le prix des
livres, afin de pouvoir les mu'tiplier par-
tout. — En un mot, génie, simplicité,
bonté, tolérance, modestie, ardeur infatigable pour le travail, amour du peuple ;
voilà ce que Franklin me représente ; voilà
ce qu'il faut réunir pour prétendre à des
autel, comme lui.

Les moindres détails qui concernent ce

grand homme méritent d'être connus ; les retracer soulage une ame affligée du tableau des imperfections humaines, et peut engager à l'imiter ceux qui ne sont pas trop éloignés de la philosophie.

Senèque, dans sa trentiéme épître, parle d'un philosophe, Bassus Aufidius, luttant contre la vieillesse et les infirmités, qni voyoit approcher sa mort du même œil qu'il auroit vu celle d'un étranger ; voilà le tableau des derniers jours de Franklin, et c'étoit en lui, comme dans Aufidius, le résultat d'une longue habitude de la philosophie, et de la contemplation journalière de la mort.

Tr is jours avant de mourir, il demanda qu'on fît son lit, afin, disoit-il, de mourir d'*une manière décente*. — Sa fille lui répondit qu'elle espéroit de le voir se rétablir, et vivre encore de longues années. Je ne l'espère pas, répartit-il avec une fermeté réelle.

Les douleurs excessives que lui causoit la pierre, et qui le tourmentoient depuis douze mois, pouvoient lui faire désirer la fin de sa carrière. Pour les tempérer, il prenoit souvent de l'opium. Dans les intervalles de repos qu'elles lui laissoient , il reprenoit sa gaîté ordinaire , causant avec ses amis ou sa famille, se livrant ou aux affaires publiques , ou même à des affaires particulières , ne laissant échapper aucune occasion de faire le bien, et il le faisoit avec *volupté*, c'étoit son caractère ; il animoit même ses conversations par ces jeux d'esprit , ces bons mots, ces anecdotes qui rendoient ses entretiens si délicieux.

Seize jours avant sa mort, il fut attaqué de la fièvre. Il sentit des douleurs dans les poumons , et une grande difficulté de respirer. Ces douleurs lui arrachoient quelquefois des plaintes. Sa crainte étoit de ne pouvoir les supporter convenablement. Il exprimoit, dans les termes les plus vifs , sa reconnoissance pour le Ciel, qui , avec des moyens si petits , et d'une condition si disproportionnée, l'avoit élevé à ce degré de gloire et de fortune dont il jouissoit.

Comme la difficulté de respirer étoit insensiblement disparue , sa famille espéroit encore le conserver; mais il n'avoit plus cet espoir. Il pria ses amis de mettre sur sa tombe l'épitaphe qu'il avoit composée lui-même , et dans laquelle il témoignoit sa croyance de la vie future (1). — Son véritable mal se découvrit, c'étoit un abcès dans les poumons : il créva ; mais ses organes affoiblis n'étant plus assez forts pour rejeter au dehors la matière, sa respiration s'embarrassa, il tomba en léthargie, et mourut le 17 avril.

Les funérailles de ce grand homme furent accompagnées de tous ces honneurs que doit rendre un peuple libre à un de ses libérateurs et à un des bienfaiteurs du genre humain. Tous les vaisseaux qui étoient dans le port, même les Anglois, hissèrent leurs pavillons à moitié. Le gouverneur, tout le conseil, l'assemblée législative, les juges et toutes les sociétés politiques et savantes accompagnèrent son corps au tombeau. Jamais on ne vit un si grand concours de citoyens. On comptoit plus de 20,000 spectateurs.

---

(1) *Epitaphe du docteur Franklin, composée par lui, quarante ans avant sa mort.*

« Le corps de Benjamin Franklin, imprimeur, comme la couverture d'un vieil livre, dont les feuillets sont usés, et dont les ornemens et la dorure sont effacés, gît ici, la parure des vers, et cependant l'ouvrage ne sera pas perdu ; mais il paroîtra de nouveau dans une nouvelle et belle édition, corrigée et revue par l'auteur ».

Leur gravité, leur silence, la douleur peinte presque sur toutes les figures, annonçoient combien ils regretoient leur perte.

Son testament a été ouvert, et il a partagé la fortune considérable qu'il a laissée entre le public et sa famille. Il a fait des legs aux villes de Boston, de Philadelphie, à des académies, des universités, etc.

Ces legs portent l'empreinte de son caractère et de ses principes sur l'économie; car il veut que les capitaux en soient appliqués pour faire étudier les jeunes gens pauvres, ou pour prêter à des citoyens qui s'établissent et qui ne sont pas avancés.

Il a laissé la plus grande partie de sa fortune à son fils William Franklin (1), ci-devant gouverneur des Jerseys, qui a si constamment adhéré au parti du roi, et à M. Richard Bache, son gendre, dont le fils conduit l'imprimerie fondée nouvellement

(1) Je ne sais pas si M. William Franklin est le même que celui qui vient de donner un voyage au Bengale et en Perse, sous le titre d'*Observations sur le Bengale et sur la Perse*, dédiées au lord Cornwallis. Les journaux anglois qui l'annoncent le disent fils de Franklin, officier surnuméraire dans l'armée de Bengale, et font l'éloge de ses talens et de ses connoissances dans les langues indiennes.

par

par Franklin. Ce jeune homme, élevé dans les principes de son grand-père, vient d'établir une nouvelle gazette.

Il a laissé à son autre petit-fils, M. William Temple Franklin, ses livres, ses manuscrits, et les mémoires de sa vie, qu'il a travaillés avec beaucoup de soin, et qui doivent être un monument précieux pour les philosophes. On assure qu'ils ne tarderont pas à paroltre.

LETTRE XVI.

Découverte pour remonter les rivières. — Réflexions sur le caractère des Américains et des Anglois.

Du lundi, 1er septembre 1788.

JE déjeunai avec Samuel *Ameland*, un des plus riches et des plus bienfaisans *amis*. — C'est un élève d'Antoine Benezet : il n'en parle qu'avec enthousiasme, et il suit de près ses traces. — Il n'est aucune bonne action publique, aucune institution utile, à laquelle il ne s'empresse de prendre part.

Cet ami chérit les François et parle leur

Tome I.   Y

langue. Il me traita avec la plus grande amitié, m'offrit sa maison, ses chevaux, sa voiture, et tout ce qui étoit à lui.

En le quittant, j'allai voir une expérience qui se faisoit près de la Delaware, sur un bateau, dont l'objet étoit de remonter le courant des rivières. L'inventeur étoit M. *Fitch*. Il avoit formé une compagnie pour soutenir son entreprise. Un des actionnaires, et son plus fervent défenseur, étoit le docteur Thornton, dont j'ai déjà parlé. Cette invention étoit disputée à M. Fitch par M. Ramsay, de Virginie (1), et cette discussion avoit occasionné différens écrits publics.

---

(1) Depuis que cette lettre a été écrite, j'ai pris des renseignemens sur la découverte de M. Ramsay; je l'ai vu lui-même en Angleterre. C'est un homme plein de génie; et par les explications qu'il m'a données, il paroît que sa découverte, quoique partant du même principe que celle de M. Fitch, en est beaucoup éloignée, pour les moyens d'exécution. M. Ramsay se proposoit alors (en février 1789) de bâtir un vaisseau qui iroit en Amérique, par le seul secours de la pompe à feu, et sans voiles: il ne devoit pas employer plus de quinze jours à ce voyage. Je vois avec peine qu'il n'ait pas encore réalisé ce projet, qui, s'il étoit pratiquable et exécuté, entraîneroit dans le commerce un aussi grand changement, peut-être, que la découverte du cap de Bonne-Espérance.

Quoi qu'il en soit, la machine que je vis, me parut bien exécutée, et remplir son objet; elle faisoit mouvoir, au moyen du feu, trois larges rames, dont la force devoit être considérable. On m'assura qu'elle donnoit vingt-six coups par minute; on en avoit promis soixante (1). On me dit encore qu'un pareil bateau pouvant porter de dix à vingt tonneaux à dix-huit livres, ne coûteroit que trois à quatre cents pounds, qu'il pourroit être manœuvré par deux hommes, dont l'un au gouvernail, et l'autre occupé sans cesse à la machine, à entretenir le feu, etc.

Je n'eus aucun doute que, physiquement parlant, cette machine ne dût produire

---

(1) Il y a eu diverses expériences faites avec ce *Steam-boat*. M. Fitch a, une fois, parcouru vingt milles en trois heures : avec la marée, il fait huit milles à l'heure. Cet artiste est sans cesse occupé de le perfectionner; c'est un homme modeste et estimable.

En parcourant les journaux américains de 1790, je vois avec plaisir que M. Fitch n'abandonne point sa découverte. J'apprends que le 11 mai 1790, il a fait le voyage de Philadelphie à Burlington en trois heures un quart, ayant vent contraire, et la marée pour lui. — Il faisoit, dans cet état, sept milles à l'heure.

une partie des effets qu'on en attendoit,
mais je doute qu'elle pût être utile au commerce ; car malgré l'assurance des entrepreneurs, il me parut que la machine demandoit un grand entretien, qu'elle exigeoit plusieurs hommes sans cesse occupés
autour d'elle, et que par conséquent la dépense en seroit considérable, soit pour les
réparations qui devroient souvent suivre la
fréquence et la multiplicité des frotemens,
soit pour les hommes chargés de veiller. Je
ne me dissimulai pas cependant, que, si l'on
pouvoit porter de l'économie dans cet entretien, et simplifier les mouvemens, cette
invention pourroit être utile, dans un pays
où la main d'œuvre étoit chère, et où les
rivières n'étoient pas accessibles, comme en
France, aux chevaux et aux hommes qui
suppléent les machines, pour remonter les
rivières.

Cette idée consola le docteur Thornton,
que je vis assailli de railleries à l'occasion
de ce *Steam-boat*. Il en étoit fatigué ; ces
plaisanteries me parurent à moi-même très-
déplacées. Les obstacles, qu'a par-tout le
génie à franchir, sont si considérables, les
encouragemens sont si foibles, et la né-

cessité de suppléer en Amérique à la main
d'œuvre, me paroît tellement démontrée,
que je ne pus voir sans indignation les Américains ralentir, par leurs sarcasmes, les
efforts généreux d'un de leurs concitoyens.

Quand les hommes viendront-ils donc à
s'entre-aider les uns et les autres, à s'encourager par des secours réels, plutôt qu'à se
décourager par des railleries? C'est au temps
où régneront la raison et la bienveillance
universelle. Eh ! n'est-ce pas à des républicains à accélérer cette heureuse époque !

Cette bienveillance germe et propage visiblement en Amérique ; vous ne trouvez
point dans les Américains cet orgueil caché,
qui acquitte le bienfait, et dispense de la reconnoissance, cette rudesse égoïste, qui fait
des Anglois une nation isolée et ennemie des
autres. Cependant vous y trouvez quelquefois des vestiges de leur indifférence pour les
autres peuples, et de leur mépris pour les
étrangers qui voyagent chez eux: par exemple, qu'un étranger se trouve dans une société d'Américains (1), s'il a le malheur de

---

(1) Je suis loin de croire et de dire que ce soit général,
mais je l'ai vu souvent.

ne pas parler Anglois, personne ne s'occupe de lui. Or, je le dis avec confiance, c'est tout-à-la-fois manquer à l'humanité et à ses intérêts; à l'humanité, parce qu'on doit support et consolation à l'homme éloigné de ses foyers, et qu'on les lui doit d'autant plus qu'il a peu de moyens de se rapprocher et de s'amuser; à ses intérêts, parce que les étrangers, dégoûtés de cette grossiéreté, de ce défaut d'attention, se hâtent de quitter le pays, et de prévenir défavorablement ceux qui seroient tentés d'y voyager.

J'ai dit que cette inattention pour les étrangers étoit sur-tout remarquable dans les Anglois, et je ne crois pas m'être trompé. Un assez long séjour chez ce peuple m'a mis à portée de le connoître, et l'on ne m'a jamais accusé que de trop de partialité en sa faveur; ainsi je ne dois pas être suspect.

Ce même défaut se trouve chez les Anglois des Indes occidentales; je l'ai remarqué dans plusieurs, et je crains en général que tous les vices qui sont plus exaltés chez les habitans des isles, ne corrompent les Américains, qui me paroissent très-avides d'étendre leur correspondance avec eux. — J'en entendis un faire la question suivante à plusieurs

Américains, témoins comme lui, de la revue des volontaires de Philadelphie : Pourriez-vous me dire si ces braves officiers sont barbiers ou savetiers? — Cette mauvaise plaisanterie décèle l'homme à préjugés, l'insolent et bas Européen, le valet abject des despotes ou des aristocrates d'Europe. — Mais avec une pareille plaisanterie, on humilie, on détruit cette idée d'égalité qui est la base des républiques.

Mais pourquoi les hommes de sens qui sont témoins de ces plaisanteries, ne les refutent-ils pas avec vigueur? Pourquoi cette mollesse qu'on décore lâchement du nom de politesse? Ne voit-on pas qu'elle enhardit l'homme corrompu, et que le silence complaisant peut laisser germer dans les ames foibles, des préjugés qu'une attaque rigoureuse auroit détruits?

LETTRE XVII.

Sur la Société d'Agriculture, et sur la Bibliothèque.

Du 2 septembre 1788.

J'ASSISTAI à une séance de la société d'agriculture ; c'est une société naissante, et cependant elle est nombreuse, mais la séance ne l'étoit pas. Elle a beaucoup de fonds. S'il est un pays où pareille société doive prospérer, c'est celui-ci. L'agriculture est la première colonne de la Pensylvanie, et quoiqu'on y rencontre de bons laboureurs, la masse y a besoin de lumières, et les lumières ne peuvent être procurées que par une réunion d'hommes instruits dans les diverses théories et pratiques.

On y agita une question fort intéressante : en voici le sujet. Le papillon, ou ver, appelé *hessian-fly* (1), mouche de Hesse, ravageoit,

_____

(1) Appelé ainsi, parce qu'on croit qu'il fut apporté, dans la dernière guerre, avec des bleds venant d'Allemagne, ou destinés pour les Hessois, qu'on avoit achetés pour aller à la chasse des Américains.

depuis quelques temps , les bleds des divers Etats-Unis. Le roi d'Angleterre , craignant que cet insecte ne passât dans son île , avec le bled qu'importoient les Américains , venoit de prohiber les bleds américains. Le conseil suprême-exécutif de Pensylvanie , pour être en état de parer , en s'éclairant , aux suites de cette prohibition , s'étoit adressé à la société d'agriculture ; il desiroit de savoir si cet insecte attaquoit le grain , et s'il étoit possible de prévenir ses ravages.

Divers laboureurs , qui assistèrent à cette séance , citant leur expérience personnelle et celle de leurs voisins et de leurs correspondans , assurèrent que l'insecte ne déposoit point ses œufs dans l'épi , mais bien dans la tige ; il s'étoient aussi convaincus qu'en battant le bled , il n'y avoit point à craindre que les œufs se mélassent au grain ; on ne pouvoit par conséquent appréhender de communiquer cet insecte avec le grain. La plupart attestèrent d'ailleurs , que la farine provenant du bled attaqué par ce ver , ne diminuoit ni en qualité , ni en quantité.

Comme cette question étoit de la plus grande importance , non-seulement pour la Pensylvanie , mais pour tous les Etats-Unis ,

parce que ce papillon avoit étendu ses ravages presque dans tous, la société résolut
de s'occuper de l'histoire, de la nature de
cet insecte, des moyens de le détruire, ou
de chercher s'il n'étoit pas possible de remplacer le grain qu'il attaquoit, par un autre
grain qu'il respectât. — On avoit déja quelques expériences consolantes sur ce dernier
point. Le bled à barbe, et jaune, qu'on avoit
substitué, dans plusieurs endroits, avoit été
préservé des ravages de cet insecte.

M. Polwell (1), président de cette société,
et le docteur Griffiths, son secrétaire, me
parurent l'honorer également, l'un par la
netteté de ses résumés et l'élégance de son
style, et l'autre, par son zèle infatigable (2).

Parmi les institutions utiles qui honorent
Philadelphie, il faut en distinguer la bibliothèque publique, dont, comme je l'ai déja
dit, on doit l'origine au célèbre Franklin.

_____

(1) Voyez l'éloge qu'en fait M. Chatelux.

(2) Cette société ne cesse de proposer les prix les plus
considérables, pour éclairer et encourager toutes les branches
de l'agriculture. Je vois, dans l'*American-Musæum*, de mai
1790, une liste des sujets intéressans; j'y vois aussi une
semblable société, élevée à Burlington, proposer un prix
pour perfectionner le fromage américain.

Elle s'entretient par souscription. Le prix en est de 10 pounds en entrant, et on a le privilège d'en emprumter les livres. La moitié des livres est donc toujours en usage. Je vis avec plaisir, sur ceux qui restoient, l'empreinte de l'usage fréquent qu'on en avoit fait.

A côté de cette bibliothèque est un petit cabinet d'histoire naturelle. Je n'y ai rien vu de remarquable qu'un énorme fémur, et des dents molaires aussi monstrueuses, trouvées près de l'Ohio, dans cet amas énorme d'os prodigieux (*big bones*), que la nature y a amoncelés dans des temps, dont un voile impénétrable dérobe les événemens à l'œil de l'histoire, et qui ont si long-temps et si vainement exercé les recherches de nos naturalistes.

Je ne vous parlerai point ici d'un autre établissement bien plus précieux pour moi, et qui me causa les sensations les plus délicieuses ; c'est l'école des jeunes noirs, dont on doit la fondation aux amis : j'y reviendrai dans l'article complet que je vous destine sur ce sujet.

LETTRE XVIII.

Sur le Marché de Philadelphie, et le prix
des denrées.

Du 3 septembre 1788.

S'il existe, disoit Franklin, un athée dans
le reste de l'univers , il se convertiroit en
voyant Philadelphie , en voyant une ville où
tout est si bien ; et s'il y naissoit un paresseux, ayant sans cesse sous les yeux trois
aimables sœurs , la richesse , la science et
la vertu, qui sont les fruits du travail , il
prendroit bientôt de l'amour pour elles , et
s'efforceroit de les obtenir de leur père. . . .

Telles sont les idées qui s'offrent naturellement à la vue d'un jour de marché de Philadelphie ; c'est, sans contredit , un des plus
beaux qui existent dans l'univers. Variété
dans les denrées et les produits de l'industrie ,
ordre dans leur distribution , bonne foi,
tranquillité dans la vente ; il réunit tout. Une
des beautés essentielles d'un marché, c'est
la propreté dans l'exposition des marchandises et dans les marchands : elle règne ici

par-tout. La viande même , dont l'aspect est
si dégoûtant par-tout ailleurs , frappe les
regards agréablement ; le spectateur n'est
point révolté par l'aspect de ruisseaux de sang,
qui infectent l'atmosphère , en salissant les
rues. Les femmes, qui apportent les denrées
des campagnes , sont toutes habillées avec
décence. Leurs fruits , leurs légumes sont
arrangés avec le plus grand soin, dans des
paniers très-bien travaillés. Tout se rassem-
ble ici ; vous trouvez toutes les denrées ,
tous les produits de l'industrie, viande, poisson, fruits, végétaux, grains , etc. vous y
trouvez de la poterie, des souliers (1), de
la clincaillerie, des baquets, des sceaux infiniment bien faits, de charmans petits paniers , etc. L'observateur étranger ne se
lasse point de contempler cette multitude
d'hommes et de femmes, qui se remue, se
croise dans tous les sens, sans se heurter,
sans tumulte, sans injures. On diroit que c'est
un marché de frères , que c'est le rendez-
vous d'un peuple philosophe, d'élèves du

_____

(1) Les souliers , cuir du pays, coûtent environ 7 liv. 10 s.
Une bonne paire de bottes , cuir d'Angleterre, coûte
environ 36 liv.

silencieux Pythagore ; car un silence ininter-
rompu règne au milieu de cette foule ; vous
n'entendez point ces cris si communs ailleurs,
si importuns ; chacun vend, marchande en
silence. — La gravité, l'ordre accompagnent
ce peuple par-tout. L'ordre paroît encore
dans l'arrangement des voitures et des chevaux qui ont apporté les denrées ; ils sont
rangés dans les rues voisines, à mesure qu'ils
arrivent. — Point de querelles, point d'embarras, et toutes ces voitures se dégagent
de même en silence. Vous n'entendez point
les charretiers ou porteurs s'injurier ; vous
ne verrez point de fous galoper à bride
abattue dans les rues. — Voilà un des plus
frappans effets de l'habitude. — Habitude
inspirée par les quakers qui ont planté la
morale dans ce pays. — Habitude qui con
siste à faire tout tranquillement, avec raison,
et sur-tout à ne jamais nuire à autrui (1),

___

(1) Je fus témoin, à Newport, de cet ascendant de la
raison. Un quaker avoit fait marché avec le capitaine d'un
paquebot d'Albany, je crois, pour y transporter des meubles.
Il étoit naturel que ces meubles fussent dans la chambre ou
la calle. Le capitaine voulut les loger sur le pont, et traitoit
fort rudement le quaker, qui se contentoit de lui dire :
Ami, ces meubles se gâteroient à l'air, à la pluie, à la ma-

et à n'avoir pas besoin de l'interposition de magistrat. Pour maintenir l'ordre dans un pareil marché en France, il faudroit trois ou quatre commissaires, et une douzaine de soldats. — Ici la loi n'a pas besoin de fusils. L'éducation, les mœurs et l'habitude ont tout fait. — Deux clercs de police se promènent dans ce marché, pour veiller sur les denrées. — Soupçonnent-ils une livre de beurre de n'avoir pas son poids; ils la pèsent, et si elle est légère, elle est saisie au profit des hôpitaux, etc.

Ce marché est couvert dans une très-grande longueur. Entre chaque pilier ou arcade est un étal, où s'étalent, ou s'accrochent les marchandises.

Ce portique sert de promenade pendant la pluie.

Vous voyez encore des pères de famille aller eux-mêmes au marché; c'étoit l'usage de nos pères. Leurs femmes les ont remplacés. Elles se sont ensuite crues déshonorées, et les domestiques seules y vont. Ni l'éco-

---

nœuvre, et le bois que tu as mis dans ta calle ne s'y gâteroit pas. Réfléchis à ce que je te dis, et je reviens demain matin; et le lendemain matin les meubles étoient en sûreté.

nomie, ni les mœurs n'ont gagné à ce changement d'usage. Les mères conduisent ici leurs
filles au marché, pour les instruire : ce qui,
d'autre côté, prouve que les mœurs domestiques y sont respectées.

Plusieurs personnes blâment les habitans
d'avoir établi le marché au milieu d'une rue ;
ils aimeroient mieux une vaste place quarrée ;
et, en effet, cet ordre eût été meilleur. Cependant, tel qu'il est, ce marché est presque
sans inconvénient ; la malpropreté qui devroit en résulter, n'existe point, parce qu'on
veille soigneusement à en faire disparoître
les immondices.

Cette observation me rappelle un fait qui
frappe tous les étrangers. Ils sont scandalisés
de voir des cochons se promener dans les
rues et fouiller dans les ordures. — Il y a
une loi qui les en bannit, mais elle n'est pas
observée. — J'ai lu, dans un review, ou journal américain, qu'il étoit tout à-la-fois salubre et économique de laisser les cochons
vaguer dans les rues.

C'est ici le lieu de vous dire le prix courant
des denrées à Philadelphie, en vous rappelant que le schelling y vaut 14 sous, et
le pound un peu plus de 14 livres, — Le pain
coûte

coûte de 2 à 3 sous ; le bœuf, de 4 à 6 sous la
livre ; très-bonne, à 4 sous ; même prix à
peu près pour le mouton ; veau, 2 à 3 sous ;
foin, de 30 à 40 schellings par tonne, pesant
deux mille ; beurre, 6 à 10 sous la livre ; charbon, de 16 à 18 schellings ; le bois, de 10 à
12 schellings la corde. — Les légumes sont
abondans et à bon compte ; les pommes de
terre sur-tout y sont délicieuses : la venaison
y est par fois à bon marché ; les vins d'Europe, et sur-tout de France, moins chers que
par-tout ailleurs. J'ai bu du vin de Provence,
qu'on me disoit être fait par M. Bergasse, à
15 sous la bouteille.

Cependant le prix des auberges est très-
cher, sur-tout celui de *Moyston tavern* ; on
y est, à la vérité, très-bien servi. Les choses
de luxe y sont aussi dispendieuses. Un perruquier coûte un schelling chaque jour, ou
20 schellings au mois. — Je louai, pour
trois jours, un cabriolet et un cheval, il me
coûta 3 louis. Le blanchissage, qui est très-
bien fait, coûte 3 schellings 6 deniers la douzaine de pièces.

———

LETTRE XIX.

Assemblée générale de Pensylvanie, et description d'une ferme tenue par un François.

Du samedi 6 septembre 1788.

J'AVOIS fait, à New-Yorck, la connoissance du général *Miflin*, qui étoit alors *speaker*, ou président de l'assemblée législative de Pensylvanie ; je le revis à Philadelphie. Son portrait a été bien tracé par le marquis de Chatelux : c'est un homme aimable, obligeant, plein d'activité, très-populaire, et qui remplit sa place avec dignité et fermeté. Franc, ennemi de l'artifice et du déguisement, il joint à ces vertus la bravoure, un constant attachement aux principes démocratiques, et un grand désintéressement. Il n'est plus quaker. Ayant pris les armes, il fut forcé de quitter la société ; mais il ne lui en est pas moins attaché, et il professe toujours la plus grande estime pour cette secte, à laquelle sa femme est restée fidelle. Ce général (1) eut la complaisance

_____

(1) Le général Miflin est aujourd'hui président de l'état de Pensylvanie.

de me conduire, le matin, à l'assemblée générale ; je n'y vis rien de remarquable : le bâtiment est loin de cette magnificence que lui prête M. Raynal. C'est certainement un beau bâtiment, en le comparant avec les autres édifices de Philadelphie ; mais il ne peut être mis en parallèle avec aucun de ces bâtimens publics, que nous regardons comme beaux en Europe.

Il y avoit une cinquantaine de membres à cette assemblée, assis sur des fauteuils de bois, dans une enceinte fermée par une balustrade. Derrière la balustrade est la galerie où se placent les spectateurs.

Un petit-maître qui tomberoit tout-à-coup de Paris dans cette assemblée, la trouveroit certainement bien ridicule ; il seroit scandalisé de la simplicité des habits, et souvent de la négligence des toilettes : mais tout homme qui pense, désirera que cette simplicité puisse se conserver long-temps, et devienne universelle. On me montra, sous un de ces habits et de ces visages si communs, un cultivateur (M. *Finley*) qui déployoit le plus grand talent en parlant.

La séance se passa en lectures de différens mémoires et pièces envoyés par le conseil exécutif.

Z 2

La campagne du général Miflin, où nous allâmes dîner, est à cinq milles de Philadelphie, vis-à-vis les *falls* ou chûtes de la Skullkill. Ces chûtes sont formées par une couche de pierres assez considérables. Elles ne sont pas sensibles, quand la rivière a grossi. La maison du général est à mi-côte, avec une vue très-agréable et *très-romantique*, sur la rivière et sur les environs.

Sur la route, le général me montra des vestiges de différentes maisons brûlées par les Anglois. La campagne étoit nue et sans arbres ; les Anglois les avoient tous détruits.

Je vis, à la campagne du général Miflin, un vieil quaker, qui me secoua la main avec d'autant plus de plaisir, qu'il me trouvoit, disoit-il, un air de ressemblance avec Antoine Benezet. D'autres quakers me le confirmèrent. Ce n'est pas vanité de le citer, si l'on se rappelle ce que M. Chatelux dit de sa figure ; mais il avoit des yeux de bonté, d'humanité.

Springmill, où nous devions coucher, est un hameau situé sur la Skullkill, à huit milles de là. La plus belle maison est celle occupée par M. L—, François. Elle a une des plus magnifiques vues qu'on puisse imaginer.

Située sur un côteau, au sud-est, la Skull-kill coule à ses pieds, dans un magnifique canal, entre deux montagnes couvertes de bois. Sur la côte, on apperçoit quelques maisons éparses, et des terres cultivées.

Le terrein de ce pays est composé d'une grande quantité de talc, de quartz, de granit, d'un gravier jaune, et souvent d'une terre très-noire.

Il y a, dans le voisinage, des carrières d'assez beau marbre; beaucoup de cheminées en sont ornées.

Je vais, mon cher ami, entrer dans quelques détails sur la ferme de ce François. Outre qu'ils vous donneront une idée du prix des terres, de la manière de vivre des cultivateurs, ces détails pourront être utiles à ceux de nos amis qui voudroient s'établir ici. Les observations sur la manière d'étendre l'aisance parmi tous les hommes, doivent bien valoir, aux yeux d'un philosophe, celle sur la manière de les assassiner méthodiquement.

La maison de M. L— est très-bien distribuée. Elle est en pierres, et bien bâtie, composée de deux étages, et de cinq à six chambres à feu, à chaque étage. Des deux

Z 3

jardins, formés en amphithéâtre, vous jouis-
sez de cette superbe perspective dont je vous
ai parlé. Ces jardins sont bien cultivés : nous
y vîmes sur-tout une quantité de ruches ;
elles étoient soignées par un Allemand, qui
s'étoit, après de longs voyages, attaché à
M. L—. Plein d'industrie et d'adresse, on le
voyoit au tour, ou le rabot à la main, ou au
jardin, toujours occupé à inventer ou à perfectionner.

La ferme étoit séparée de la maison par le
chemin : on y distinguoit dix-neuf bêtes à
cornes, dix à douze chevaux, etc. L'état de
cette ferme me prouve combien les vols
étoient rares dans les campagnes ; tout y
étoit ouvert, ou fermé sans serrures.

Cette ferme étoit composée d'environ deux
cents cinquante arpens de terres, dont une
très-grande partie en bois. L'autre partie étoit
en bled, en maïs, en bled sarrazin, en prairies. M. L— nous montra un pré d'un arpent
environ, qu'il avoit bien fumé. Il en avoit
déja tiré huit tonnes de foin (1). Il calculoit
que ce pré lui avoit rapporté, à sa troisième
coupe, environ 12 pounds ou 158 liv. tour-

_____

(1) La tonne pèse deux mille livres.

nois. Les autres prés, qu'il avoit moins fumés, rapportoient moins.

Il fit un temps affreux le dimanche. Il fallut donc se renfermer, et causer de ses aventures et des liaisons passées. M. L— me raconta ses malheurs ; je les connoissois déja. Il avoit été victime de la perfidie d'un mielleux intendant de la Guadeloupe, qui, pour étouffer les preuves de sa complicité dans un commerce clandestin, avoit successivement tenté de le faire périr dans des prisons, assassiner ou empoisonner. A l'abri de ses persécutions, il jouissoit de la sûreté à Springmill ; mais il ne jouissoit pas du bonheur.

Il étoit seul ; et qu'est-ce qu'un laboureur sans femme et sans famille ? Il avoit, pour exploiter sa ferme, un nègre, un Allemand, sa femme, une autre Allemande, deux petits garçons de dix à douze ans, une petite fille de huit ans. Le nègre étoit libre. M. L— lui avoit bâti une petite *loghouse* : il lui avoit abandonné tant de terrein qu'il en pourroit cultiver, à condition d'en partager le produit. Ce marché lui étoit avantageux. Le nègre étoit très-laborieux ; il avoit l'espoir d'acquérir une propriété, de l'aisance. Et quels miracles n'opère pas cet espoir sur les hommes

Z 4

les plus paresseux ! Or, un homme laborieux
est rarement méchant. L'Allemand travailloit
bien, mais il étoit indolent. M. L— avoit
acheté son service pendant quatre ans, ainsi
que celui de sa femme. — Ces sortes de marchés s'appellent *bonds* ou *indentured*, et
sont très-communs. Un Européen qui a passé
sans argent en Amérique, se vend pendant
quatre ou cinq ans, pour payer son passage:
le maître qui l'achète s'engage, au bout de
son temps de service, à lui donner un habit
et quelque argent. Si c'est une femme, on lui
donne quelquefois une vache. M. L—, pour
exciter le zèle de la sienne, lui donnoit une
part dans la vente des veaux. Lorsque le
maître qui a fait cet achat s'en va, ou n'a plus
besoin du service de ces domestiques, il vend
le reste de leur temps.

Il faut bien se garder de confondre ces domestiques achetés, avec les esclaves noirs, et
de croire qu'ils sont malheureux. On jugera
de leur situation par la vie que menoient
ceux de M. L—. Ils ne se levoient ou n'alloient
au travail qu'au lever du soleil, et le quittoient
au coucher. — Au déjeuner, thé ou café bien
sucré, beurre, crème, pain ou gâteaux, soit
de bled d'inde, soit de bled sarrazin, qu'ils

aiment assez ; à dîner, soupe avec légumes,
bon morceau de viande, pommes de terre,
choux, beurre ou fromage, cidre (1) ou
bière ; à souper, beurre, thé ou café, et
viande. Dans le temps des ouvrages forts,
comme ceux de la moisson, on leur donne
du rum.

On ne croira pas ces détails, tant ils pa-
roîtront surprenans, en les comparant avec la
nourriture de nos ouvriers, et même de nos laboureurs françois ; cependant ils sont vrais
et exacts. Il est bien de riches laboureurs en
Europe qui ne vivent pas avec autant d'aisance que le journalier ou domestique américain.

Cependant, qui le croira? malgré toute la
douceur des maîtres envers eux, malgré ces
bons traitemens, ces domestiques sont paresseux. Je ne crois pas cependant que ce
soit le caractère général des Allemands (2);

_____

(1) Le cidre est à bon marché ; on en jugera par ce trait.
Le général Miflin me montra une grande quantité de
pommes tombées, qu'il avoit offertes gratuitement à un de
ses voisins pour faire du cidre ; celui-ci lui avoit répondu
que le cidre étoit à trop bon marché à Philadelphie, et que
les pommes ne valoient pas la peine de le faire.

(2) On me montra, du côté de Springmill, une belle

mais ceux de M. L— étoient lents à la besogne, indolens et mal-propres. Les chevaux, les voitures, l'écurie, la grange, la cuisine, les chambres, tout étoit mal soigné et peu en ordre : ce n'étoit pourtant pas faute d'activité et d'exemple de travail dans le maître ; mais il me disoit que quand George avoit la pipe à la bouche, et étoit à côté de son verre de rum, nul mortel ne pouvoit le tirer de son apathie bienheureuse. Il y avoit renoncé.

Ces domestiques achetés, me disoit-il, savent fort bien qu'on est obligé de les garder, qu'ils fassent bien, qu'ils fassent mal ; ils savent fort bien que le nombre des domestiques est rare. Ainsi l'homme ne sera jamais juste. Il ne peut l'être que quand il cultive lui-même sa raison, que lorsqu'il a l'habitude de réfléchir ; et malheureusement les Allemands transportés sont bien loin, à cet égard, des Américains et des quakers. M. L— me disoit qu'il y avoit deux autres inconvéniens à prendre ces sortes

---

maison, occupée par un Allemand qui étoit venu, *indentured*, *acheté* il y a vingt ans, et qui, par son économie et son travail, avoit amassé de quoi acheter beaucoup de terres et bâtir cette maison.

de domestiques ; c'est qu'ils feignent souvent des maladies, que souvent ils s'échappoient, et qu'il en coûtoit beaucoup pour les retrouver. Les papiers publics sont en effet remplis d'avertissemens à ce sujet.

Il n'étoit bien servi que par les petits garçons et par la petite fille, à laquelle il apprenoit le service. C'étoit une des conditions de son marché d'achat, que ces enfans devoient lui rester jusqu'à l'âge de dix-huit à vingt ans, et cela pour le dédommager du temps que la mère perdoit, pendant qu'elle étoit grosse, et qu'elle ne pouvoit travailler. Afin d'empêcher la mère et le père de les gâter, il les faisoit coucher dans sa chambre. Rien n'étoit plus hardi que ce petit garçon de douze ans ; il couroit à cheval, menoit une voiture, conduisoit seul un *ferryboat* ou *bac*, alloit à la ville faire des commissions, parloit trois langues, etc.

Je demandai à M. L— quel étoit le prix des gages des autres ouvriers qu'il employoit. Il me dit qu'il payoit d'un schelling $\frac{1}{2}$ à 2 schellings $\frac{1}{2}$ par jour, au mois 5 à 6 dollars ; c'est-à-dire, à ce dernier prix, 378 livres par an, sans y comprendre la nourriture, semblable à celle que j'ai décrite plus haut.

Observez qu'il y a deux à trois ans les jour-
nées étoient de 3 à 4 schellings, c'est-à-dire,
de 42 à 56 sols.

Le prix courant des domestiques noirs, à
Philadelphie, est de 4 à 5 dollars par mois,
non compris la nourriture. Vous voyez que
ce salaire des domestiques est bien supérieur à celui des domestiques de nos campagnes, et même de ceux des grandes villes,
dont les mieux payés ne gagnent pas au-
delà de 200 livres. La rareté des hommes est
ici la cause de ce haut prix. Leur concurrence fait baisser en Europe leur prix, qui
baisseroit encore plus si, le numéraire n'é-
toit pas abondant.

M. L— paie 8 à 9 pounds de taxes pour
toute sa propriété, et par ce fait vous pourrez juger les exagérations des détracteurs
des Etats-Unis, sur les taxes américaines.
Cette terre contient environ cent vingt acres
en bois, quatre-vingts en terres labourables, vingt-cinq en pré, trois en jardin,
grande maison, maisons particulières ou
de journaliers. — 134 livres d'impôts pour
toute cette propriété! Rapprochez cette
imposition, de celle qu'on paie en France,
pour une semblable propriété.

M. L— a essayé de planter de la vigne. On lui a envoyé du plan de Médoc (1) ; il l'a planté à côté de sa maison, sur une côte exposée au sud sud-est ; elle réussissoit fort bien ; elle comptoit à peine quatre mois, et elle étoit fort avancée.

C'est une remarque qu'on fait à chaque pas en Amérique ; la végétation y est rapide et forte. Les péchers, par exemple, y croissent rapidement, et y donnent des fruits en quantité. A peine avez-vous coupé votre bled, qu'un mois après vous ne reconnoissez plus votre champ ; il est couvert d'herbes très-hautes et très-épaisses.

J'observai, à M. L— qu'il se passeroit un long-temps, avant qu'il pût recueillir de grands profits de la culture de la vigne, parce que d'un côté la main-d'œuvre seroit pendant long-temps chère en Amérique ; et que la vigne demandoit une grande main-d'œuvre (1);

(1) On en a déjà planté depuis long-temps en Pensylvanie et en Virginie, et j'ai su qu'ils avoient donné de bon raisin et du vin passable.

(2) Dans l'Orléanois, on paie la façon de l'arpent 30 liv. au vigneron, et on ne le nourrit point. Il en fait à peine cinq par an ; c'est 150 liv. Comparez ce prix au prix des gages en Amérique, et à celui du vin de France qui y est

parce que d'un autre côté le vin d'Europe seroit long-temps à meilleur marché. Il m'en
fournit la preuve lui-même, il me fit boire
de très-bon roussillon, qui ne lui coûtoit pas
12 sols la bouteille par commissionnaire, et
j'ai su que le même vin de première main
coûtoit entre 8 et 9 sols tous frais compris.

On doit regarder aussi les oiseaux comme
un des grands obstacles à la culture de la vigne. On voit souvent en Amérique des nuées
de *black birds*, oiseaux noirs, qui, s'abattant
sur une vigne, peuvent la dévaster en un
instant. Il faudroit imaginer des moyens pour
les détourner.

Toutes les pâtures, tous les champs américains sont, comme je vous l'ai déjà dit
ailleurs, environnés de barrières en bois. Ce
sont quatre morceaux de bois, de onze pieds
chacun, et d'environ sept à huit pouces de
circonférence, posés les uns au-dessus des
autres par intervale, et soutenus par des
postes. Ces morceaux de bois, appellés *rails*,
coûtoient à Springmill, en chêne, 10 livres
10 sols, en *chesnut* ou noyer, 21 livres.

transporté, et voyez s'il est possible de cultiver la vigne en
grand : on en aura quelques quartiers, comme on peut
avoir des serres chaudes.

Lorsque vous fournissez le bois, chaque
espace de onze pieds vous coûte près de
2 schellings, ou 28 à 30 sous, à planter. On
voit par-là que les barrières en bois sont
très - dispendieuses. M. L—, qui l'avoit
remarqué, et qui voyoit d'ailleurs qu'on
pouvoit employer le bois à d'autres usages
plus utiles, qu'on devoit le ménager, at-
tendu sa rareté naissante, avoit imaginé de
creuser des fossés de six pieds, d'en rejetter
la terre sur son pré, d'y planter des haies,
et par-là de rendre le passage impraticable
aux bestiaux. C'est une opération agricul-
turale qu'on ne sauroit trop recommander.
Les Américains abandonneront sans doute
un jour les fences ou barrières en bois. Cependant ils croient généralement les fossés
coûteux; il faut les réparer souvent, parce
que les froids et les inondations les ruinent.
Il se peut que les fences soient moins coûteux, dans les pays plus éloignés des villes
et plus au milieu des bois. On calcule qu'un
nègre peut faire cent trente à cent cinquante
rails ou barreaux de bois dans un jour.

Ce pays est plein de sources; nous en
vîmes de fort belles. M. L— nous dit qu'on
ne pouvoit creuser la terre de deux pieds

sans en trouver; il nous en montra une qui faisoit aller un moulin considérable nuit et jour, et qui servoit à arroser ces prés au besoin.

C'est une richesse que le voisinage d'un moulin. M. L— nous dit qu'il envoyoit son grain à celui de son voisinage; le meûnier lui en payoit comptant le prix. Ce meûnier étoit fort occupé, car de tous les côtés on lui apportoit du bled; il étoit marchand de farine, il en avoit un magasin considérable, et il expédioit ses barils par la Skullkill. M. L— nous dit qu'il ne cessoit de s'étonner que le meûnier vendît au dehors sa farine si peu chère, lorsque le bled étoit cher. Ce phénomène commercial tient à ce double fait, que l'achat primitif de bled se fait en grande partie par échange, et que la vente au dehors se fait argent comptant. Or, tel est le prix de l'argent, que quoique nominalement le meûnier ait dans son échange payé le bled plus cher, il gagne cependant en le vendant moins cher, contre de l'argent comptant. — L'économie de la main-d'œuvre dans la mouture peut aussi contribuer au bas prix des farines.

Je demandai à M. L— où il achetoit

sa

sa viande? Quand un voisin, me dit-il, tue
un bœuf, un mouton ou veau, il avertit ses
voisins, qui prennent ce qu'ils veulent, et
salent ce qu'ils doivent garder. — Comment
paie-t-on? En argent, ou l'on tient un compte
courant, parce qu'on se rend à l'occasion. —
M· L — achetoit encore de la viande de Philadelphie.

Comme il étoit seul, il n'avoit point de
basse-cour, point de pigeons, point de fromage : on ne fioit point chez lui; on n'amas-
soit point de plumes d'oies. Cette industrie
fermière et économique, qui n'est bien
exercée que par les femmes, étoit nulle pour
lui, et c'étoit une grande perte. Il ne re-
cueilloit point d'avoine, il donnoit à ses
bestiaux ou du bled d'inde, ou du sarrazin moulu. Je vis dans de vastes champs
de bled d'inde, une quantité immense de
concombres. On les donnoit par morceaux
aux bestiaux.

M. L— avoit un tour chez lui, et un
petit attelier de menuiserie. C'est un meuble
nécessaire à la campagne.

Sa terre étant un sol calcaire, il avoit pris
le parti de faire de la chaux; elle se vendoit
fort bien à Philadelphie, où l'on bâtit beau-

Tome I.   A a

coup. Il trouvoit que c'étoit le meilleur moyen de se défaire de son bois, dont le profit, suivant lui, devoit payer sa terre.

Son industrie s'étoit portée sur un autre point. Il avoit obtenu de l'assemblée générale la permission de construire un *ferry-boat* ou bac, pour transporter hommes ou marchandises des deux bords de la rivière. Il croyoit que ce ferry lui rendroit un jour plus de 50 pounds, parce que ce passage devoit être très-fréquenté.

Le prix étoit 2 sols pour un homme, 9 pour un cheval, 1 schelling ou 14 sols pour une voiture.

Il s'occupoit encore de construire un moulin à scie.

Toutes ces entreprises, faites et exécutées en même temps, lui coûtoient beaucoup, et distrayoient son attention de ce qui devoit l'intéresser d'abord, du soin de monter une bonne ferme.

Les terreins qu'il avoit nouvellement défrichés, produisoient bien au-delà des terres de France. Il avoit eu de mauvais bled cette année; j'en vis, il étoit ratatiné et maigre, quoiqu'il eût promis d'abord beaucoup; car il avoit cru à une hauteur prodigieuse. M. L—

me dit que le *mildew* en étoit cause, et
qu'il avoit perdu plus de trois cents boisseaux. Voici l'origine du *mildew*. Lorsque
la saison s'avance, il survient des brouillards
ou rosées très-fortes ; le soleil, qui paroît
tout à coup, et les dissipe, évapore trop
rapidement les gouttes, dont les grains sont
couverts, et ce passage trop subit du froid
et de l'humide, au sec et au chaud, affoi-
blit la plante et la dessèche : tel est l'effet
du *mildew*. C'est un mal très-général en
Pensylvanie.

M. L— me dit qu'il n'y avoit d'autre
remède que de semer plutôt, afin que le
grain fût plus vigoureux, lors de la saison du
mildew.

Il m'assura qu'en mettant de côté les dépenses extraordinaires occasionnées par son
entrée, son ignorance, et les improvemens
ou améliorations, sa terre lui rendoit, et
bien au-delà, de ses avances.

Cette ferme avoit coûté à M. L— 3,300
pounds, c'est-à-dire 46,000 livres, dont
partie seulement avoit été payée comptant,
ce qui doit être remarqué ; car il y a souvent une différence d'un tiers ou même
plus, lorsque tout est payé comptant.

M. L— m'assura que la maison seule

avoit coûté cette somme à bâtir, et cela est très-croyable.

Les personnes qui desirent en général faire de bons marchés, doivent acheter des terres bâties ; quoique le bâtiment ait coûté, il entre pour peu de chose dans la considération du marché.

Pour cette somme, M. L— avoit une belle maison en pierres, trois jardins, deux cents cinquate arpens en prairies, bonnes terres labourables et bois, droit de pêche sur une partie de la Skullkill, etc.

Cependant on m'assura qu'il avoit payé trop cher, et que le prédécesseur de celui qui la lui avoit vendue, ne l'avoit payée que 2800 pounds, et voici pourquoi : celui-ci l'avoit acquise pendant la guerre, tandis que M. L— l'avoit achetée dans un temps où le prix des terres étoit monté, en 1784 ou 1785.

Maintenant le prix en est beaucoup diminué (1).

(1) Depuis que cette lettre est écrite, j'ai appris que M. L— cherchoit à vendre sa terre. Il ne pouvoit choisir un moment plus favorable. Le séjour du congrès, qui se fixe à Philadelphie pour dix ans, renchérit prodigieusement toutes les terres dans le voisinage.

En s'établissant dans ce pays, il avoit eu de grands désavantages. Il étoit seul et sans famille; il parloit peu l'anglois. Faute de ne pas entendre la langue du pays, et de ne pouvoir se faire entendre, il s'étoit brouillé avec ses voisins. — C'est un malheur, à la ville, que de vivre mal avec ses voisins; c'en est un bien plus grand à la campagne; là, vous avez plus souvent besoin de secours mutuels; vous vous en privez, en devenant ennemis: et quand on ne s'entend pas, quand, d'ailleurs, on a des intérêts voisins, ou qui peuvent se croiser, il est si aisé de devenir ennemis, de chercher à se nuire! Lors même qu'on n'en viendroit pas à cette extrémité, la différence des langues ameneroit toujours l'indifférence, et l'indifférence est un poison dans la vie rurale.

Aussi ne conseillerai-je jamais à un étranger de venir s'établir ici, de prendre seul une ferme, s'il ignore la langue.

Heureusement M. L— n'avoit pour voisins que des quakers; et quoiqu'il eût des procès avec eux, il m'en fit l'éloge, et il me dit qu'il aimoit mieux plaider avec eux, qu'avec d'autres sectaires, parce qu'en s'adressant à leurs anciens, on obtenoit plus aisément et plus promptement justice.

Aa 3

Quoiqu'isolé, quoique luttant contre tous ces désavantages, il m'assura qu'il étoit heureux, et qu'il ne lui manquoit, pour l'être complettement, que d'être entouré de sa famille, qui étoit en France.

Il s'occupoit toujours de météorologie, et c'étoit lui qui faisoit les tables météorologiques de chaque mois, publiées dans le *Columbian magazine*. Ce sont certainement les plus exactes et les plus soignées qui aient paru dans ce continent.

Il me dit qu'il ne croyoit pas qu'il y eût une grande différence entre ce climat et celui de Paris; que les froids y étoient plus secs et moins humides; que la neige et les glaces n'y tiennent pas très-long-temps; qu'il n'y a point de semaine où il n'y ait de beaux jours, et où le soleil ne paroisse; qu'il y pleut davantage qu'en France, mais rarement deux jours de suite; que la chaleur y est quelquefois plus intense et plus à charge; qu'elle provoque davantage la sueur et la pesanteur. Enfin il me dit que les variations y sont plus fréquentes et plus rapides. En effet, pendant que j'étois à Springmill, le thermomètre sauta de 26 à 11, du jour au lendemain; ce qui prouve bien la nécessité de porter constamment dans ce pays des habits de drap.

Il me raconta un phénomène bien extraordinaire en météorologie ; c'est que la marche
du baromètre étoit, en Amérique, contraire
à celle qu'il avoit en Europe. En Europe, il
monte vingt-quatre heures avant qu'il se
dispose au beau temps, et il baisse de même
pour le mauvais. C'est ici le contraire. Quand
le temps doit être mauvais, le baromètre
monte très-rapidement et subitement, puis
il descend ensuite graduellement.

Voici le résultat des observations de ce
François pendant quatre années.

Les plus grands froids, dans cette partie
de la Pensylvanie, sont communément de
10 et 12 degrés au-dessous du point de con-
gélation de M. Réaumur ; les plus grandes
chaleurs sont de 26 et 28 degrés au-dessus.
Le terme moyen de toutes les observations
de quatre ans, ou la température, est de 9 degrés $\frac{4}{16}$; la hauteur moyenne du baromètre
est de 29 pouces 10 lignes $\frac{1}{10}$, pied anglois,
sa variation de 22 lignes ; le vent dominant,
ouest-nord-ouest. Dans l'année, il y a environ 15 jours de tonnerre, 76 jours de
pluie, 12 jours de neige, 5 jours de tempête
avec pluie. Ces 81 jours de pluie, avec ceux
de neige, donnent 35 pouces d'eau, pied
françois. Le ciel n'est jamais couvert trois

A a 4

jours de suite. Pays très-sain, très-végétatif.
La moisson des bleds se fait environ du 8 au
12 juillet. Aucune maladie régnante n'a été
remarquée pendant ces quatre années d'observations.

LETTRE XX.

Voyage de deux François vers l'Ohio.

Du 10 septembre 1788.

Un hasard m'a procuré une bonne fortune;
c'est la rencontre d'un François éclairé, qui
voyage dans ces contrées, non pour gagner
de l'argent, mais pour s'instruire. Ce François s'appèle *Saugrain.* Il est de Paris. Vous
avez vu son aimable sœur chez M. *Har-
douin* (1).

M. Saugrain est un naturaliste plein d'ardeur. Différentes circonstances l'ont d'abord
attaché au service du roi d'Espagne, qui
l'avoit fait passer dans l'Amérique espagnole,
pour y faire des recherches de minéralogie
et d'histoire naturelle. — Après la mort de

---

(1) Célèbre avocat, enlevé à la fleur de son âge, et qui
sera long-temps regretté par ses amis.

don *Galvès*, qui le protégeoit, il est repassé en France. — En 1787, il forma le projet, avec M. *Piqué*, qui avoit des connoissances en botanique, de voyager dans le Kentucké et le long de l'Ohio. — Ils avoient aussi dessein d'examiner s'il étoit possible de fonder, dans cette partie du continent américain, un établissement pour quelques familles françoises qui désiroient s'y fixer.

Je déjeûnai avec eux, en avril 1787, chez le docteur Guillotin (1), le jour même de leur départ de Paris. — Arrivés à Philadelphie, ils se hâtèrent de passer à Pittsburg-sur-l'Ohio. — L'hiver les y retint. Le froid fut excessif cette année. L'Ohio gela, ce qui arrive rarement. — MM. Piqué et Saugrain s'étoient établis à quelques milles du fort Pitt, dans une maison qui étoit ouverte presque de toutes parts ; aussi souffrirent-ils beaucoup. Quoiqu'échauffés par un grand feu, et enveloppés de plusieurs couvertures, ils avoient peine à se garantir du froid. — Le thermomètre de Réaumur descendit à 32 de-

_____

(1) Ce docteur, qui ne prévoyoit pas alors que la révolution françoise fût si prochaine, ni le rôle qu'il y joueroit, cherchoit, comme moi, à former un établissement dans les États-Unis, pour se soustraire à l'intolérable tyrannie des visirs françois.

grés, et éclata. Dans le mois de février, où ce phénomène arriva, le froid moyen de Philadelphie étoit de 16 degrés. — Ces jeunes gens étoient obligés de fendre eux-mêmes leur bois, et d'apprêter leurs repas, qui consistoient le plus souvent en venaison et en pommes de terre. — Le pain étoit cher et rare. — Pendant leur séjour, assez long dans ce canton, ils firent différentes expériences. M. Saugrain y pesa les différentes espèces de bois, avec une balance hydrostatique qu'il avoit apportée : il rechercha aussi quels bois donnoient plus de potasse, et quelle est la meilleure. — Plusieurs expériences le convainquirent que la tige de maïs en rendoit plus à proportion que tout autre. — Il examina les différentes mines du pays ; il en trouva de fer, de plomb, de cuivre, d'argent, tant de ce côté, qu'en descendant l'Ohio. — On lui parla d'une riche mine de fer, appartenante à M. Murray ; mais on ne voulut pas la lui laisser voir.

Le printemps, en ouvrant la navigation de l'Ohio, rendit à ces voyageurs la liberté de suivre leur projet. Ils s'embarquèrent en avril, dans un bateau, avec provisions, armes et argent. Ils étoient trois François. M. Ragué s'étoit joint à eux, ainsi qu'un Virginien.

Arrivés au Muskingum, ils y descendirent, et virent l'établissement que commençoit le général *Harmar*, qui avoit avec lui des soldats de la Nouvelle-Angleterre.

S'étant rembarqués, ils rencontrèrent, à quelque distance, une espèce de radeau, monté par un grand nombre de sauvages, qui les hélèrent. Ne leur soupçonnant aucune intention sinistre, ils se mirent en travers et les attendirent. Pour les prévenir même à cet effet, ils attachèrent un mouchoir blanc à leur pavillon, en signe de paix. Mais M. Saugrain ayant apperçu un sauvage qui vouloit sauter dans leur bateau, le couteau à la bouche, lui tira un coup de pistolet qui le renversa. Sur-le-champ, décharge de la part des sauvages, qui tua un cheval dans le bateau des François, cassa un doigt à M. Saugrain, et blessa M. Piqué. Ces derniers ripostèrent, tirèrent treize coups, tuèrent ou blessèrent différens sauvages; mais ceux-ci étant prêts d'aborder leur petit bateau, les François crurent plus prudent de l'abandonner et de se jetter à la nage. Plusieurs sauvages les suivirent, et gagnèrent avec eux le bord du fleuve. Là, M. Piqué fut assailli par différens Indiens, qui le tuèrent de plusieurs coups de couteau. M. Saugrain fut fait prison-

nier, en se défendant. Il est probable que ces
Indiens avoient massacré son compagnon,
parce qu'il étoit plus vieux; ils le gardoient,
lui, comme le plus jeune, et dans le dessein
sans doute de le conduire chez eux et de l'im-
moler. Cette idée ne se présenta pas d'abord à
M. Saugrain; il se laissa lier par ces sauvages,
et cependant il eut la force de prendre encore
dans les poches de son infortuné compagnon,
les différens effets qu'elles contenoient, et
il courut ensuite pendant un mille avec les
sauvages, pour rejoindre leur radeau, que
le courant entraînoit. Quand ils en furent
près, on l'obligea de se jetter à la nage, et on
l'amarra à ce bateau. Un Indien alors lui
donna un grand coup sur la tête; ce coup
fut comme un avertissement pour lui du
sort qui le menaçoit, et tout à la fois, saisi
de frayeur, et guidé par son courage, il résolut de s'échapper. Rompant les foibles
liens qui l'attachoient, il nagea contre le
courant, avec une force incroyable. Aucun sauvage n'osa le suivre, mais on lui tira
différens coups de fusil, dont une balle l'at-
teignit au cou, mais sans le blesser griéve-
ment; enfin il regagna la terre, et y retrouva
le Virginien. Malheureusement ils étoient
presque sans vêtemens, sans provisions, sans

moyen d'en avoir ; ils passèrent quatre jours
dans les bois , et craignant qu'il s'écoulât un
long-temps , sans voir un bateau, ils s'occupèrent d'en construire un. Au milieu de leurs
travaux , ils furent découverts par ces mêmes
sauvages , qui , naviguant sur ce fleuve ,
leur tirèrent quelques coups de fusil, mais
sans les blesser. Enfin , un bateau américain , qu'ils apperçurent , les délivra de leur
cruelle angoisse , et les rendit au fort Pitt.
M. Saugrain n'a jamais pu savoir par quels
sauvages il avoit été attaqué. Il présume qu'il
y avoit des blancs parmi eux , qui, corres-
pondant avec Pittsburg , ou même fréquen-
tant cette ville ; avoient pu être instruits de
leur voyage , et qui , leur soupçonnant de
l'argent , avoient formé le projet de s'en emparer. Quoi qu'il en soit , il perdit tout dans
ce malheur , son argent, ses habits et ses
papiers , et il fut obligé de revenir à Philadelphie , où je le trouvai, et d'où il se proposoit de repartir pour l'Europe.

Il me communiqua différentes observations qu'il avoit faites. La vallée qu'arrose
l'Ohio lui avoit paru la plus riche, la plus
fertile qu'il eût vue. La végétation y étoit
d'une force et d'une rapidité incroyables. On y
trouvoit les plus beaux arbres, et leurs espèces

varioient à l'infini. On y semoit le chanvre et
le tabac, pour y dessécher, y appauvrir les
terres trop riches en sucs, pour y porter du
bled, qui ne vient qu'en herbe. Le maïs y
étoit d'une hauteur prod gieuse ; les bestiaux
y acquéroient un embonpoint extraordinaire ;
dans l'hiver même ils trouvoient à se nourrir
avec une espéce de canne ou roseau tendre,
qui perçoit au travers des neiges, et que le sol
produit avec abondance. L'hiver n'y étoit
jamais assez froid pour empécher les animaux de paître à l'air.

La facilité de faire produire à la terre,
presque sans peine, le grain dont on avoit
besoin, la facilité d'engraisser des bestiaux,
de faire du wisky, de la bierre et du cidre,
et mille autres avantages, attiroient sans cesse
des émigrans de ce côté. Pleins d'activité
pour bâtir leur première cabane, ils jouissent
ensuite, dans le sein de la paresse, du fruit
de leur travail. Un habitant de ces contrées,
qui est au milieu des bois, travaille à peine
deux heures par jour, pour sa subsistance
et celle de sa petite famille. Il passe presque
tout son temps à se reposer, ou à chasser, ou
à boire. Les femmes filent la toile, et font les
habits qui doivent couvrir leurs maris et
leurs enfans. M. Saugrain avoit vu de très-

bonne toile et de bon drap fabriqués dans ces cabanes. Il n'y a presque pas d'argent dans ce pays ; tout se fait par échange. On achète du wisky, avec du bled, ou l'on échange du mouton, contre du porc.

M. Saugrain vit, à 5 à 6 milles de Pittsburg, sur une espèce de roc, un avocat normand, nommé Pintreau, qui y étoit établi avec une femme et trois enfans. Elle étoit jolie, bien élevée, douée de connoissances, et ce-pendant c'étoit une vraie ménagère. Toute cette famille paroissoit heureuse ; le mari labouroit, alloit vendre ses provisions à la ville, prenoit, pour se reposer, un livre dans une petite bibliothèque, qui faisoit ses dé-lices. Il étoit arrivé à Pittsburg avec 50 louis. Il y avoit acheté pour 25 louis, deux à trois cents acres, sur lesquels étoit une petite cabane et un jardin ; et par son travail, il avoit augmenté l'un et l'autre. Il vivoit de pommes de terre, de pain, de cochon, d'œufs, de bœuf, et buvoit du wisky.

Les sauvages continuent toujours à fré-quenter le fort Pitt, et ils infectent l'Ohio. M. L— me dit qu'ils cesseroient leurs ravages très - promptement, si le congrès vouloit montrer de la fermeté, et les punir. Il m'a-jouta que les établissemens qui se multi-

plioient au-delà de l'Ohio, les forceroient de
s'éloigner.

Le génie actif des Américains les porte
toujours en avant. Quand ils ont passé quelques années sur un terrein, ils vont sur un
un autre, où ils espèrent se trouver mieux,
et de cette manière, ils vont s'étendre à
l'ouest et au sud. — M. Saugrain n'a pas le
moindre doute que, tôt ou tard, les Espagnols seront forcés d'abandonner le Missis-
sipi, et que les Américains le passeront, pour
s'établir dans la Louisiane. — Il avoit vu ce dernier pays; il le regardoit comme une des plus
riches et des plus belles contrées de l'univers.

M. Saugrain étoit revenu de Pittsburg à
Philadelphie, en sept jours, à cheval. — Il
s'y étoit rendu en cabriolet ; mais il avoit
employé quinze jours. — On y a établi une
poste aux lettres, et l'on trouve de bonnes
auberges sur la route.

*Addition à cette lettre, depuis qu'elle a été
composée.*

M. Saugrain est tellement enchanté de la
vie indépendante des solitaires du Kentucké,
qu'en 1790, il est retourné seul pour s'y établir, malgré le désastre de son premier voyage.

Fin du premier volume.

TABLE

DES

SOMMAIRES ET MATIÈRES

CONTENUS DANS CE VOLUME.

Tome I. Bb

Bb 3

Fin de la Table.

www.ingramcontent.com/pod-product-compliance
Lightning Source LLC
Chambersburg PA
CBHW060957280326
41935CB00009B/745